rosenheimer raritäten

DEFREGGER ALBUM

mit
Erzählungen
von Peter Rosegger

rosenheimer

Inhalt

Der Gänseräuber

Was es denn gibt? Der ganze Staudenhof ist in Aufregung. Über den hartgefrorenen Erdboden hin und her klingen die Schritte der Bäuerin, der Dirnen, der Kinder. Nur der alte »Tata« (Großvater) kann nicht mitlaufen. Und war doch auch einmal so flink, nicht in fernen Jahren, als sie ihn den lustigen Franzl geheißen! Wie die Zeit vergeht! Jetzt sitzt er drinnen beim warmen Ofen, just über der Hühnersteige, und in seinen Gliedern liegen und zwicken die achtzig Jahre. Ist freilich auch kein gutes Sitzen, besonders jetzt, wo draußen ums Haus der Lärm gellt.
Was ist denn geschehen?
Das kleinste Knäblein, welchem gerade noch so viele Jahre abgehen, um ein ganzer Mensch zu sein, als der Tata ihrer zu viele hat, und welches seine Jugend frisch und verhältnismäßig sauber hinten aus dem Höslein hervorhängen hat – dieses kleinste Knäblein kommt jetzt laut weinend in die Stube gelaufen und verbirgt voll Grauen sein Gesicht in die blaue Schürze des Großvaters.
Was ist denn geschehen?
Krampfhaft fest klammert sich der Junge an die alten Glieder, und das ganze kleine Wesen wird durchwühlt vor Angst und Entsetzen. Jetzt kommt auch das zweite, ein Mädchen, zur Türe hereingesprungen, barfuß war es draußen gewesen auf dem gefrorenen Boden und im frostigen Nebel; ach, wer denkt heute an Kälte, wo es allen so glühend heiß durchs Herz fuhr.
Was geschehen ist? Ein Verbrechen!
»Hinter dem Stadl draußen liegt sie!« schluchzt das Mädchen und verhüllt mit den Händen seine Augen, als ob das gräßliche Bild noch immer davor herumgaukele.
»Na, so was ist denn los?« fragt der Großvater immer wieder. »Ist ein Trum von der Weltkugel weggebrochen?«
»Sie hat kein Leben mehr, Tata, und ist voller Blut – so viel, so viel Blut!«
Jetzt hört man auch die Bäuerin schreien: »Wie denn das hat geschehen können, du heiliger Sankt Michel, wie denn das hat sein können!« Und hebt den Bericht an: »Just erst ist sie beim Brunnen gestanden und habe ich sie noch über den Hof gehen gesehen. Und jetzt auf einmal! Hat noch hergeschaut auf mich, als wie wenn sie hätt' sagen wollen: Behüt' dich Gott, Bäuerin! – Wer hätt' einen Gedanken gehabt auf so was! Das Mädel hat noch den Schrei gehört vom hintern Stadl, aber hat nichts denken können. Geschrien hat sie oftmals, ist so ein lustiges Ding gewest. Und jetzt das Unglück! Wer es denn mag getan haben, o du heiliger Martinus!«
Jetzt wird herumgeredet an der Sache: War die Tat vorbereitet? Fast ist es so. War sie auf einen Raub geplant gewesen? Das zeigt sich wieder nicht, denn der Leichnam liegt des weiteren unversehrt an der Stelle. Ein reiner Racheakt? Mein Gott, und dieses gute arme Wesen sollte jemandem etwas zu Leide getan haben? Ganz undenkbar, es hat sein Lebtag niemandem ein »ungeschaffenes« Wort gegeben, geschweige sonst was Schlimmes. Sie war so munter und harmlos, alles im ganzen Hof hatte sie lieb, selbst die Katze und die

Ferkeln hielten zu ihr. So eine kommt nimmer!
Draußen nähern sich vielerlei Stimmen – wimmernde, zeternde, klagende, fluchende, die Tür springt auf, der wirre Zug poltert in die Stube. Eine Magd trägt den Leichnam – die tote Gans.
Wahrhaftig ja, es ist eine Todsünde gegen den heiligen Martinus. Es ist die Martinigans. Nur noch etliche Tage auf seinen Festtag! Es ist die große Zinnschüssel schon abgescheuert worden, in der sie hätte sollen auf den Ehrenplatz marschieren. Und jetzt das Unheil! Noch dazu am hellen Tag. Aber dieser Nebel! Dieser verfluchte Spätherbstnebel! Und liegt nicht einmal so viel Schnee, daß man den Spuren des Mörders nachgehen könnte, und der Lehmboden steinhart gefroren, alles wie zusammengespielt, daß es hat geschehen können.
Schwer ist sie und fett, und in einer Woche hätte sie ihre schöne Vollendung erreichen können. Den Kopf und die Flügel läßt sie hängen, wie es sich schickt für eine tote Gans. Mitten in der Brust trägt sie die Todeswunde. Ein Biß, ein einziger, scharfer Biß.
Der Jungbauer geht draußen um, er kreist mit einem Strick in der Hand um den Hof. Nichts Verdächtiges fällt ihm auf. Des Nachbars Karo läuft lustig wedelnd herbei. Er ist zwar kein geborener Jagdhund, aber seit der Nachbar die Jagd verpachtet hat, geht's langweilig her auf der Welt.
»Ja, mein lieber Karo!« ruft ihm der Bauer zu, »wärst du heute um eine Stunde früher gekommen, die Gans lebte noch.«
»Wohl, wohl«, meint die Magd, »wenn halt kein Hund ist beim Haus! Ein Wächter soll in jedem Hof sein. Sollst den Karo kaufen, Bauer, der Nachbar braucht ihn jetzt nicht.«
»Ich glaub', sie geben ihm ohnehin nichts zu fressen, seit er ihnen keine Hasen mehr auf den Tisch jagt. Ausschauen tut er so. Wer ein Vieh hat, der soll sich auch drum kümmern.«
»Das ist wohl wahr«, gibt die Magd bei.
»Geh her, Karo, s'ist gewiß ein Knochen übriggeblieben von Mittag!«
Der Hund folgt ihm vergnügt wedelnd in die Stube. Dort aber, als er in der Hand der Bäuerin die ermordete Gans erblickt, duckt er sich unter die Bank und zieht den Schweif ein.
»Was ist das?!« fragt der Bauer dumpfen Tones. »Die Ohren läßt er hängen?«
»Und wie er herglotzt! Als ob er einen mit den Augen stechen wollt! Sollt' er ein schlechtes Gewissen haben?«
»Am Ende hat's der getan!«
»Wetten mag ich nichts!«
So rufen sie durcheinander.
»Geh her, Karo! Komm heraus!« lockt der Bauer mit freundlicher Gebärde, hat aber hinter dem Rücken den Strick in der Hand.
»Da geh her! Pst! Da komm her!«
Der Hund legt sich auf den Bauch und kriecht dergestalt zitternd und fast stöhnend hervor. Nun ist's offen, auch wenn man den Blutflecken an seiner Schnauze nicht gesehen hätte.
Wie ein Riesensalamander, so kriecht er leise winselnd vor die Füße seines Richters hin. Diesem zuckt die Hand mit dem Strick. In den Gesichtern der Anwesenden kein Erbarmen. Da kommt das Trauderl zur Tür herein, und das weiß zu erzählen, die Gans sei sonst wohl brav gewesen, aber den Karo habe sie öfters angesprungen.
Das ändert die Sache insofern, daß der Bauer etwas unsicher dreinschaut und die Staudenbäuerin zu ihm sagt: »Jag's fort, das Vieh, aber schlagen tu's nit. Die Gans wird

Der Gänseräuber

nimmer lebendig. Siehst es, er bittet um Verzeihung und weiß selber nicht warum. Das Tier hat keine Gebote, und meine Mutter hat oftmals gesagt, wer im Zorn ein Tier schlägt, der schlägt dem Herrgott auf die Finger. – Ob wir die Gans – feist ist sie – etliche Tage später oder früher essen, das wird dem heiligen Martini einerlei sein.«

Gut war's. Und der heilige Martini ging – als sie ihm zu Ehren die Gans verzehrten – zum lieben Gott hin und sagte: »Du, die Staudenbäuerin ist doch ein gescheites Weib.«

Der Botaniker in der Almhütte

Die studierten Stadtherren verstehen in der Regel so ziemlich alles – nur den Bauersmann nicht. Und das Bauersweib auch nicht. Was wird so ein Stadtherr, wenn er aufs Land kommt und bei den Bauern seine Mätzchen macht, was wird er oft zum besten gehalten und ausgelacht! Zum besten gehalten vor seiner Nase und ausgelacht hinter seinem Rücken. Und wenn einer doch einmal was wahrnimmt von diesem Lachen, so ist er im guten Glauben, man lache über seine Witze, und macht rasch noch ein paar drauf, und dann wird er noch einmal ausgelacht.

Das Ganze kommt davon her, weil der Städter so eingebildet ist und den Bauer über die Achsel anschaut, auch wenn er sich leutselig stellt, auch wenn er im Bauernhaus gastlich aufgenommen wird. Wie er sich da mitunter dreht und bläht, der Alleswisser, wie er umhermeistert in allen Winkeln und in einer einzigen Viertelstunde alles verlästert und verwirft, was die bäuerlichen Vorfahren seit Jahrhunderten aus den natürlichen Verhältnissen gezogen und aufgestellt haben! Der Bauer macht ein ernsthaftes Gesicht dazu und deutet mit dem Kopfe: Ja, s'wird eh sein. Ist eh wahr auch. Und im geheimen denkt er sich: Halbpelzer, langhoseter, was weißt denn du, wie es bei uns möglich ist. Ein Jahrl bleib da und führ den Pflug und die Sense und die Axt und den Dreschflegel und das Steuerbüchel, du wirst nicht so gelehrt schwatzen, aber um eins klüger sein.

Und was das Schlimmste ist, wenn einmal wirklich ein Kluger aus der Stadt kommt, der die ländlichen Zustände kennt und es dem Bauer ernstlich besser machen möchte – dem glauben und trauen sie hernach auch nicht.

So wenig klug es der Städter in der Bauernschaft gemeinhin anstellt, wenn er was Besonderes geben will, so wenig schlau macht er's, wenn er etwas Besonderes haben will. Was der Städter daheim von der Sennerin erzählt oder schreibt oder liest, das ist zumeist nichts anderes als ein schönes Märchen. Und so läßt sich mancher hinauslocken ins Schäferl oben auf den lichten Almen, dem besser wäre, er bliebe im bunten Stadtbereich, wo es schon seit lange her so wenig wie auf der Alm eine Sünde mehr gibt.

Da hat der Florian wieder einmal einen heraufgebracht zur Almhütte der Gunde. Einen gar gelehrten Herrn, der gewißlich auf eigene Faust in der Mineralogie und Botanik umgeht, und nebenbei – wie er sagt – ein bißchen Ethnographie treibt. In das letztere Fach gehört es auch, wenn sich der Herr Professor jetzt an die Gunde wendet und seine Freude ausdrückt über ihr prächtiges Aussehen. »Bedank mich«, sagt sie und denkt: es wäre zwar doch der Brauch, daß ich ihm jetzt dasselbe sagen sollt', dem zaundürren Schippel.

Botaniker in der Almhütte

Lassen wir's aber gut sein. – Ob sie wohl wisse, fragt er sie dann, daß auf ihrer Alm so prächtige Exemplare des Sempervivum Wulfenii vorkämen! Und zeigt ihr ein Exemplar davon.
»Was will denn der Herr mit der Hauswurz?« fragt sie entgegen. »Fürs Ohrenreißen ist sie gut, wenn Er's einmal hat. Die dicken Blätter zerdrücken, den Saft einträufeln.«
»I wahrlich!« ruft er und lugt sie an, »leider habe ich seit der Volksschule nicht mehr Ohrenreißen gehabt.« Er kann witzig sein. Hierauf weist er ihr die buchsbaumblätterige Kreuzblume, die er auch gefunden hat. Er gedenkt sich durch die Blume allmählich in ihr Herz zu schleichen. Vor der Wissenschaft wird sie doch Respekt haben. »Man nennt diese Pflanze«, sagt er, »Polygala Chamaebuxus«.
»Schammel Buxus!« sagt sie, »das ist ja das Lappenkraut. Da wäre mir das Blümel Herzlieb schon lieber.« Und lugt, wie sie das spricht, schalkhaft auf den Florian hin.
»Und ein Tausendguldenkräutel dabei«, antwortet der Bursche. »Kein übles Sträußel.«
Der Gelehrte kommt hierauf mit einer Campanula.
»Das ist die Zwiderwurzen!« lacht die Gunde auf.
»Nein, liebes Kind«, antwortet der poetisch werdende Stadtherr, »das ist die Glockenblume, die läutet den Frühling ein.«
»Schön von ihr«, sagt die Sennerin und schmunzelt auf den Florian hin, der sich auf die Wandbank gesetzt und seine Pfeife angeraucht hat; als ob sie ihn mit den Augen fragen wollte: Was hast mir denn heut' wieder heraufgebracht?
»Das Schönste aber habe ich da drinnen«, flüstert der Gelehrte und tut ein Büchschen hervor, »und das will ich – wie heißt du doch, mein Kind?«
Sie trällert:

> »Marei und Kathrin,
> Und der Zinner macht Zinn,
> Und der Schuster macht Schuh,
> Wann's dich g'freut, so frag' zu!«

Er droht ihr schäkernd mit dem Finger. Daß sie ihn neckt, er hält es für ein gutes Zeichen.
»Also Marei und Kathrin«, sagt er, »was ich da drinnen hab, das will ich dir schenken. Zum Angedenken. Es ist das hier seltene Cerastium uniflorum.«
»I mag di nit!« ruft sie aus.
»Wie meinst du?« fragt er.
»I–mag–di–nit–Kräutel heißt's bei uns«, ist ihre Antwort.
Jetzt schwant ihm beiläufig, er dürfte hier überflüssig sein. Wohl erbittet er sich Milch und Käse, was ihm auch nicht versagt wird – denn schließlich ist er doch als ein armer Reisender anzusehen. Er zieht es vor, den Imbiß draußen im Freien einzunehmen, und als er damit fertig ist, schreibt er in sein Notizbuch folgende Zeilen:
»Die Flora ist in diesem Gebirge höchst mannigfaltig, nur zu beklagen der Indifferentismus der Bevölkerung, welche noch tief in der Nacht des Aberglaubens steckt. Mir ist eine Person vorgekommen, welche die Namen einzelner Pflanzen kurzweg fälschte und die lieblichen Kinder Floras mit geradezu barbarischen Ausdrücken belegte. Wie arg durch Duldung solcher Zustände der Verdummung des Volkes Vorschub geleistet wird, brauche ich wohl nicht zu erwähnen. Es wäre Sache der Volksbildner sowohl wie der löblichen Alpenvereine, in den Bauernhäusern und Alpenhütten Tafeln mit den Abbil-

dungen der in der Gegend vorkommenden Gesteins- und Pflanzenarten und deren wissenschaftlichen Namen aufhängen zu lassen.«
»Ja, ja, wenn erst die Kühe lateinisch können!« lacht hinter ihm plötzlich die Sennerin auf. Da fragt der Herr, was der Imbiß koste, tut sein Kupfernes auf das Tischbrett und geht kopfschüttelnd seiner Wege. Er hat vergessen, dem Florian den Führerlohn zu zahlen; dem Burschen macht das weiter nichts, erstens hatte der Herr sich ihm unterwegs nur so halb zufällig angeschlossen, und zweitens ist er – der Florian – doch nicht umsonst heraufgestiegen. Bei der Gunde kommt er nicht zu kurz. Da braucht er nicht erst in der Blumensprache zu sprechen, um seine Butternocken zu kriegen. Gelehrter war der Städter, aber klüger der Almbursche.
Der Bursche hat eben Blümlein Herzlieb in der Brust, und mit ihm weiß die frische Almerin eine andere Blumensprache zu führen als mit dem Stadtherrn.

Der Zitherspieler

Im Jägerhaus auf der Alm, da kehrt er gerne zu, der muntere, der feine Zitherspieler Sepp. Denn im Jägerhaus auf der Alm sind zwei wunderherzige Dirnlein. Zwei Schwestern werden es sein, und beide hat er lieb und ein Elend ist's, daß er nicht weiß, welche er lieber hat als die andere. Ein Dachshündlein hat er bei sich, der Sepp, das schlägt sich einmal zu der einen, einmal zu der andern, und wenn der Sepp fortgeht, so zeigt es der Dachs, daß ihm doch sein Herr mit der Zither lieber ist als die Dirnlein beide zusammen, sie mögen ihn atzen und kosen, wie sie wollen.

Die Schwestern heißen Margarethe und Agnes, wer es wissen will. Das Saitenspiel ist ihnen lieber als anderes Spiel, wie es junge Leute in Übermut und Lust zu treiben pflegen. Und wenn der Sepp dasitzt, auf seinen Knien die Zither, und ihr mit leichten Fingern die lieblichen Töne entlockt, da wird den Dirnlein seltsam. So sagt die Margarethe einmal zum Sepp: »Dir möcht ich zuhören Tag und Nacht.«
Und die Agnes sagt: »Das Zithernschlagen, das ist mein liebstes.«
Der Sepp, der denkt sich seinen Teil. Die eine – denkt er – die hat das Zithernschlagen gern, die andere mich. Und simuliert weiter. An die Weibsleute denkt jedermann gern, und ein fahrender Musikant denkt an sie doppelt gern. Scherzt auch mit ihnen, beiden Teilen taugt's, und es vergeht die Zeit dabei.
Nun ist's aber, daß der Sepp nicht mehr scherzt, sondern starr hineinschaut ins Saitenbrett, und nur manchmal so ein scheues Blicklein hinzucken läßt, einmal auf die eine, einmal auf die andere. Das hat was zu bedeuten. Ihm wird angst und bang, denn er weiß es nicht und er weiß es nicht, welche ihm die liebste ist, und zwei junge Weibsbilder auf einmal, das ist selbst für einen Musikanten zuviel.
Soll denn wirklich kein Unterschied sein? Ist die Margarethe nicht lebhaft und feurig? Ist die Agnes nicht still und sanftmütig? Wenn man nur wüßte, was auf die Länge besser ist! – Hat die eine nicht dunkles Haar und braune Augen? Und ist die andere nicht goldblond und blauäugig? Wenn der Musikant sein Herz nicht ganz in den Ohren sitzen hätte, sondern ein wenig auch in den Augen, er müßte doch wissen, welches Farbenspiel ihm besser gefällt. Aber leider, da gibt es Mannsleute, so

Der Zitherspieler

die dunklen Augen haben möchten und die blauen nicht lassen wollen.
Sepp sinnt und spielt. Die lieben Dirnlein hören ihm zu. Agnes sitzt auf dem Block des Herdes, Margarethe steht daneben und stützt sich ein wenig auf die Schwester. Agnes blickt auf die Zither; Margarethe schielt auf den Burschen. Der spielt und trillert dazu die Liedchen:

»Du bist mir viel liaber,
Als die Engel all'zsam,
Und ich mag erst in Himmel
Wann s'di drinnen ham.
I liab di so fest
Wia da Bam seine Äst,
Wia da Himmel die Stern,
A so hab i di gern.

Auch das Dachslein horcht. Margarethes Wangen heben an zu glühen; Agnes ist in einen Traum versunken. Die eine hat das Wort gehört, die andere das Lied.
Ob er noch was Lustiges wisse! fragt endlich die Margarethe.
»Möchte noch lange Saiten klingen hören«, lispelt die Agnes. – Jetzt weiß es der Sepp, er hat zwei Herzen, das eine in seiner Brust, das andere in seiner Zither. Margarethe liebt das Brustherz; Agnes das klingende. Margarethe ist ein Weib, das einen Mann begehrt, Agnes ist ein Gemüt, das den Künstler sucht. – Der Dachsel schlägt sich nun endgültig zu Margarethe – der Musikant zur Agnes.
Später begegnet er beiden auf dem Zirmanger, wo sie Jungheu rechen. Die eine trillert ein fast keckes Liebesliedchen, die andere gesteht, sie könne nicht arbeiten, wenn er spiele. Sonntags solle er kommen und spielen ...
Agnes wendet sich rasch ab und fährt sich mit der Hand über die Augen. Der Sepp bleibt stehen wie er steht. – So eine, die nach seiner Musik fragt, sucht er. Er tritt zur Agnes: »Dirndl, ich schenk dir meine Zither!«
Was sie damit anfangen soll? war ihre zitternde Frage.
»Den Spielmann dazu nehmen.« Das täts.
Jetzt weist es sich, wie stürmisch so ein fahrender Musikant küssen kann. – Die Margarethe lugt durch das Haselnußgebüsch darauf hin; sie sieht mir nicht aus, als ob sie nun ins Kloster gehen wollte.
Und der Sepp ist sich dessen endlich klar geworden: Eine wahre Künstlernatur wird jenes Mädchen erkiesen, das noch inniger an seiner Kunst als an seiner Person hängt. Die Kunst ist so oft die Brautwerberin, die ein schöpferisches und ein anbetendes Herz zusammenführt. Die Hauptsache ist, daß die Seelen füreinanderpassen. Die Leiber behelfen sich. – Fällt nicht auch euch alles das ein, wenn ihr Defreggers »Zitherspieler« betrachtet?

Lustige Gesellschaft

In der Sennhütte auf dem Holzblock sitzt das Moidei und legt die Hände aufs Knie und läßt sich die Haare flechten von der Burga. Das Moidei ist jung, aber die Burga noch jünger. Die Ältere soll zuerst sitzen, dann kommt die andere dran.
Weiberleut im Tirolerland flechten sich die Haarzöpfe sonst des Morgens, nur am Samstag auch des Abends – der lieben Frau zu Ehr' und den lieben Burschen – wenn sie kommen. Fürs erste frisch gewaschen; alsdann ein ungeflickt Röckel anlegen, hernach die Haar auskämmen und ein paar Tröpfl Kölnerwasser draufstäuben und endlich flechten. Ist eine allein, so nimmt sie die

Haarsträhne zwischen die Zähne und tut sich's auch so. Sind ihrer mehrere, so hilft eine der andern.
Wie dem Moidei der Haarkranz ums Haupt gewunden ist, sagt die Burga: »So, Alte, jetzt heb dich weg. Will ich Frau sein und du Stubenmädel.«
Ihre langen Locken sind schwer und weich wie Seiden und außen wie Sonnenschein. Wer sie am Sonntag sieht, die Burga! Da weiß sie sich herzurichten wie die feinste Großbauerntochter. Schön sein, das ist ihre größte Freude auf der Welt. Einem Burschen, der ihr seine Tracht und Leibeszier kauft, möchte sie alles geben, das heißt, was sie nicht zur eigenen Frische und Schönheit selber braucht. Die Eitelkeit ist auch ein Schutzengel.
So sitzt sie auf dem kropfigen Holzblock und spitzt die Ohren, ob das Moidei ihr Haar nicht ein wenig loben werde. Weil das nicht geschieht, so sagt sie endlich zum Moidei: »Du hast aber recht schöne Haar jetzt.«
»Die deinigen wären mir noch lieber«, antwortet die Flechterin. Da ist die Burga zufrieden.
»Seit wann steckst denn du keinen Rosmarinstamm mehr ins Haar?« fragt die Burga.
»Gefällt mir nimmer, so ein Besen«, antwortet das Moidei. Daß ich's erkläre: Der Rosmarinstamm bedeutet in manchen Alpengegenden die Würde der Jungfrau.«
»Ich weiß schon«, sagt die Burga, »der gefällt dir nimmer, seit der Mirtel Knecht ist gewesen in deinem Vater seinem Haus.«
»Möcht schon wissen, was dich das angeht«, versetzt das Moidei scharf.
»So! Wirst gar falsch (verletzt) sein deswegen«, ruft die Burga überlaut. »Einen Spaß muß man auch haben. Und ist's wahr, so fällt deswegen der Himmel nit ein. Ich tät selber einen nehmen, wenn mich einer möcht.«
»Wenn du mit dem Erstbesten zufrieden bist, wirst nit lang allein bleiben«, sagt das Moidei.
»Geh, gift (ärgere) dich nicht und sing eins, 's ist ja heiliger Samstagabend«, sagt die Burga.
»Du lus (horche), mir ist gewesen, als hätt ich einen Schritt gehört da draußen vor der Tür.«

Die Burga

»Mir ist auch einmal so gewesen,« antwortet das Moidei. Im selbigen Augenblick ist ein zweifacher Aufschrei. Stockfinster ist's den Dirnlein plötzlich, fremde Hände halten ihnen die Augen zu.
Sie kennen sich aber bald. Gutbekannte Leute, die einen auf solche Weise blenden.
»Wer ist's?« ruft eine Stimme hinter dem Rücken des Moidei.
»Der Ericher Wastel!« sagt dieser.
»Himmelweit fehlgesprungen.«
»Wer ist's?« fragt eine verstellte Stimme hinter dem Rücken der Burga.
»Wer wird's denn sein!« sagt die Burga,

Lustige Gesellschaft

»wenn's der Hirlacher Mirtel nicht ist, so ist's ein anderer.«
Kein übles Raten, Burga, ein anderer ist's nicht. Wie dir jetzt die Augen wieder frei sind, siehst du die Bescherung. Die Sennhütte ist voll von Männern. Und was für Männer!
Der Kernthaler Franz. Der Holzer aus dem Pusterwald. Der Rößltoni. Die Kohlenführer der Bachgruber. Der Salzburger-Hans auch, der fort in der Gegend umschleicht und keinen Herrn hat; den sie nirgends gern mittun lassen, weil er tückisch sein soll und zum Verschergen (Verraten) aufgelegt. Und da ist der Hirlacher Mirtel, ein abgedankter Jagdgehilfe, ein verträglicher unterhaltsamer Kerl, tut gern wildern und scherzen im Wald und bei den Weibsleuten.
Der Mirtel ist bisher zu dem Moidei gestanden, zwar nicht so öffentlich, daß der Pfarrer außer im Beichtstuhl davon hätte reden können.
Heute aber knirscht das Moidei. Was hat der Mirtel der Burga die Augen zuzuhalten? Der hat das Moidei zu verblenden und sonst keine!
Kecke Burschen sind es aber auf und auf. Festgespannte, abgeschliffene Bockslederhosen tragen sie, dicke Häute, die nur etwa an den Nähten ein wenig auseinanderklaffen, schier gesprengt von den strammen Gestalten. Die Knie sind nackt und rauh wie Föhrenrinden. Buntgestrickte Wadenstutzen, Bundschuhe, mäusegrau und hart wie Holz, aber mit scharfen Hackennägeln beschlagen. Jeder einen Ledergurt mit Messingschnalle voran über dem Prachtstück der verzierten Bockshauthose. Die Joppen aus grobem Tuch sind hinten so kurz, daß über dem Gurte die »Rupferpfaid« herausschaut. In der Hosentasche ein Messerbesteck, am Rücken einen stramgereidelten Tabaksbeutel mit dem zierlich gewundenen Pfeifenstierer.
Der Mirtel hat eine mächtige Waidtasche umgehangen, an welcher die Haare und Klauen jenes Tieres noch hängen, das diese Tasche einst als bluteigene Haut getragen hat. Über der Brust den kamelhaarenen Hosenträger, das zerfaserte Halstuch, auf dem Filz die kecken Hahnen- und Geierfedern. Nur der Kernthaler Franz trägt auf seinem Hut einen Strauß von Almrausch und wildem Thymian. In der Stirn wilde Locken, im Gesicht buschige Schnurrbärte und schneeweiße Zähne darunter – da habt ihr die Kerle, wie sie leiben und leben.
An die Wand hatten sie leise ihre Gewehre hingelehnt, stopfen jetzt ihre Pinzgauer-Pfeifen und holen aus der Glut mit zierlichen Zänglein Tabaksfeuer. Setzen sich dann zum Tisch; der Mirtel stemmt sich an den Holzblock, wo vorhin die Burga gesessen, faßt das Mädchen am Mieder und sagt: »Heut hilft Dir kein Gott und kein Heiliger, heut mußt uns in der Hütten behalten!«
»Ja gewiß auch noch!« fügt der Rößltoni bei, »'s ist kein Spaß, wir können heut nicht mehr hinab. Die Rabenklausen unten ist mit Jägern besetzt.«
»Uih Jesseles!« ruft die Burga, »werd's doch etwan nit schon wieder auf das Gamsschießen aus sein!«
»Kannst Dir's denken, daß wir die Kugelstutzen nicht zum Zähnestochern brauchen«, lacht der Kernthaler Franz.
»Der Jäger sind heute Stuck ein zehn,« berichtet der Mirtel, »aber sie spannen (ahnen) was und meinen, wir wären auf der Speikleitalm drüben, weil wir dort etliche Handböller mit Zunder gerichtet haben, daß sie jetzt vor einer Viertelstund' erst losgegangen sind. Da

bei dir sind wir sicher, Burga, und können morgen auf den Dreispitzkofel hinauf.«
Die Burga setzt ihnen frische Milch vor, bleibt dann in ihrer schönen heiteren Gestalt bei ihnen, stemmt den Arm in die Seite und sagt lachend zu den Gästen, sie sollten sich's schmecken lassen.
Die Männer lassen aber die Pfeifen nicht ausund die Löffel nicht angehen. Der Mirtel stemmt seinen Arm auf's Knie und fragt ein wenig schalkhaft: »Na, und was ist's mit der Liegestatt?«

Antwortet die Sennin singend:

»Das is a schlechter Schütz,
Der sich auf a Gamsel wagt,
Und in der ersten Hütt'
Um a Liegestatt fragt.«

»Weißt,« sagt hierauf der Rößltoni:

»So geht's auf der Alm,
Denkt ka Dirn auf die Kalm,
Und ka Schütz auf die Jagd,
Wann sie d'Liab amal plagt.«

Drauf die Burga:

»Wir höher die Alm,
Um so frischer das Kraut;
A jed's Dirndl is a Narr,
Des an Jager z'viel traut.«

»Schau«, sagt der Kernthaler Franzl, und nestelt mit der Pfeifenspitze seinen Schnurrbart auf, »sein tut das so:

Die Sennerin auf der Alm,
Tuat ein Juchschrei, ein halb'n,
Und den andern der Bua,
Wann er hinkimmt dazua.«

Alsdann wieder der Mirtel:

»Und Sennerin auf der Alm,
Schau, was tuast mit ein halb'n,
Sei froh wan Aner kimmt,
Daß d' an ganzen z'sammbringst.«

Eine Freude ist's, wie sie lustig beisammen sind.
Abseits am Herd ist das Moidei. Es wäscht just den Käsbeutel aus und zerkratzt ihn mit den Fingern. Wenn sie jetzt die Burga so unter den Fingern hätte! Diese Schmeichelkatz! Der Mirtel hat sie – das Moidei – heute noch nicht ein einzigmal angeschaut.
Hinter dem Tisch in der Ecke lehnt der Salzburger Hans – ein blasser Bursch mit schütterem Bartanflug. Er raucht nicht und singt nicht, hat die Hände in den Hosentaschen stecken und schaut finster drein. Er ist weit hergekommen aus der Krimmel herauf – just der Gemsen wegen nicht. Er hat gemeint, er würde heute allein hier der Hahn im Korb sein. Jetzt ist er ungeschickterweis unterwegs mit den alten Bekannten zusammengekommen und ist er halt nicht der Hahn im Korb. Er hat noch kein einzig Wort gesprochen mit der Burga, und die anderen haben schon so oft gekräht. Indes – wenn alle Strick reißen, so ist das Moidei noch da.
Das Moidei sieht aber immer nur den Mirtel und die Burga; alle Glieder zittern ihr vor Wut und schon gar, als der Bursche folgendes Liedlein singt:

»Ich kenn' immer a Dirndl,
Hat a Strickel beim Bett,
Daß 's die Buab'n kann derhalten,
Sunst bleib'n s' ihr ja net.«

Und wenn sie heut' zusammenverbleiben, diese Leut', denkt sich das Moidei, so zünden

wir ihnen das Haus über dem Kopf an. Heilige Maria Schnee, behüte uns vor allen Anfechtungen! – Sie weiß aber noch ein anderes Mittel. Und wenn er nur erst zu Mittersill im Arrest sitzt, der Mirtel, nachher hat er gute Weil' zum Nachdenken über vergangene Zeiten – wird ihm das Moidei wohl einfallen.
Und eine Weile später, als sie das Spanlicht anzünden, schaut die Burga um sich und ruft: »Jegerl, was hat uns denn das Moidei gestohlen?«
»Kunnt mir's nit denken, wer die Dummheit hätt' gemacht,« entgegnet der Mirtel.

Der Franzl

»Mirtel«, sagt jetzt der Kernthaler Franz, »zwischen dir und dem Moidei ist's nit mehr so, wie voreh.«
»Die Mannerleut sind schon so«, versetzt die Burga, »anfangs da betteln sie und betteln einer Leib und Seel ab. Haben sie 's, nachher – aus ist's und gar ist's!«
»Schau, Burga, du kennst dich aus!« sagt der Rößltoni und blinzelt auf das Dirndl. »Noch so jung und kein heuriger Has mehr!«
»Von mir selber kunnt ich's nit wissen,« sagt das Dirndl. »Um so öfter hab ich's von meinen Kameradinnen gehört. Ich hab' eine gehabt von Lienz herauf, hab eine gehabt vom Pustertal, hab eine gehabt von der Spruggergegend und eine vom Zillertal – haben alle das gleiche Lied gesungen. Die Buben sind auf der ganzen Welt nichts nutz.«
»So was sollt eins doch eher probieren, als man darüber redet«. – »Daß sie nichts nutz sind, hab' ich gesagt; daß ich keinen mag, hab ich nicht gesagt.«
Der Hirlacher Mirtel klopft seinen Pfeifensattel auf der Tischecke aus und murmelt: »Ich denk, Mannerleut, wir machen uns auf die Füß und gehen um ein Häusel weiter.« Seit der Anspielung wegen dem Moidei ist er verdrießlich. Auch sind ihm heute zuviel Leute da. Einer irrt den andern. Der Mirtel hebt sich auf, nimmt seinen Stutzen: »Jetzt gute Nacht, wer dableibt!« Und geht davon.
Der Kernthaler denkt: Heut ist's einmal verfahren: Kneift die Sennin noch ein wenig an der Wange, dann nimmt auch er den Stutzen.
Der Rößltoni bleibt noch ein wenig kerzengerad' vor ihr stehen und lispelt ihr zu: »Über das, was du voreh gesagt hast, reden wir noch miteinander. Behüt Dich Gott, dieweilen!«
So geht die lustige Gesellschaft auseinander.
Die Burga hantiert am Herd und trillert:

»Büabel, du schmierst dich an,
Wannst glaubst, du hast mich schon.«

In der Hütte ist es still und dunkel geworden. Ein einziger Kugelstutzen lehnt noch an der Wand und auch ein einziges Mannsbild – der Salzburger Hans.
»Na, tust du nit mit deinen Kameraden davon?« ermahnt ihn das Dirnlein.
»Ah na.«

»Warum denn nit?«

»Weil's mich nit g'freut. Weißt, Dirndl, mir gefallts bei dir besser.« Er tritt auf sie zu. Das Moidei kommt nicht zum Vorschein, draußen im Stall schellt ein Rind, sonst alles in der Ruh. Die Burga bläst in die Glut, um den Leuchtspan anzublasen. Ihr Angesicht ist rot wie ein Röslein am Dornstrauch.

Der Bursche singt mit fast tonloser Stimme:

»Jetzt sein mir allein,
Die Nacht ist stockfinster ...«

Der Sang erstickt in leidenschaftlicher Erregung. »Ein Bussel!« stöhnt er.

»Wenn du desweg bist dageblieben«, sagt das Dirndl, »so hast es nit gescheit angestellt. Vor aller Leut' hätt ich dir schon eins gegeben, wenn's dich selig macht. Aber wo wir allein sind, da geb' ich kein's her!«

»Du!« stöhnt der Bursche und packt sie um den Leib.

»So! Gewalt brauchen!« ruft das Mägdlein und erfaßt einen glosenden Baumast: »Da hast eins!« und schlägt ihm den Ast über die Achsel, daß die Funken sprühen.

Er fällt wütend über die Burga her, einen Hilferuf stößt sie aus und taumelt. Da springt die Tür auf, und die Jäger stürmen herein mit vorgestreckten Gewehren.

»Die Wildschützen, wo sind sie?«

»Da ist einer«, schreit die Burga.

»Ich!« schnaubt der Salzburger.

»Wem gehört dieses Gewehr?« fragt einer der Jäger.

Aus ist's. Der Bursche entkommt ihnen nicht. Von einem Futterkorb schneiden sie das Tragband los und binden ihm damit die Hände kreuzweise übereinander. So führen sie ihn davon und hinab in die Täler und zur Sünderkammer von Mittersill.

Das Moidei ist über diesen Vorgang gar überrascht. Sie hat die Jäger gerufen, um sich an ihrem treulosen Hirlacher Mirtel zu rächen. Jetzt haben sie den Unrechten: der Vogel ist ausgeflogen und schäkert vielleicht in anderen Hütten um; weiß Gott, die Alm ist weit.

Die Burga ist von diesen Ereignissen so sehr ergriffen, daß sie ein heiliges Fürnehmen tut. Sie gelobt sich, alsbald einen festen Liebhaber anzuschaffen, damit das lose Mannesgezücht wisse, wem sie zugehört.

Recht hat sie, und ist's in dieser Sache allemal am besten, man läßt sich mit dem Liebhaber von der Kanzel herab verkünden, damit die Lotter, wenn sie mit dem Weibel anbandeln wollen, im vorhinein wissen, von wem sie geprügelt werden.

Die zerbrochene Puppe

Die Kinder von sich zu weisen, wenn sie mit ihren kleinen Anliegen zu Euch herankommen, das ist herzlos, liebe Freunde!

Demselben Mägdlein, das heute der zerbrochenen Puppe wegen weinend zu dir kommt, kann später ganz was anderes passieren, denn das Leben ist lang und die Welt ist voller Leiden. Mancher Schmerz wird nachhaltiger sein als der um das verunglückte Spielzeug, aber keiner vielleicht tiefer. Wenn jede Träne aus schönen Augen so echt wäre wie die des Kindes, da an der Puppe ein Bein gebrochen, oder aus klaffender Wunde das hölzerne Puppenblut rieselt!

Es war ja lauter Glückseligkeit, als die Mutter vom Markt die Puppe heimgebracht! »Aber jetzt mußt alleweil recht brav sein, Lieserl!« hatte sie noch gesagt, »sonst kommt der Mann-Mann, und nimmt dir die Dudl wieder

Die zerbrochene Puppe

weg. Ja ja, das hat er gesagt! Wenn das Lieserl brav ist, hat er gesagt, so wird es auch noch ein rotes Jöppel dazu kriegen und ein weißes Häubel. Aber wenn es nicht brav ist und etwa nicht beten will vor dem Schlafengehen, nachher – du weißt es schon!«

Felsenfest stand in dem Mägdlein die Zuversicht zu ihrer eigenen Bravheit, denn glückliche Menschen sind auch gute Menschen – das ist schon bei den Kindern so, und daher war das Glück und der Jubel, der ins Haus gezogen, gar nicht abzusehen.

Daß nur jede Freude ihren Dämon haben muß! Es war ja ganz richtig, daß die Dudl (Puppe) nach dem Marktgedränge und der Reise vom Kirchdorf her müde sein konnte. Und als es für das Lieserl Zeit zum Schlafen ward, bettete es die Dudl im Ofenwinkel auf die Bank, hüllte es mit allerlei Fetzlein zu und machte ihr mit dem Daumen ein Kreuz über das glasierte Gesichtlein mit den gemalten Wangen und Äuglein und dem gemalten pechschwarzen Haar, das an den lebendigen Backen des Lieschens von den Liebkosungen her bereits eine Spur zurückgelassen hatte. – Hierauf ging alles zur Ruhe.

Während Lieschen noch im Traume ihr Glück weiter spielte, schlich die Katze des Hauses auf Mäusejagd aus. Im Ofenwinkel fand sie das eingewickelte Ding, mit dem sie anfing, sich zu unterhalten. Zuerst schnappte sie nach ihm, als wäre es eine Maus; als es sich aber nicht bewegte, hieb sie ihm eine Pfote in den Leib. Das Ding blieb immer noch liegen, und das verdroß die Katze, sie riß es mit der Schnauze empor, schnellte es mit den Pfoten hin und her, schüttelte es über und über, und das Ende davon war, daß am Morgen die Dudl unter der Ofenbank gefunden wurde, arg zerzaust und am Leibe mit klaffenden Wunden, aus welchen das sägespänene Eingeweide hervorquoll, daß es ein Graus war.

Das bittere Wehe der kleinen Liesel könnt ihr euch denken. Über die verunglückte Puppe hingeworfen, wimmerte sie zum Erbarmen.

Zum Glück ist ihr Vater – der Wald-Michel – ein Beinbrucharzt, der aber auch andere Leibschäden wie an Tieren zu heilen versteht.

»Geh her, Lieserl«, sagt er und steckt sein Tabakspfeiflein in Brand, »geh, laß einmal schauen!«

Besieht sich das Ding, und es stellt sich heraus, daß der Schaden nicht unheilbar ist. Der Mutter Nähkorb wird begehrt; sie hat jetzt nicht Zeit, daß sie den kleinen und großen Kindern spielen hilft, sie muß waschen; er solle sich den Korb selber suchen. – Auch gut. Und recht gemütlich hebt er an und sucht, was er braucht und macht der Dudl einen Verband. Das Gesichtlein der kleinen Liese heitert sich auf; es ist wie heller Sonnenschein auf Tau. Und der Franz, der Bruder, läßt draußen seine Schäflein springen und will auch sehen, wie so ein Zeug gemacht wird.

Wie der Vater die Angelegenheit so gemütlich schlichtet, und so ernsthaft dabei, als handle es sich wirklich um eine kranke Person oder gar um ein krummes Pferd, bis die Dudl in- und auswendig wieder leidlich beisammen ist – das bleibt in den Kindern, das allein wäre schon genug, ihnen den Vater auf ihr Leben lang ins Herz wachsen zu lassen. Und wenn der Franz etwa einmal in die Stadt kommen und Maler werden soll, ich wette, er malt euch das herzige Bild von der zerbrochenen Puppe und ihrer Heilung. Und euer Blick wird sich nicht wenden von der kleinen Gruppe und ihr werdet gerührt sein darüber, daß ein so unbedeutender Gegenstand so reich und groß sein kann an Güte und Liebe.

Stasi

Mir gefällt sie.
Denn das ist leibhaftig meine junge Wirtin aus dem Bergland – in welchem Tale, das verrate ich nicht; dieses Wirtshaus ist nichts für Touristen, sie würden auf das Bergsteigen vergessen und sitzen bleiben bei der Wirtin. Sie ist rechtschaffen jung, so jung, daß noch der Wirt dazu fehlt, obgleich sie herbeikommen von oben und von unten, die saubersten, schneidigsten Burschen, und ihr wirtschaften helfen wollen. Sie dankt; es tät's auch so, sagt sie. Es ist aber nur die Frage: wie lange?
Wenn sich die Locken nicht so arg in die weiße Stirne hereinringelten, wenn aus ihrem frommen Auge bisweilen nicht doch ein schalkhaftes Blicklein losflöge, wie ein munteres Vögelchen aus dem Haselstrauch, es wäre ein wahrhaftiges Muttergottesgesichtlein. Schlimm ist nur die goldene Festung um ihren Busen, denn sie fordert die Helden zu sehr heraus, die dann doch mit Schand und Spott abziehen müssen. Und manches wakkeren Ritters Herz bleibt erbärmlich gefangen in diesen Ketten, wie eine Fliege im Spinnengewebe. Wenn dieser süße Mund, der zum Ja geschaffen ist, Nein sagt – es muß zum Wahnsinnigwerden sein. Oder wenn er von den Anbetern Edelweiß verlangte, eigenhändig gepflückt an den gefährlichsten Stellen, die feine Stasi würde die Abgrunde des Hochgebirges mit Leichen füttern. Seht euch einmal diese Hand an. Wäre nicht jeder ohne Besinnen bereit, sein Geschick in sie zu legen?
Das alles sind müßige Sachen. Wenn die Herren kommen und ihr Schmeichelhaftes sagen wollen, so läßt ihnen die Stasi den Tisch auf das Feinste decken – aus der Küche das gebackene Huhn, aus dem Keller den herzerfrischenden Wein, sie selber jedoch, sie setzt sich zu den Bauern und plaudert von Kühen, Kalben und Almen.
Ich habe mich in der Gunst der schönen Stasi acht Tage lang dadurch behauptet, daß ich niemals eine vertraulichere Bemerkung machte, niemals versuchte, ihr ein Blumensträußlein auszuhändigen, sondern mit ihr viel von Schafzucht und Gartenkohl sprach. Es waren Regentage gewesen, es war wieder die Sonne gekommen, aber ich wäre dort sitzen geblieben und hätte mit der Stasi mein Lebtag lang von Schafzucht und Gartenkohl geplaudert, wenn mir nicht eines Abends – es war in der Weinlaube vor dem Haus, wir waren ganz allein – das heillose Wort entschlüpft wäre: »Stasi, mit Euch möchte ich mein Lebtag lang von Schafzucht und Gartenkohl plaudern.«
Sie lächelte ein klein wenig und ging davon. Ist nicht mehr zu mir gekommen, hat ein anderes Maidle geschickt, das mich bedienen und unterhalten sollte.
Ich blieb noch einen Sonntag, sah die Stasi beten im Kirchstuhl. – Kein Engel ist so rein, war mein Gedanke. Nach dem Gottesdienst wollte ich mich von ihr verabschieden, aber sie ging nicht mit den anderen heraus, sie ging zum Beichtstuhl, in welchem der geistliche Herr saß. Ich habe mich niemals in einen Beichtstuhl hinein gesehnt, da drinnen geht's mitunter grob her, kann ich mir denken. Aber damals, als dieses holde Kind darin kniete und seine Geheimnisse hineinflüsterte durch das Gitter, damals hätte ich ein Lebensjahr hingegeben, um fünf Minuten Pfaff zu sein. Etwas beruhigt hat mich der Umstand, daß es ein weißhaariger Greis war, der drinnen saß. Der Pfarrvater war's, auf dessen altem, klugem und gutem Gesicht zu lesen stand, daß er alles

Stasi

begriff, daher auch alles vergeben konnte. Was mochten arme Sünder schon für Steine herbeigeschleppt haben an sein gutes Herz! Stasis Anliegen waren dagegen gewiß leicht wie Schwalbenfederchen, die bei guter Mailuft davonflogen wie Vögel. Der Gedanke, daß die Stasi auch Sündlein hatte, machte sie mir nur noch reizender – was übrigens nicht für mich spricht.
Allmählich gewann mir das Ganze den Anschein, die Stasi halte sich für uns Weltkinder

Der Pfarrvater

um ein Pfund zu gut und sie neige dem Himmlischen zu, um wie ein ins Gestein gefallener Pfirsich zu verdorren. Dieser Gedanke machte mich so wütend, daß ich fast plötzlich hintrat zu der von der Beichte heimgekehrten Jungfrau und ihr keck sagte, sie solle sich, wenn sie sowieso gern beichte, von mir einen Kuß geben lassen!
Auf dieses freche Wort geschah, was geschehen mußte: Ohne mich auch nur eines Blickes zu würdigen, wendete sie sich ab und ließ aus meinem Zimmer meine Sachen tragen und mir sie vor die Füße legen.
Ich würde meine Schande nicht ausplaudern, wenn ich nicht wüßte, daß es auch anderen und besseren so ergangen ist im Wirtshaus der Stasi. Wie es der Meister anfing, sie zu seiner Staffelei zu kriegen, das ist schon für sich ein Meisterstück. Jener Maler Reinhard hat das fromme Schwabendirnlein als Muttergottes malen wollen, ein Beginnen, das schließlich etwas stark irdisch ausgefallen ist. Jedenfalls setzt sich eine, die sich malen läßt, der Gefahr aus, geküßt zu werden, wenigstens im Bilde, das nicht davonlaufen kann.
Ich denke, auch der Jungfrau Stasi Weg zum Himmel geht nicht ganz schnurgerade, sondern in kleinen Serpentinen.

Vor dem Aufstand

Es ist Zeit!
In diesem Gefühle waren sie hastend und stürmend zusammengekommen und in der versteckten Felsenschmiede der Absamer Wände. Dort hatten die Gesellen des braven Meisters Anton seit Wochen Tag und Nacht gefeuert und gehämmert – Spieße, Messer machen, Hellebarden, Standarten, Morgensterne schmieden, hölzerne Kanonen beschlagen – zum Ansturm gegen die drohenden Franzosen und Baiern. Zusammengekommen waren sie, die Bauern und die Holzer und die Hirten in dieses Arsenal auf hohem Berge, denn Zeichen waren und Botschaften.
Auf dem Innfluß ist ein Brett mit einem roten Fähnlein herabgeschwommen, da haben an den Dörfern die aufgestellten Wächter es

weiter verkündet. Auf den Bergspitzen lodern Kreuthfeuer; in die Bäche schüttet man Sägespäne, Mehl und selbst Blut, um die unteren Insassen der Gegend auf die Gefahr aufmerksam zu machen. »Es ist Zeit!«

Es ist Rat in der Felsenhöhle. In diesen trotzigen, finsteren Gesichtern steht die Geschichte Tirols, die sich eben abzuspielen beginnt, bereits geschrieben. Der eine der Männer erzählt, im Tal knatterten wieder die Flinten der Baiern. Ein anderer erinnert an den berüchtigten Ausspruch des baierischen Rentbeamten. Als diesen die Bauern einst um Herabminderung der Steuern baten, soll er ausgerufen haben, er würde es noch dahinbringen, daß die Bauern Gras fressen! Diesen Beamten hätten gestern die Bauern in einen Ochsenzwänger gesperrt und gezwungen, öffentlich eine Portion Heu einzunehmen.

Noch ein anderer weiß vom Landrichter, der nie ohne Schergen ausgeht; dieser Scherge mußte jedem, der nicht ehrfurchtsvoll grüßte, den Hut vom Kopf schlagen: »Lump! siehst du den Herrn Beamten nicht?« Jetzt hatten die Bauern den Beamten abgefangen, ihm mehrmals den Hut vom Kopf geschlagen und gerufen: »Lump! siehst du die Herrn Bauern nicht?«

Wieder ein anderer berichtet, daß in Rattenberg und anderswo die Schulkinder statt des üblichen Gebetes rufen müßten: »Heil unser König!« Der Kaiserturm in Kufstein wäre in »Königsturm« umgetauft worden. Die Kaiserbirnen wurden von Amtswegen »Königsbirnen« genannt.

»Königsbirnen!« knirscht der Schmied, »das sind Königsbirnen!« Und hebt zornig seine geballten Fäuste.

Und während solcher Zeichen droht der Feind mit neuen Schrecken. Die Baiern stehen in Kufstein, bei Wörgl und Kitzbühel, bei Hall und Innsbruck, bei Sterzing und Bozen und im Pustertal. Französisches Gesindel zigeunert durch das Land. Überall Feinde! Aber an kein Ergeben denkt der Tiroler. »Ein Schandaas, der dran denkt!«

»Zu tun gibt's!« ruft der eine und klammert seine Finger um den Lauf des Kernstutzens.

»Zusammenhalten, Manner!« ermahnt der alte Schmied. »Alle dran, die einen Schießprügel können tragen!«

Ein Bäuerlein von der Leuthen vermißt sich zur Bemerkung, es wäre Frühjahr und Anbauzeit, man müsse auch aufs Korn denken.

Fährt ihn einer an: »Dein Hafenmaul halt zu! Das Jahr säen wir Bleikugeln. Um den Kornacker daheim sollen sich die Weiber kümmern.«

Auf dem Stein sitzt das Halter-Moidle, das springt auf: »Ich bin auch Soldat, wenn's die Franzosen gilt!« Es ist dieselbe, die später Felsstücke hinabschleudert auf die Straße, Heufuhren herbeirollen hilft zu Schutz und Brustwehr im Gefecht, dieselbe, die, als den Schützen das Blei zu wenig wird, die verschossenen Kugeln aus den Baumstämmen gräbt.

Peter, der kleine Geißbub, hat sich auch herbeigeschlichen von seiner Alm. Der kennt den Feind nur vom Hörensagen, aber sein Zähneknirschen ist schärfer als das der Großen und sein Plan geht geradeswegs darauf hin, nicht bloß das Land Tirol, sondern die ganze Welt von den Menschen zu befreien.

Wie sie noch beisammen sind zur Beratschlagung, die Männer vom Tal und die Männer von den Bergen, da kommt Martin der Hirt mit Plutzer und Rufhorn, und tastet in der Brusttasche seines Rockes um, bis er, unbeholfen genug, ein Papier herauszerrt.

Vor dem Aufstand

»Manner«, sagt er und reicht es hin, »das hab ich für euch.«
Anfangs ziehen sie die derben Hände, die sich rasch nach dem Blatte ausgestreckt hatten, zurück, ohne es anzugreifen. Die meisten der Männer können nicht lesen. Der Schrack von Matrei packt endlich das Papier mit derbem Griff. Was ist's? Die Männer beugen sich horchend vor. Der Schrack soll lesen. Ein Ruf vom Sandwirt und Speckbacher.
»Was steht?«
Gefehlt wär's mit dem Land, wenn man nicht auf der Stell losginge. Der Landsturm auf! Der Franzosenkaiser hab einen Tagesbefehl ergehen lassen, jeder Tiroler, der mit Waffen getroffen werde, soll erschossen oder auf den nächsten Baum gehenkt werden. Im selben Tal, wo ein toter Soldat gefunden werde, sollen die Höfe und Dörfer niedergebrannt werden binnen vierundzwanzig Stunden! – So eins laßt sich der Tiroler nimmer gefallen – nimmer! Der Landsturm auf! Unsere liebe Frau wird uns helfen, wir wollen freie Tiroler bleiben oder sterben. Ins untere Inntal hinab. Dort gibt's zu tun ...
Speckbacher fügt in seiner Weise noch extra wörtlich bei an die »Treuen Tyroller: Auch in Prenner ist alles in Bereitschaft und ist zu Währen wehr nur immer ist darin, muß alles gehen, da muß ein Dorf den andern, und ein Nachbar den andern, und ein Bruder den andern nicht mehr Verschonen, wer nicht geht, so hat jeder Erlaubnis zu Mißhandeln wie er will. Und werden alle seine Sachen Vißgalisch, und derselbe muß den ober Commandanten eingeliefert werden, und hernach werden alle seine Sachen, was er nur immer hat, dem Vertheidiguns Volk zum Preis geben. Und auch alle übrigen welche sich nur in Flüchten herumziehen und die h. Religion und das Vatterland nicht Vertheidigung wollen, diesen werde, wie mir Sie nur namentlich genent werden, der Zugang zum gottes-Haus, und das Vatterland ganz Verwiesen, und für keinen Tyroller mehr anerkent werden, dieser Aufruf solle von einen ort zum andern, von einem Berg zu den andern, und Dörfer geschückt werden, und wenn einer dieser Brief liegen laßt, der ist auf der Stelle um das leben Verfallen.

Josef Speckbacher
Commandant.«

Josef Speckbacher

»Manner!« ruft der Schmied mit geballten Fäusten, »jetzt gibt's kein längeres Verstecken mehr im Steinnest. Greift zu!« Er deutet auf die Sammlung von Waffen, die blank in der Höhle funkeln.
»Wir wollen auf Die auch nit vergessen«, sagt feierlich der Schrack von Matrei und wendet sich dem Muttergottesbilde zu, das in der

Felskluft hängt. Da werden sie still. Wer einen Hut auf hat, zieht ihn herab.
Eine Minute stehen sie so, es ist grauenhaft still in der Felsenschmiede, die eben noch von Lärmen widerhallt hat.
»... für unsern Herrgott, für unser Heimatland!« murmelt nun der Schmied.
»Für unsern Kaiser!« sagt der Schrack.
»Wir wollen zusammenstehen, tapfer und redlich, wir wollen uns in Not und Tod nit verlassen. Gnad' ihm Gott, der fällt. Und der heimkehrt soll schauen, daß Weib und Kind der Gefallenen nit verlassen sind.«
Sie reißen Waffen her, Stutzen, Säbel, Kolben, der eine die Hellebarde, der andere die Sense, der dritte den Zackenknittel, der vierte den Hammer des Schmiedes und anderes Werkzeug. Die anderen rollen die Kanone hinaus.
»Martin!« befiehlt der Schrack dem Hirten, »eile von Dorf zu Dorf, sie sollen Sturmglocken läuten. Alles andere wissen sie schon.«
So fahren sie hinab. Der Peter hüpft jauchzend hinaus auf die Hochebene, dort hatte sich der bairische Amtmann ein Jagdhaus gebaut. Der Bursche macht mit Stein und Zunder Feuer und steckt es in die Schindeln. Das ist auch ein Kreuthfeuer, meint der Peter.
»Laß das Sengen und Brennen!« ruft ihm einer zu, »und trag eilends den Commandantenbrief in die oberen Hütten. Sonst bist gehenkt!« Das Moidle ist die erste, so einen Glockenstrick erhascht und bald klingt und tönt es von Dorf zu Dorf, von Berg zu Berg. Da brechen die Leute hervor aus ihren Häusern und Verstecken, in Rotten und Massen, als kröchen sie aus allen Büschen und Höhlen und Schluchten. Selbst Weiber und Kinder ziehen aus, werden aber zurückgewiesen; so bergen sie, was daheim blieb an Geld und beweglichem Gut, in Löcher und Gruben, oder schaffen es fort hinauf ins unwirtliche Gebirge. Die Männer brechen Stege und Brücken ab, zerstören hier, bauen dort, sammeln, ordnen sich. Dort und da zeigen sich Spuren von feindlicher Besatzung, aber kein Soldat wird sichtbar und die bairischen Beamten halten es ebenfalls für gut, sich zu ducken in der Hoffnung, die rasenden Rotten würden an der Kufsteinerfestung ihre Köpfe schon blutig rennen. So ziehen sie im breiten Tale dahin, die derben, trotzigen Söhne der Alpen, siebzigjährige Greise darunter, mit Jünglingsglut in den Augen, mit Mannesmut im Herzen. Haspinger, der Pater, reitet auf einem Schimmel, einmal das Schwert in der Hand, einmal das Kreuz; mit ernster und munterer Rede befeuert er die bäuerlichen Krieger. Speckbacher mit hochbefedertem Hut, den schweren Kernstutzen über der Achsel schwingend, rasselt mit seinem Säbel voll Ungeduld voran. Voran, voran gegen Hall und Kufstein, sie wollen heute noch zu den Truppen des Sandwirts stoßen.
So geht er los, der Freiheitskampf der Tiroler, zu dessen würdiger Verherrlichung bisher noch kein Dichter aufgestanden ist, der aber an Franz Defreggers historischen Bildern seinen rechten Mann gefunden hat. Wir werden in dieser Bilderreihe noch manch schönem Denkmal des großen Heldenkampfes begegnen.

Traudl

Das steirische Mägdlein verwehrt dem Knaben den Eintritt in die Kammer nicht, das

heißt, wenn er sittsam ist und seine Späße machen kann. Und ich vermute, das tirolische Moidle wird's auch so halten. Warum auch nicht? Sie hat alles sauber geordnet im Stübel und den Tabakrauch, den kann sie leiden.
Du kannst also, wenn Sonntagmorgen ist, dich ins Kämmerlein setzen und eins schmauchen, bis sie sich die schönen Haarsträhnen ausgestrählt hat, die ihr wie ein weicher Samtmantel über den Rücken hinabgehen, die gescheitelt und geflochten und vielleicht wie eine Krone um das Hinterteil des Hauptes gewunden werden. Du kannst zuschauen, wie sie die Schuhe riemt und das Vortuch bindet und das Mieder anzieht, und willst ihr dabei artiger Weise behilflich sein, so sagt sie: dank schön! und versetzt dir eins auf die Finger. Wirst aber desweg keinen Wundarzt brauchen. Du blickest ihr munter in das Gesicht, sie blickt munter – in den Spiegel; ein rechtes Dirndl muß erst sich selber gefallen, bevor ihm wer anderer gefällt. Und der Spiegel ist auch ein rechter Schelm, hübschen Mädchen schmeichelt er, alten Weibern sagt er Grobheiten.
Der Traudl sagt er alles Schöne. Sie hat nichts dagegen und streift sich jetzt das schwarze Jöpplein an. So bauschig die Ärmel sind, um den Leib schmiegt es sich wollern fein, als mit Fischbein besetzt – das ist an kaltes Blut gewöhnt und engt mit aller Gelassenheit ein, was einzuengen ist und schweift sich aus, wo es Not tut. Um den Hals legt sie sich jetzt ein buntes Tüchlein. Und was ist's mit einer silbernen Halskette? Mit einem Kröpflein? Man hört, Alpendirnen hätten solche Schmucksachen. Mag schon vorkommen, aber wenn ich nicht grob irre, der jungen Maid begehrtester Halsschmuck ist der sie umschlingende Arm des Liebsten.

Mei Dirndl is sauber,
Schwarze Äugelein hats,
Hans zwar no nia ghalsn,
Is dennah mei Schatz.

Mei Dirndl is sauber
Im Sonntagswandl,
Und vor lauter Liab zittern
Ihr d' Fürtabandl.

Das »Sonntagwandl« hätte sie nun an, setzt das Häublein auf und fragt noch einmal den Spiegel. »Gut ist's!« sagt er.
Jetzt wären wir's. Müssen warten, bis die anderen auch fertig sind zum Kirchgang.
»Kunnten ja ein Eichtel halsen und herzen dieweil«, fragst du.
»Ja, grad' werd' ich mir das Gewand vermudeln lassen!« sagt sie. Offen gestanden, du bist zu spät daran mit deinem Vorschlag. Aber das macht nichts. Man kann seinem Schatz auch gut sein, ohne daß man dabei die Wangen just enge aneinanderlegen muß. Man geht neben ihm her und führt ein treuherziges Gespräch, ganz ohne Zier und Hinterhalt. Man kann vom Wetter oder vom Korndreschen sprechen und doch ein Herz voll Liebe in die Worte legen. Du brauchst nur gelassen ein Stäublein von ihrem Rock zu wischen, und es ist ihr und dir wohl dabei, wenn die Liebe mitspielt. Du brauchst gar nichts zu sagen, ihr gar nichts Zartes anzutun, wenn du nur neben ihr hergehst, still wie ein Schatten, so ist ihr schon wohl, wenn sie dich lieb hat. Ja, du brauchst gar nicht in ihrer Nähe zu sein, du kannst weiter von ihr entfernt sein, als ein Vogel fliegen kann an einem Tag, wenn sie nur weiß, daß du ihrer treu gedenkst, so ist ihr wohl.
Die Liebe ist reich und hat tausend Wege, um glücklich zu machen. Eine solche Liebe ist

Traudl

auch der Traudl angeboren. Wohl, auch sie tut mitunter vielleicht gern ein wenig schäkern und scherzen, sie gehört aber nicht zu jenen, die unter Liebe nur das Kosen und Küssen verstehen, das am Feierabend allerdings manchen Spaß machen kann, aber als zu häufig und für die Länge nicht unterhaltsam ist. Die Traudl denkt: Lieb ist ein feines Ding, das muß man anders betreiben. Wie und wo sie ihrem Schatz was Gutes antun kann, da tut sie's. Sie wäscht für ihn, sie flickt für ihn, sie betet für ihn. Ist er überbürdet, so hilft sie ihm tragen, ist er tollustig, so mildert sie seinen Übermut. Ist er zornig, so ist sie sanftmütig, und kommt er von fremden Leuten gereizt und verbittert zu ihr, so läßt sie alles Herbe geduldig auf sich ablegen – wer wird sich's denn sonst gefallen lassen, als sie? Wohin soll er die herbe Stimmung, den Kummer und Anmut denn sonst legen, als in ihr Herz? Er ist herb auf sie, aber sie weiß, es wird ihm leichter, wenn er sich ausherben kann, und daß sie ihm diese Wohltat erweisen kann, das tut ihr selber wohl. So gut ist die Liebe.
Und ihn, den in seinem Zorn nichts bändigen könnte, was scharf und gewalttätig ist, ihn bändigt ihre Sanftmut. Hat er sich ausgegrollt, so kniet sein Herz vor ihr nieder und leistet ihr Abbitte mit allem Guten, was er ihr antun kann, und glücklich, überglücklich ist er, daß er's vermag ihr Leben zu erfreuen. So fruchtbar ist die Liebe. So stark ist die Liebe. Braut ist die Traudl, und denk dir's Freund, die deine sei's. Wenn du aber schon eine Frau hast, so geht das nicht; die Traudl ist hier zwar nur ein Bild, aber Ehefrauen sind wie der jüdische Gott, sie wollen kein Bild neben sich haben.
Doch gesetzt den Fall, du wärest Junggeselle und die Traudl wäre deine Braut. Man müßte ausrufen: du glücklicher Mann! Hat dich die Traudl einmal lieb, alsdann hat sie dich auch so in allen Abgrund lieb, daß sie wohl still bei sich weinen würde, wenn auch du ihr daneben ein fremdes Bild anbeten wolltest, daß sie dir deswegen aber keinen Vorwurf machen möchte, denn wenn dir wohl geschieht bei dem fremden Bild – sie gönnt dir's.
Solche Weiber gibt's nicht! sagst du. Ich begreife es, du redest sicherlich aus Erfahrung. Aber die Traudl, betrachte sie nur einmal, sie ist ein solches Weib. Sollte ihr künftiger Mann reich sein und von aller Welt geachtet, vom Schicksal auf Rosen gebettet, so daß ihr nichts mehr übrigbliebe, etwas für ihn zu tun, so gäbe das ein Elend. Die Traudl wäre todunglücklich, müßte verkommen und ihr Herz müßte verschrumpfen und tiefkrank müßte sie werden an Leib und Seele. Ihr Lebenselement ist, für den Geliebten leben und leiden und sterben zu können. Und dieses sanftmütige, seelenvolle Auge, es ist das Auge einer Heldin und einer durch solch reine Liebe von Gott zu höchster Glückseligkeit erkorenen Gattin und Mutter. Denn der wahrhaft Opferfreudige findet auf dieser Erde Anlaß zur Freude genug.
Manche reizende Dame wird mich belächeln und sie wird trotzdem reizend bleiben; sie ist vielleicht heute so sehr in die Schalheit der Welt verschlagen, daß sie gar nicht ahnt, welche göttliche Energie des Herzens auch in ihr erwachen könnte, wenn der liebste Mann in heißer Not der Frauen rettender Sanftmut und Seelengröße bedürftig wäre.
Der Dichter hat wohl gewußt, warum er uns erinnerte: Ehret die Frauen! Und unser Künstler hat nicht zufällig aus dem Volk ein Bild hervorgehoben, in dessen Antlitz die reine Schönheit der Güte leuchtet.

Tiroler Knabe

Was du so ernsthaft und treuherzig in die Welt hineinlugst – in diese schöne, in diese gefährliche Welt! Ein gewagtes Spiel beginnst du auf der Erde, aber jetzt weißt du noch nichts davon, und sollst auch nichts wissen. Wie heißest du denn, Kleiner?

»Hans.«

Ein schöner Name. Was willst du denn werden, Hans, wenn du einmal groß bist?

»Fuhrmann.«

Fuhrmann willst du werden. Ist kein übles Fürnehmen. Als Fuhrmann bringt man's am ehesten vorwärts.

»Ich will auch die Clara-Muhme aufsitzen lassen!«

Das wird ihr wohl tun, mein Junge. Wenn sie bishin nicht schon aufgesessen sein wird. Sie ist lange genug zu Fuß gegangen, freilich nur vom Hof auf das Feld und wieder zurück, vom Haus in die Kirche und wieder zurück, aber wenn man ihre Schritte und Tritte zusammentäte, sie könnte damit dreimal um die Weltkugel gegangen sein. – Da hast einen Apfel, Hans, beiß an. –

Während wir da mit dem herzigen Knaben gesprochen haben, sprechen andere über ihn. Sein Vater, der Archseiter und der Herr Pfarrer.

»Ja ja, lieber Archseiter«, meint der Herr Pfarrer, »auch der Schulmeister lobt ihn. Na na, das merkt man schon in der ersten Klasse, ob einer ein helles Köpfel hat. Der Hans muß auf geistlich studieren.«

Ein helles Köpferl haben und auf geistlich studieren, das sagt ein Tiroler Pfarrer nur so in einem Atem.

»Wenn's der hochwürdige Herr im Ernst meint«, antwortet jetzt der Bauer, »daß mein Hans in die Studie soll gehen. Kosten tut's freilich viel.«

»Ein Geistlicher ist sein Geld wert«, sagt der Pfarrer.

»Dasselb' ist wahr«, gibt der Bauer zu, »ein Geistlicher ist sein Geld wert.«

Das junge Dienstdirndl, die kleine Enkelin der Clara-Muhme, hört's, was da gesprochen wird. »Juch, juch!« ruft sie, »der Hans wird ein Geistlicher, da kann ich nachher zu ihm beichten gehen!«

»Fürwitziges Ding!« verweist dem Mädchen die alte Clara. »Zu ihm beichten gehen! Du weißt noch nichts. Gar nichts weißt, lautmauliger Gründnigl! Hineinhetzen in die Kutten! Und kein Mensch fragt darnach, wie's ihm drinnen geht! Troll dich weg, Ziefer!«

Einen schier derben Stoß gibt sie der Kleinen. Aber das harte Wort und der Stoß ist nicht dem Mädchen vermeint, sondern wem andern. Und wie der Pfarrer davon ist, geht sie zum Archseiter, ihrem Bruder und sagt: »Jetzt habt's halt wieder einmal brav Gott gelästert, allzwei! – Geh' her da, Bruder, schau an dein Bübel. Tut dir nicht das Herz weh, wenn du denkst, der kriegt den schwarzen Totenmantel über sein warmes Fleisch und Blut, bis er vierundzwanzig Jahr alt ist! Den Totenmantel sage ich! Ist's anders?«

»Ich versteh's nit, Schwester, was du sagst.«

»Kannst es auch nit verstehen. Du hast dir von deiner Jugend bis heut' nichts abgehen lassen und bist deswegen auch niemals auf den Gedanken gekommen, wie es wär, wenn's anders wär.«

»Hast was gegen den geistlichen Stand?«

»Nichts habe ich dagegen. Ist ein hoher Stand, aber vor dem fünfzigsten Jahr soll keiner eintreten in die heilige Weih', das ist meine Meinung.«

Tiroler Knabe

»Du bist halt so viel gscheit, du«, sagt der Bauer spottend, »ist schad, daß du nit Bischof worden bist oder gar Papst.«
»Das ist auch schad!« ruft die Alte. »Ein Gebot wollt' ich ändern. Eins wollt' ich ändern!«
»Da möchte dich die Priesterschaft gleich davonjagen.«
»Glaubst?« sagt die alte Clara-Muhme, »glaubst?« sagt sie und lächelt mitleidig. Weiter sagt sie nichts mehr.
Der Archseiter kommt aber jetzt ins Nachdenken.
Das Knäblein läuft einem jungen Vogel nach, der aus dem Neste verschreckt worden ist und noch nicht recht fliegen kann. Das Tierlein flattert in den blühenden Hagebuttenstrauch, das hat ihm sein Schutzengel eingegeben, wenn Vögel einen haben; der Strauch hat Dornen, da kann der kleine – für den Vogel eigentlich ungeheuer große – Verfolger nicht nach. Und der Hans sagt jetzt: »Ich habe dir ja nichts tun wollen, Vögelein, ich habe dich nur lieb haben wollen.«
Den Bauer ergötzt das Spiel. Dabei denkt er: Werden es halt noch sehen, was wird. Ob der Herr Pfarrer recht hat, oder vielleicht doch die alte Clara. Kopulieren und Kinder taufen – eine schöne Sach'. Und – eine schlimme Sach', wenn man's nimmt. Nu, wir wollen ja sehen.
Und wir – wir für uns sollen gar nicht fragen, wenn wir ein liebes Kind betrachten: was wird aus ihm werden? Das bekümmert. Ein Kind muß man halten wie eine Blume – nicht an gestern denken, nicht an morgen. Ach wäre es schon groß! sagen die Eltern heute. Ach wäre es noch klein! seufzen sie nach zehn und zwanzig Jahren. Kleine Kinder, kleines Kreuz, große Kinder, großes Kreuz. – Kleine Kinder steigen einem auf die Zehen, große aufs Herz. – Ein heiteres Kind, eine zitternde Freude! – Und wie die Sprüche alle gehen. Ich weiß einen, der gefällt mir am besten: Sei Kind mit dem Kinde! Hebe es nicht an dein Haupt, es hat dort nichts zu tun, als – dich bei der Nase zu nehmen; knie zu ihm nieder, daß es sein Stirnlein an dein Herz kann legen. Vor Gott muß man niederknien, weil er gar so groß ist: vor dem Kinde aber, weil es gar so klein ist.
Die Liebe zu Gott macht heilig, die Liebe zum Weibe macht glücklich, die Liebe zum Kinde macht selig. Ich habe einen Mann gekannt, den hatte sein Weib verlassen und er hatte Gott verlassen. Jeder seiner Blicke war ein mörderischer Spieß, den er den Mitmenschen zuschleuderte, jedes seiner Worte war ein zermalmender Stein, den er anderen ans Herz warf, und vor dem Kinde habe ich ihn weinen gesehen.
Ein anderer Mann war, der hatte in seinem zwanzigsten Jahre das erste Kind, er arbeitete für dasselbe und dankte für dasselbe. In seinem sechzigsten Jahre hatte er das zwanzigste Kind; er hatte für jedes gearbeitet und für jedes gedarbt. Und er war frisch und munter und sah noch immer jugendlich aus. Die Mühsal hatte ihn nicht so tief gebeugt, als ihn die Freude an den Kindern gehoben hatte.
Und da soll man in unserem kleinen Haus schon einen geweihten Herrn sehen? Einen Herrn, der die beseligendste, die göttlichste Freude dieser Welt nicht soll haben dürfen? Geht mir weg, ich halte es mit der Clara-Muhme und – mit dem Hans. Ein Fuhrmann, das ist gescheiter, daß wir voran kommen. Wir fahren ja auch mit. Aber nicht zu viele Dirnlein aufsitzen lassen! – Komm her, Hans, einen Kuß will ich haben!

Jägers Heimkehr

Es ist eine ruhsame Nacht, aber die Jägersfrau Johanna kann nicht schlafen, ihr ist angst und bang, und sie weiß nicht, warum. Zu den Betten ihrer Kinder geht sie nachsehen, es schläft das Marielein süß, und es schläft das Franzelein süß. Sie fühlt ordentlich die weichen Fittiche der Schutzengel, die an dem Bette der Kleinen stehen. Und dennoch ist ihr ach und weh. Wird doch ihr Mann nicht in Gefahr sein! Der Toni ist ins Hochgebirge gegangen. Die fürchterlichen Abgründe! Die Wildschützen! –

Endlich schlief das Weib ein. Es war doch kein freundlicher Schlaf; sie träumte, ihr Mann läge auf einer Schaukel von Spinnengewebe und schaukle hin und her über einer grauenhaften Schlucht …

Und ihr Mann, der Jäger Toni, war zur selben Stunde wirklich in Gefahr.

In einer Sennhütte war er eingekehrt, eigentlich gar nicht sein Revier, aber der Mensch muß doch ein Obdach haben über Nacht.

Ob sie was hätte zum Essen?

Ja freilich, sie hat schon was.

»Und wo kann ich liegen?«

»Doch leicht auf der untenaufern Seiten«, ist ihre Antwort. Schalkhaft ist sie und – sauber. Der Toni ist ein prächtiger Mensch, prächtig auf und auf, voll Mark und Kern – ein Mensch halt, wie man ihn gern anschaut.

Die Sennin ist desweg auch nicht zu übersehen. Übermütig, scherzlustig im Frühsommer des Lebens, wann die Himbeeren reifen. Ein Röslein auf der Alm, man steckt es gern auf den Hut. – Der Toni hat's bequem. Auf dem Überboden der Hütte ist ein Haufen Moos; er steigt hinauf, und die Leiter wird nicht weggezogen. Man kann nicht wissen, was in der Nacht geschieht. Es kann Feuer auskommen, und wenn jetzt dieser schöne Mensch verbrennen müßte!

Die Feuersgefahr beschäftigte die Sennin, die unten ihre Raststatt hatte; sie konnte nicht einschlafen. Ihr kam heute die Hütte so niedrig und drückend vor, als ob der Oberboden niedersinken wollte. Ein sakrisches Gewicht muß er haben, dieser Jäger. Sie ächzte, stand auf, stieß unversehens an die Leiter und legte sich wieder hin. Auch für ihn war das kein Liegen. Immer heißer wurde ihm auf der kühlen Liegestatt, durstig war er, einen Trunk frischen Wassers wollte er. Draußen rieselte der Brunnen, er hörte ihn, aber das Hinabsteigen im Finstern – es war gefährlich. Da er sich beständig hin und herwälzte, so fragte sie hinauf: »Fehlt dir was, Jäger?«

Keine Antwort. Er war ganz still, als wäre er endlich in Schlaf gesunken, und es verging eine Weile.

»O mein Gott!« seufzte die Almerin endlich wieder, »ist das heute eine Nacht! Nichts ist unausstehlicher, als wenn ein Mannsbild schnarcht.«

Draußen war der Jagdhund unruhig.

»Daß du schlafen kannst bei dem Geheul!« rief sie nun in den Oberboden hinauf, »sei so gut und heiß' das Vieh still sein. Ich bin in der Pfaid und kann nicht hinausgehen.«

Da dachte sich der Jäger: der Sultl hat gewiß auch Durst, und bei Hunden ist das kein Spaß, sie können die Wasserscheu kriegen, wenn sie es zu lang entbehren müssen. – Dann stieg er die Leiter herab, ging hinaus, beruhigte den Hund, umarmte den Brunnenständer, um aus seinem Rohr zu trinken, kam wieder zurück, verschloß sorgfältig die Tür, schlich ans Bett der Sennin. In diesem Augen-

Jägers Heimkehr

blick fiel ihm das erste Fensterln ein, mit dem er vor wenigen Jahren seine Braut begrüßt hatte. – Er schlich am Bett der Sennin vorüber und kletterte die Leiter hinan.
»Ein Lahmlack, das!« grollte die schöne Sennerin. »Möcht wissen, was so ein Herabsteigen nutzt, hebt doch das Vieh schon wieder an.«
Der Jäger schlief.
Am anderen Morgen bekam er kein Frühstück. Es sei das Feuer ausgegangen, sagte sie, und jetzt habe sie nicht mehr Zeit zum Anheizen.
»So behüt dich der Obere, Sennin, der Untere ist dir eh' g'wiß.« Damit hatte er sich verabschiedet. Ein schöner Gruß das! Denn der »Untere«, das ist der Teufel. Sie hätte sich ihn gefallen lassen ...
Hinter der Hütte kauerte der alte Halter Osel, der hatte schon Wind von der Sache, man weiß aber nicht recht, wie das zuging.
»Bist wohl ein Narr!« flüsterte er dem Jäger zu, »ich an deiner Stell' ging jetzt noch zurück. Wie soll so ein Weibsbild allein mit dem Jagdhund fertig werden in der Nacht? Das ist zuviel verlangt. Wenn ich weiß, daß eine die Gottesgab' estimiert – warum soll ich ihr die Freud' nicht machen? Da heroben auf der Alm, den ganzen Sommer keine Kameradschaft, kein Tanz, keine Unterhaltlichkeit – alleweil beim grünen Gras und beim lieben Vieh. Wie wird's ihr denn gehen, wenn sich niemand um sie kümmert? Was unten im Tal anders genannt wird, kann auf der Alm eine Guttat sein – auf das mußt denken!«
»Laß das gut sein, Halter.«
»Die Dirn hat mir derbarmt.«
»So tröste sie. Bist alt genug dazu.«
»Leicht mitsamt meinem weißen Haar jünger wie du.«
»Am End' bist du giftig auf mich. Geh, geh Alter, ich weiß schon, was ich zu tun hab.«
Sie gingen auseinander. Der Jäger stieg niederwärts. Es war ihm leicht und wohl zu Mute. Und als er heimkehrte, selten noch war das Wiedersehen so herzlich. Das hübsche Weib hielt ihm das jubelnde Franzerle entgegen, das nach seinem Bart krabbelte und in einem fort »Ata! Ata!« rief. Das Marielein sprang herbei und stellte sich auf die Zehen, um die mitheimgekommene Jagdtasche zu untersuchen, eine Mühe, die stets ihren Lohn fand.
Der Mann empfand es wieder einmal recht, wie traut und behaglich es ist daheim, und seine Liebe zur Lebensgenossin war noch größer, seit er ihretwegen eine Gefahr bestanden. Er fühlte sich so recht mannhaft und sog aus ihrem Kusse süßes Glück.
Des Jägers Heimkehr. Die Leutchen sind zu beneiden. Zu beneiden? Von wem? Kann's nicht jedes Ehepaar so gut haben?
Ich will und muß wohl sagen, wovon die Unruhe der heutigen Zeit herkommt. Weil man dem Daheim untreu wird, der Familie untreu wird, in welcher allein unser innerstes Menschentum ausreifen und Befriedigung finden kann. Es kann bewiesen werden, daß, je mehr die Ehen abnehmen, die Verbrechen sich steigern, die Selbstmorde sich mehren, die gesellschaftlichen Zustände verwirrter werden. Es kann bewiesen werden, daß ein Mann, welcher seine Ehefrau betrügt, auch sonst nicht viel nutz ist. Wenn er das am Altar geleistete kirchliche Wort schon brechen kann: sein Ehrenwort, das er dem Weibe früher oder gleichzeitig gab, das soll er halten. Wenn der Mann sein Wort nicht mehr hält, dann ist alles aus. Und wenn er das Wort seinem ihm am nächsten stehenden Wesen

der Mutter seiner Kinder, wenn er nicht soviel moralische Kraft hat, um einer allerdings oft tückisch anschleichenden Neigung zu trotzen, dann soll er sich nur nichts einbilden auf seine Mannbarkeit, dann ist er ein armer Gauch. Und dieses Jägers Heimkehr, sollte sie nicht auch manch andern Mann leise mahnen zur Heimkehr?
Wenn er aber daheim eine Xanthippe findet? Für diesen Fall freilich ist die Kunst nicht vorbereitet und keines Malers Pinsel borstig genug. Ich jedoch bin schier der Meinung, die Treue des Mannes sei so mächtig, daß sie mit der Zeit selbst Xanthippen zähmt.

Vesperbrot

Da sind ihrer vier Kleine beisammen. Und wißt ihr, wer unter ihnen einstweilen das Größte vollbringt? Das Kleinste.
Das kleinste Büblein, das im Hemdchen dasteht, den Apfel in der Hand hat und nicht hineinbeißen darf. Das Schälen ist leicht, wenn sie wissen, am Abend zum Vesperbrot kommen die geschmälzten Apfelspalten auf den Tisch; aber das jetzt nicht Hineinbeißendendürfen ist hart, wenn man vor dem Vesperbrot schlafengehen muß.
Die älteste Schwester, das ist so eine! Die spielt sich auf die Mutter hinaus und warnt und brummt und droht und zankt in einem fort. – »Laß ihn stehen, den Apfel! Mußt denn allweg naschen? Daß du nachher wieder Bauchschneiden kriegst! Hast just ehvor deine Milch gehabt und schon wieder raunzen! Den ganzen Tag raunzen! Auf die Finger klopf' ich dir, auf die ungewaschenen, wenn du den Apfel nicht wegtust!«
So treibt sie's, die älteste Schwester, denn sie weiß recht wohl, das gibt ihr Ansehen; die erwachsenen Leute zanken, und sie möchte auch schon gern erwachsen sein. Aber dem Knäblein will sich der Mund krümmen vor Schmerz und Bitternis, daß es so machtlos und rechtlos dasteht, aus dem einzigen Grunde, weil es das kleinste ist.
Der größere Bruder – der mit den schönen Federn auf dem Hut – sucht es zu trösten, denn er selber hat sich bereits satt gegessen, er und der dritte, so jetzt miteinander die Genügsamen spielen.
»Geh«, sagt er munter, »schmeiß ihn zurück in den Korb. Ist eh wie ein Holzapfel so sauer. Ein Wurm ist auch drinnen, der täte dir im Leib ein Loch beißen, nachher täte das Blut herausrinnen!«
Der Kleine schleuderte den Apfel in den Korb. »Das Blut herausrinnen«, davor hat er am meisten Angst. Die Begierde wäre somit bezähmt, und zum Lohn dafür kriegt er doch noch ein paar geschmälzte Spalteln vor dem Schlafengehen.
Bei dieser ganzen Sache wäre nur das eine zu wünschen, nämlich, daß auch unser Vater Adam eine ältere Schwester gehabt hätte, die ihn vom Apfelbiß abgehalten. Und wäre weiters noch zu wünschen, daß diese kluge ältere Schwester des Knaben – die allem Anscheine nach eine sehr hübsche Jungfrau werden wird – auch anderen Knaben, etwas größeren als diesem, mit Nachdruck und Glück einschärfen möge, nicht allzu genäschig zu sein; denn wie das Brüderlein sagt: in manchem Apfel steckt ein Wurm, der unser Inneres leicht arg könnte zernagen.
Alles was Kinder tun, ist wichtig, selbst das Apfelschälen, denn alles deutet auf künftiges Leben und wird zum Symbol. Es ist daher

Vesperbrot

kein Wunder, daß große Künstler sich so gern mit Gegenständen aus dem Leben der Kinder befassen. Kunst und Poesie wiegt sich am liebsten in Gleichnissen, und das Kind ist ein Gleichnis. Im Kinde stellt sich uns idyllisch vor das Schaffen, Kämpfen und Streiten, das Leiden, Glückseligsein, das Erwarten und Getäuschtwerden der Menschheit. Daß wir

Die Knaben des Meisters

über die Ereignisse und Konflikte der Kindeswelt lachen können, ist ein Beweis, daß auch wir Erwachsene Kinder sind, aber nur in anderer Art. Wir können lachen, wenn das Kind eines zerbrochenen Spielzeuges wegen bittere Tränen vergießt, das ist Überlegenheit. Das Kind kann jubeln, wenn es die Flammen sieht auflodern über dem Dach unseres Hauses. Das ist auch Überlegenheit.

Schälet immerhin Äpfel, ihr lieben Kleinen; ihr werdet noch manches entschälen, dessen Kern nicht so süß sein wird, als hier der Apfel oder die Birne. Aber gebt doch auch eurem kleinsten Bruder etwas davon, der trotz allem noch einmal in den Korb gelangt hat um den Apfel. Ei bigott, jetzt hat er gar nicht mehr gewartet auf das Erlauben oder Verbieten, hat keck hineingebissen und ein sehr saures Gesichtlein geschnitten. – Seht ihr, jetzt ist er zufrieden.

Lisi

Fragen wir uns einmal aufs Gewissen, mein Freund, haben wir noch niemals in unserem Leben einen gottverlassenen Tag gehabt? Er mag gewesen sein nach einer übereilten Tat, nach dem Sieg einer niederen Leidenschaft, nach dem Hinfall einer Hoffnung, nach einer durchschwelgten Nacht, es mag gewesen sein der Tag nach einer Sünde. Leiblicher Katzenjammer ist eine Labnis, ist geradezu ein Sinnengenuß im Vergleich zum seelischen. Dieser verschleiert die Sinne, das Auge empfindet das Sonnenlicht nicht mehr, das Ohr nicht mehr der Waldvöglein Jubelsang, das duftende Blümlein klopft nimmer an unser Herz. Ein Teil unseres Wesens ist wie gestorben, und der andere Teil schleppt den Leichnam mit sich über blühende Wiesen, über reifende Felder, rast hinein in den dichten Wald und will abstreifen – abschütteln, und kann den Dämon nicht los werden. In solchem Zustande hat mancher schon auf-

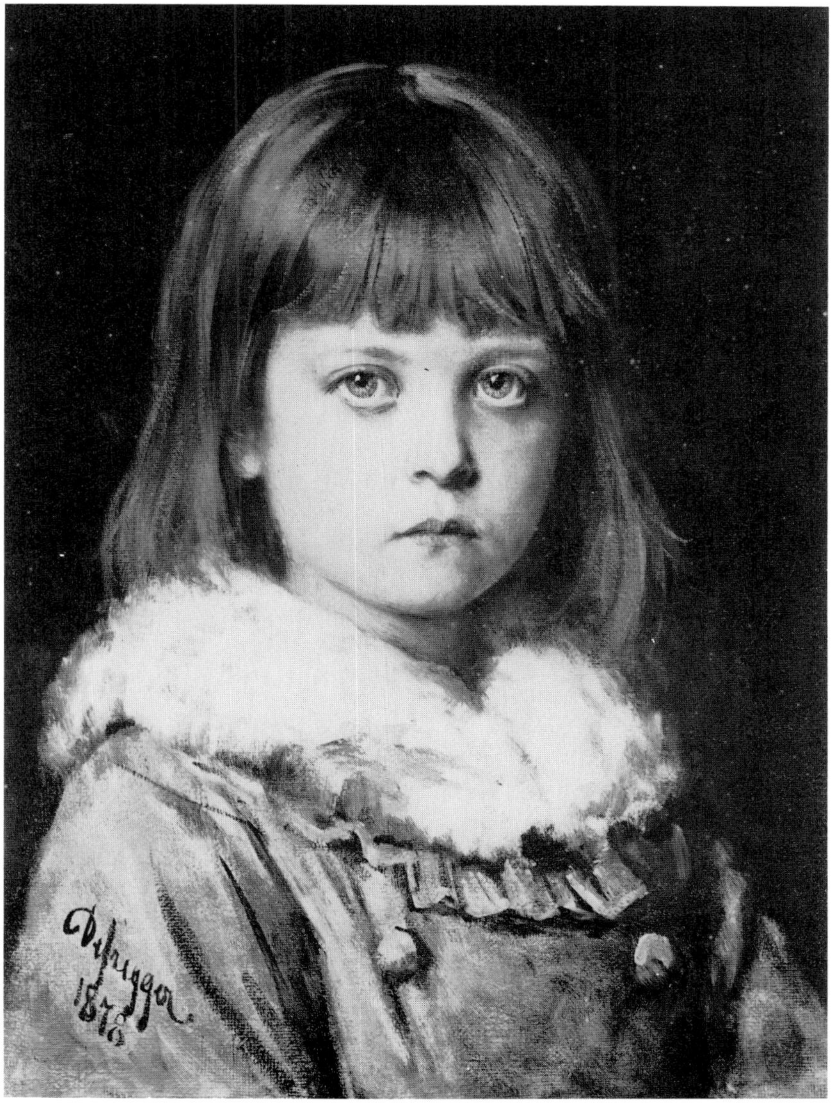

Lisi

gestarrt ins Geäste eines Baumes, oder ins Dickicht von Tannlingen und Haselbüschen, eine Stätte suchend zur ewigen Rast.
Ich habe einen Bekannten, der machte es so. Von der Welt betrogen, von philosophischen Schemen geäfft, ward er endlich kopfscheu, betäubte sich durch Trinken, verspielte seine Habe in einer einzigen Nacht. Am nächsten Morgen ging er in den Wald, um sich zu töten. Und als er ins finsterste Dickicht spähte, da lugte ihm aus demselben das rosige Gesichtlein eines kleinen herzigen Mädchens entgegen. Schalkhaft lächelte es ihm zu zwischen dem grünen Blattwerk und verbarg sich dann kichernd im Strauch.
Dieser eine Kindesblick hatte ihn gerettet. Es war das Töchterlein armer Leute und in den Wald gegangen, um Beeren und Schwämme zu suchen. Die weißen Zähnlein lachten zwischen den Lippen hervor, die vollen Wänglein lachten, die schwarzen schelmischen Augen lachten, das ganze kleine Wesen lachte, und es war, als erfülle seine selige Heiterkeit den ganzen Wald. Da begann auch dem lebenssatten Mann das Herz zu lachen. Sie reichte ihm im hohlen Händchen Erdbeeren hin, er nahm sie, fragte nach ihrem Namen und hub an, mit ihr bekannt zu werden.
Lisi heißt sie, zehn Jahre ist sie alt. Es waren schon Tage, wo sie nichts zu essen gehabt hatte mit ihrer Mutter; anstatt zu essen, hat sie eins gelacht.
Vor ihrem Häuschen haben sie ein ganz kleines Gartenbeet, da wächst Salat und ein Nelkenstrauß und ein Rosmarinstamm. Aber der Rosmarinstamm muß jeden Abend mit dem Topf zugedeckt werden, sonst erfriert er. Auch lehnen sie in der Nacht Bretter über den Garten an die Hauswand, sonst täte das Reh den Salat fressen. Einmal hat sie, die Lisi, ein Krautblatt zum Fenster hinausgehalten und das Reh hat ihr's aus der Hand genommen. In der Nacht vor dem Frauentag geht die Muttergottes durch den Wald und streut Erdbeer- und Heidelbeersamen; da ist auch einmal ein Erdbeersträußlein auf dem Dach der Hütte gewachsen – hat's aber der Vogel gefressen. – So erzählt das Kind seine Abenteuer und Lebensschicksale dem Fremden. Der hat sich vorgenommen, er wolle leben und warten, wie dieses waldfrische Herzlein sich entwikkeln wird. Er wartet bis heute, ich vermute aber, daß er nicht mehr lange warten wird, denn die Lisi ist nun neunzehn Jahre alt und er sechsunddreißig.
Sie ist munter geblieben, er ist munter geworden. Und daß der Maler das Lischen gemalt hat, war sehr klug, wir anderen wollen auch was haben davon.

Die Italienerin

Wenn jemand es vermag, den ewigen Weltfrieden herzustellen, so sind es die Weiber. Sie, die in allem das Gegenteil des Mannes sind. Der Mann hat den Krieg in der Weite und will den Frieden zu Hause. Das Weib liebt den Krieg zu Hause, folglich muß es den Frieden draußen wollen.
Von der Menschenliebe sprecht ihr, die den Frieden bringen soll. Ich habe in dieser Sache nicht allzu große Hoffnung auf die Liebe, es müßte denn die Liebe zwischen Mann und Weib sein. Die kann alles. Allerdings, wenn ein französischer König eine deutsche Prinzessin ehelicht, so werden darum den beiden Völkern die Schwerter nicht verrosten in den Scheiden. Besser ist's aber, wenn die Völker untereinander heiraten.

Italienerin

Der junge Rösselwirt in Bozen oder sonst irgendwo in Südtirol hat die Italiener nicht leiden mögen. Diese »Katzelmacher«, diese »welschen Polentasäck«, wie er sie geheißen hat, auch andere Namen hat er ihnen gewußt, und gerade die Zähne hat er dabei allemal zusammengebissen, als hätte er schon so einen schwarzbraunen Lombardiner zwischen den Kiefern.
Er mochte das vom neunundfünfziger Feldzuge her haben, den er mitgemacht. Ihm selber war nichts geschehen, aber er hatte ihrer etliche niedergeschossen und gestochen bei Magenta, und darum haßte er sie so laut, daß nicht etwa eine innere Stimme zu Worte käme. Sie nannten ihn den Welschenfresser.
Da fuhr der Rösselwirt eines Nachmittags nach Trient hinab, und es geschah ihm, daß er sich dort in eine Italienerin verliebte. Sie war mit ihren Eltern – wohlgesessenen Patriziern aus einem Dorf bei Verona – dort auf der Sommerfrische. Fürs erste meinte der Rösselwirt, es sei gar nicht möglich, daß sie eine Welsche wäre, sie schaute ihn mit ihrem nußbraunen Auge so sanft und treuherzig an.
Können denn die Italienerinnen auch sanft und treuherzig schauen? Fürs zweite glaubte er, sie spreche deutsch, weil er nicht italienisch gelernt hatte und sie doch verstand. Oder kann man auch fremde Sprachen verstehen, wenn sie ein herzliebes Wesen spricht? Fürs dritte – er hatte wohl gehört, daß die Italienerinnen gut küssen können – aber so etwas hatte er sich nicht vorgestellt. Alle Wonnen des Südens strömten über in sein Herz, und sie wiederum schien seinem deutschen Wesen wohl geneigt zu sein.
Drei Monate später führte der »Welschenfresser« die schöne Italienerin in seine ehrwürdige Vaterstadt Bozen ein.
Es kommen derlei Verbindungen nicht just selten vor und von Jahr zu Jahr häufiger. Und eine solche Allianz – nicht zwischen Fürsten und Fürsten, sondern zwischen Völkern und Völkern – wäre die heilige Allianz. Meint ihr nicht?
Ein paar Buben sind heute da von diesem Rösselwirtspaar. Prachtkerle! Die deutsche Kernhaftigkeit und die romantische Frohsinnigkeit ist in ihnen. Ich vermute, sie erzeugen ein Geschlecht nicht von Deutschen und nicht von Italienern, sondern von *Menschen.*

Das Preispferd

Der Schrasel-Sepp – der kleine, dicke Schrasel-Sepp – kommt von der Pferdeausstellung heim und schmunzelt. Er hat einen Preis bekommen. Er oder sein Roß? 's ist alles eins. Hat sich der Sepp doch so durch und durch in sein Roß hineingelebt, daß ihn der Hafer sticht, den das Roß frißt. Und ist es gar kein Wunder daher, daß er nach und nach eine Pferdeseele bekommen hat und daß er jetzt gar wohlgefällig schmunzelt, als überall im Dorfe laut verkündet wird: »Der Schrasel-Sepp hat auf der Pferdeausstellung einen Preis kriegt!«
Zehn Dukaten in Seiden gefaßt! Und einen Musikantentusch bei der Ausrufung! – Doch einmal der Mühe wert, daß man auf der Welt ist!
Nun führt er seinen Rappen durch die Gasse, da kommen die Leute aus den Häusern und eilen herbei. Sie haben das Pferd tagtäglich gesehen und nichts Besonderes daran gefunden, aber jetzt begaffen sie es von allen Seiten wie ein Wunderding, und jetzt will jeder gesagt

Das Preispferd

haben: »Dem Schrasel seiner, der trabt nicht umsonst auf die Ausstellung, der kommt mit Ehren zurück!«
Ist aber auch ein Wunderwerk, dieses Tier! Voll Ebenmaß und strotzender Kraft und Feuer. Der alte Schirmer, eben auch auf dem Heimweg, sitzt auf der Wandbank und die Pfeife in der Hand zischelt er dem Schrasel was in den Rücken hinein. Wo sichs um Rösser handelt, da hört der Schrasel auch mit dem Buckel, und man merkt gleich, sie führen eine eigene Sprache, die Roßhändlersprache, die andere Leute nicht verstehen. Neider sind auch da. »Der hat bestochen«, murmeln sie, »der füttert dem Roß Hüttenrauch (Arsenik), da ist's nachher keine Kunst, den Preis zu fangen. Richtig gehts nicht zu mit dem Roß, man braucht ja nur die Augen aufzumachen, ist ein flätiges Vieh, in der ersten Stund fahr' ich's rach (lahm), wenn ich will!« Die so sprachen, haben selber ihre Rösser auf der Ausstellung gehabt.
Und wie sie jetzt über das Preispferd ihre Scheelsucht losgelassen, so gehen sie nun zu ihren eigenen Pferden und lassen an ihnen den Zorn aus, daß sie durchgefallen.
Auch der Schulmeister war herbeigekommen, als er es aber gesehen, um was es sich handle, hatte er sich darob gewundert, daß zu einem Preispferd ein größerer Zusammenlauf ist als vor etlichen Tagen, da die öffentliche Schulprüfung war. Damals hatte das aufgeweckte fleißige Sagfeiler-Bübel vom Herrn Dechant ein Prämium bekommen, »Die Beschreibung und Landesgeschichte von Tirol« mit Bildern und einer Karte. Kein Mensch hat sich gekümmert, weder ums brave Bübel, noch um Tirol. – Das Bübel ist arm, seine Eltern können nichts tun und gehts mit Kümmernis, daß es die Schule besuchen und was lernen kann.
Hatte sich also der Schulmeister gedacht, bei der Prüfung würden die Leute ganz gewiß aufmerksam aufs talentvolle Preisbübel werden, und der Kaufmann würde ihm aus Baumwollzeug ein Gewandl schenken, der Fleischhauermeister würde ihm in den Schultagen eine Schale warmer Suppe auftischen zu Mittag, weil um diese Zeit auch alle anderen Schulkinder was zu essen haben, und der Bäkkermeister würde vielleicht ein Semmlein dazutun zum Einbrocken, damit es ihn nicht gar zu sehr hungert.
Nichts ist gewesen. Das arme Bübel hat sein Prämienbuch vom Lande Tirol, und wenn ihm hungert, mag es darin lesen, was Tirol für ein gesegnetes Land ist mit Viehzucht, Getreide- und Weinbau; und wenn es friert, soll es aus dem Preisbuch über sein schönes Heimatland doch so viel Patriotismus schöpfen, daß ihm das Herz dabei warm wird, wenn schon der Magen leer bleibt.
»Schrasel-Sepp!« schreit der Hirschenwirt jetzt der Pferdeseele zu, »heut bist mir um einen Eimer Sankt Magdalener nicht feil! Stell ein den Rappen in meinem Hof, der Hausknecht soll ihm Hafer vorschütten. Eine Ehr' ist's für unser Dorf, daß wir das Preispferd haben. Und wenns zwei Eimer kostet, heut' lassen wir's drüber gehen!«
Schade, daß der Rappe keine Kapaune frißt – heute könnte er alles haben, was gut und teuer ist.
Und während sie drinnen schwelgen, und das Preispferd im Stall immer noch von Bewunderern umstanden, gehätschelt und gekost wird, huscht draußen das Sagfeilerbübel vorbei – barfuß und blaß. Der Schulmeister schaut ihm nach vom Fenster aus und denkt: »Knabe! Schad' ist's bei deinen Anlagen, daß du kein Roß geworden bist!«

Andreas Hofer in der Hofburg zu Innsbruck

Das war ein gemütliches Regieren in der Hofburg zu Innsbruck. –
Regent der Sandwirt und Pferdehändler Andreas Hofer aus Passeier. Nach der dreitägigen, glorreichen Schlacht auf dem Iselberge war er am »großen Frauentage« 1809 in die Hauptstadt gezogen, als »Commendant von Tirol«.
Auf den Treppen und in den Flurgängen des stolzen Fürstenschlosses saßen Passeier Schützen Schildwacht. Sie hatten recht, sich ein wenig auszurasten, es war ein hartes Tagwerk gewesen. Da waren die Tiroler beim Preßburger Frieden von Österreich an Baiern abgetreten worden, ohne befragt zu werden, ob es ihnen auch recht sei. Es war ihnen aber nicht recht. Sie huben auf eigene Faust einen Krieg an gegen die Baiern und Franzosen und gleichwohl ohne Schulung und Übung im Kriegshandwerk, war es ihnen wiederholt gelungen, den Feind hinauszuwerfen zum Tempel! Da gehört etwas Gott- und Selbstvertrauen dazu und eine unbändige Vaterlandsliebe. Aber auch trocken Pulver und gutes Blei. Wohlvergönnt sei ihnen das Pfeifchen schlechten Tabaks, mit dem sie jetzt die feinen Gardinen und vergoldeten Plafonds vollnebeln.
Im Audienzzimmer hat sich der Hofer einen Tisch zurechtgerückt, und einen Holzstuhl – auf dem weichen Zeug von Samtsesseln mag er nicht sitzen – und von da aus regiert er jetzt das Land. Die Joppe hat er weggeworfen, in Hemdsärmeln diktiert er seinem getreuen Schreiber Dörninger seine Befehle und Gesetze gegen »Verschwenderei und Völlerei«, in welche mancher aus Siegesfreude zu geraten droht, gegen »die Frauenzimmer, die ihre Brust und Armfleisch zu wenig und nur mit durchsichtigen Hadern bedecken und so unsere Waffenbrüder und Landesverteidiger sündhaft reizen«.
Fortwährend treten unangemeldet auf ihren grobgenagelten Schuhen Bauern ein mit allen möglichen Anliegen; der Hofer läßt sich die Sachen erzählen und entscheidet auf der Stelle. In den Nebenzimmern hört man pfeifen und auch singen und lachen, wie in einer Wirtstube. Das sind die Minister. Dann kommt Essenszeit; vom nächsten Wirtshaus wird geholt, wer hockenbleiben will in der Burg. Abends vor dem Schlafengehen wird ein Rosenkranz gebetet oder ein geistliches Lied gesungen, der Hofer singt vor.
Sein Hofhalt stürzt das Land nicht in Unkosten. Den Wein läßt er sich von daheim kommen, das Stadtgesöff mag er nicht. Das übrige, was er verzehrt, kostet das Land täglich 45 Kreuzer. Sein Nachbar, der König von Baiern, braucht täglich über 3000 Taler. Wenn's den Baiern recht ist, uns geht's nichts an, wir tun's eben billiger und mindestens auch so gut.
Eines Tages kommt einer angefahren, der läßt sich höflich melden.
»Ist er gut Freund, so soll er keine Geschichten machen!« sagt der Hofer, das bedeutet so viel wie: Entrez!
Freilich wohl gut Freund. Ein hoher Herr mit Begleitung. Aus Wien vom Kaiser. Vom Kaiser Franz! Da wird dem Andre das Herz warm. Einen mit großem Siegel gewahrten Brief schickt der Kaiser und im zierlich gearbeiteten Kistlein eine goldene Ehrenkette.
Schier zurückschreckt der Hofer vor diesen Sachen; die eine Hand hält er an den Tisch gestemmt, die andere an den Schenkel – lange

Andreas Hofer in der Hofburg zu Innsbruck,
die kaiserlichen Geschenke empfangend

will er nicht angreifen. Die Bauern – will sagen die Minister – stehen und sitzen umher und schauen, was das sein soll. Respekt! Des Kaisers Wort und Dank ist es. Der Kaiser hat schon im Frühsommer bei seinem heiligen Wort und im Vertrauen auf Gott und seine gerechte Sache erklärt, daß seine treue Grafschaft Tirol nie mehr von dem Körper des österreichischen Kaiserstaates soll getrennt werden, daß er keinen Frieden unterzeichnen werde, als einen solchen, der dieses Land an seine Monarchie unaufhörlich knüpft.

Die goldene Kette, die dem Andreas Hofer nun um den Nacken gelegt wird, ist gleichsam eine Wiederholung jenes Wortes, eine Rechtfertigung dessen, was er getan. Wenn man nur wüßte, was sich der schöne große Wachhund denkt, der den hohen Sendboten etwas zurückhaltend beschnuppert!

Zur Stunde sind schon neue feindliche Armeekorps auf dem Wege nach Innsbruck. Noch einmal zum Messer greifen! Aber verlassen, verlassen von allen Seiten! – Das Ende ist die Flucht hinauf in die Alpenwildnis – und der Morgengang in Mantua.

Das letzte Aufgebot

Wilde Not im Lande. Der Feind rückt an! Auf dem Dorfplatz laufen die Leute zusammen und durcheinander, Weiber und Kinder, Greise und Krüppel. Die rüstigen Männer und jungen Burschen sind alle längst davon. Ein altes Sprichwort sagt: Es wird eine Zeit kommen, da die Weibsleut um den Stuhl raufen werden, auf dem einmal ein Mannsbild ist gesessen. Diese Zeit ist jetzt da. Das verzagteste unter den Weibern schreit laut über den Dorfplatz her: »Schad' um's Schmalz! 's ist alles umsonst. Das Tirolerland ist hin!«

»Du Hundsfott!« ruft dieser eine andere zu. »Mit einem Krampen soll er sie ausreißen, der Teufel die Zungen, die so was sagt!«

»Der Feind ist mit Haufen vor der Tür. Vom Kärntnerischen ruckt er an.«

»Die Lienzerstadt brennt!«

»Die Manner sind erschossen, die Kinder gespießt!«

»Das Beste, wir flüchten uns gen Brixen zum Bischof um den Segen!«

»Der ist selber davon.«

»Der Segen?«

»Der Bischof!«

»Wie ihr noch wortreiten mögt in solcher Gefahr!«

»Raufen!«

»Geht nimmer. Die Wehrhaften sind hin.«

»Laufen!«

»Also ins Italienische hinein?«

»Rennst den Franzosen schnurgerade in den Spieß. Bei Trient stehen sie schon.«

»Also nach Sprugge zum Hofer.«

»Den haben leicht schon die Baiern aufgeknüpft.«

»Niederschlag' ich dich, wenn du das Wort noch einmal sagst!«

»Habt es nicht gehört, was der Feind im Inntal tut? Vierzig Menschen haben sie bei Wörgl wie die Heiligen gemartert.«

»Und die Österreicher sind davon.«

»Die Unsrigen selber sind nit besser. Wie der Hofer nicht ist, unten im Pustertal, lauft der Speckbacher auch!«

»Wenn die Obristen einmal davonlaufen!«

»Nachher muß der Gemeine herhalten.«

»Probier's! Schlagen dir die Braxen aus der Hand.«

»Alsdann kratz ich mit den Nägeln.«

»Hauen dir die Hände ab!«
»Alsdann beiß ich mit den Zähnen.«
»Knüpfen dich auf!«
»Drehe ich mich auf dem Galgen so, daß den Franzosen das Hinterfleisch zusteht.«
So wird geschrien und getobt im wildflutenden Haß gegen die Feinde des Vaterlands. Da tritt ein hagerer Mann vor, der Schulmeister ist's. Mit kräftigem Schritt springt er auf den Antrittstein eines Hauses, reißt ein Papierblatt aus dem Sack und ruft: »Leut'! steckt jetzt die Zungen in den Sack und tut die Ohren heraus. Vom Hofer!«
Da legt sich das Wetter.
Der Mann liest:

»Herzallerliebste Tiroler!
Für Gott, Kaiser und Vaterland! Morgen in der Früh ist der lößte Angriff. Wir wollen die Boarn mit Hülf der göttlichen Mutter fangen oder erschlagen und haben uns zum liebsten Herzen Jesu verlobt. Kommt uns zu Hülf! Wollt ihr aber gescheiter sein, als die göttliche Fürsichtigkeit, so werden wir es ohne enck auch richten. *Andreas Hofer*
Obercommandant.«

Einen Augenblick ist alles still. Die Frömmigkeit des Kommandanten weckt Hoffnung, der Trotz Vertrauen. Aber, wer – fragen sie – wer soll denn noch zu Hilfe kommen? Die streitbaren Männer sind alle längst weg.
Was ist das! Was wird laut jetzt von der Berggasse her? Der Himmel ist schwarz und zerrissen, und der Wind rüttelt in den Dachschindeln. Der Erdboden dröhnt von dem Traben einer nahenden Rotte.
»Maria zu Ottersing! Die Franzosen! Die Baiern! Schaut hin, Leute, dort über dem Zaun funkeln eitel Spieße und Messer.«
Ein grauses Stöhnen und Auseinanderstieben.
»Fahrt lieber gleich aus der Haut und laßt Hasen hinein!« ruft der Schulmeister. »Das Davonlaufen den Franzosen überlassen, ist gescheiter. Habt ihr hinten keine Augen, so schaut um. Der Landsturm ist's. Das Aufgebot, sicherlich schon das letzte. Die Bauern sind's von St. Martin und Oberschütz. Der alte Samer-Ludl ist dabei. Das wird was, Leut, das wird was.«
Da kommen sie schon angefahren im Sturmschritt, die alten Racker und Lotter mit den krummen Rücken, Knien und Ellbogen, mit den weißen Haarsträhnen und Stoppelbärten, auf den Achseln die Spieße und Sensen und Morgensterne und Stallgabeln und Hacken, gezähnte Messer auch und rostige Lanzen und Flinten. Alle in mausgrauen, abgenützten Lederhosen, alten Joppen und breiten Filzhüten. Voran marschiert der Samer-Ludl, das Brennscheit umgekehrt auf der Schulter tragend und unterwegs die Weisung schnaufend – wohin und wie anpacken, zu seiner Rechten trabt der Zimmermeister von St. Martin mit einem eisenzähnigen, stahlbespitzten Schlagprügel, der vor Zeiten schon auf die Türkenschädel niedergesaust sein soll. Ihm daneben der Richter von Oberschütz, dem das Recht in diesen Tagen zum Messer geworden. Links vom Ludl der weißbärtige Vieharzt Wimmer von der Kreuzau, in seinem mächtigen Joppensack nicht die geringste der Waffen schleppend – einen wuchtigen Brotlaib. Und hinterher alle anderen, Wäldler und Bergler, Hirten und Holzer, Steinklauber, Pecher und Züchner. Sogar der alte Vogelhändler aus Imst und ein Herrgöttler aus dem Pilztale kommen nach; jetzt brauchen die Leute keine Kanarienvögel, jetzt pfeifen die Kugeln, und keine Christusle, jetzt bluten die Tiroler. Sintemal, zuschlagen heißt's jetzt.

Das letzte Aufgebot

Im finsteren Ernst schreiten sie fürbaß, ihren Söhnen und Enkeln nach, die zweimal schon das Tirolerland befreit haben, das dritte Mal aber der Übermacht und List der Feinde zu unterliegen drohen. Mit dem sie Krieg führen, die Tiroler Bauern – der Welteroberer ist's. Königreiche und Helden hat er niedergeworfen, sie liegen vor ihm auf den Knien und lobhudeln ihren Bändiger und lecken sich wie die Hunde das Blut aus den eigenen Wunden. Der Tiroler will das anders machen.
»Maria und Sankt Sebastian!« Dieser Ruf wird vernommen in der Bauernrotte; des weiteren verlegen sie sich heute nicht aufs Beten, »denn«, deutet der Vieharzt, »die Boarn beten allmiteinand zum nämlichen Herrgott, der uns helfen soll. Daß wir ihn brauchen, das weiß er; daß wir im Recht sind, das sieht er, und will er's tun, so wird er uns finden.«
Auf dem spitzen Kirchturm klingen dennoch die drei Glocken, in der Bergkapelle, die oben auf der Felswand steht, schallt das Wetterglöcklein – sie rufen nicht Gott allein, sie rufen die Menschen.
»Er hat seine Sach' getan«, sagt der Zimmermeister von Sankt Martin, »wie er die Tiroler Berge hat aufgebaut. Wir haben nur die Löcher zu hüten, wo das Wasser hinausrinnt, daß keine Blauhosen und Weißmäntel hereingeraten.«
»So verstopfen wir die Löcher mit unseren eigenen Schädeln.«
»Wär's nicht zu spät, so kunnt's noch früh genug sein!« ruft der Schrager von Oberschütz.
»Auch dabei, der Schrager!« grollt der Hans Schacher vom untern Dorf, der mit seiner Stechstange herbeieilt, um sich ebenfalls dem Zug anzuschließen, nun sich aber wieder wenden will. »Auch dabei, der Schrager? Da bleib' ich daheim. Der wird den Feind schon allein vertauchen, wenn's mit dem Maul geht!«
»Du Hans!« ruft ihm sein Weib zu, »wenn einer jetzt so redet in Tirol! Wenn's ein nichtiger Nachbarsstreit tut, daß zwei nit selbander gegen den Landesfeind wollen – nachher ist's futsch mit uns. Nachher laßt den

Andreas Hofer

Feind herein, heut lieber wie morgen, so sind wir fertig und ist das grauslich' Leutumbringen nit vonnöten.«
»Weib!« sagt der Schacher, »da hast einmal recht. Der Schrager soll mich nit irren. Ich krach mit.«
Sie beugt sich zu ihm vor, hebt den Arm: »Mann! Dein Gesicht halt' her! Ich mach' dir das heilige Kreuz. Behüt dich Gott der himmlische Vater und der Sohn und der heilige Geist und die lieb' Mutter Maria vom grünen

Baum. Zwei paar Strümpf hab ich Dir in den Ranzen 'packt und ein Andreaspflaster, wenn doch ein Unglück sollt' sein. Halt dich fest, Hans. Denk, du zahlst den Boarn die Kugel heim, die unseren Buben hat troffen. Zahl sie gut! Mußt ihn nit wohlfeil geben, unseren Mirtel!«

Auf solche Worte vom Weibe sagt der alte Bauer: »Weib! Ja! wie bist denn! Dein Zureden! Kein Pfarrer kunnts besser!«

»Ich möcht selber mit«, sagt sie, »glutheiße Stein' wollt' ich auf sie niederwerfen Tag und Nacht, bis die Bergwänd' aus und gar wären.«

»Hast die Enkelkinder daheim. Vergiß ihrer nit.«

»Das da!« sie entrollt einen hochgeweihten Luscharirosenkranz aus ihrer Faust, »beten wollen wir daheim so lang und so viel für euch, bis die Perlen abgewetzt sind von unseren Fingern.«

»Gottswill, Gottswill!«

Noch pressen sie die rauhen Finger aneinander, dann trennt sich das alte Ehepaar.

Auf dem Söller des nächsten Hauses sitzt ein junger, blasser Mann; dem hängen die Haare arg über die Stirn, aber die Augenglut können sie nicht verdecken. Sein Weib und seine zwei Buben müssen ihn niederhalten auf die Bank, daß er nicht aufspringt und mit der Schar geht. Er kann ja nicht, ist erst vor etlichen Wochen vom Eisacktal heimgekommen mit durchschossener Hand. Dem Nachbarn herunten gehts nicht besser, der muß sich mit der einen Hand ans Stiegengeländer, mit der anderen an die Krücke halten. Zwei französische Bohnen habe ihn gefunden bei Mals, die eine steckt noch im Bein. Es ist jetzt kein Arzt daheim, der sie herausziehen tät. Seine Familie hält ihn fest wie die Schergen einen eingefangenen Deserteur, er will ja mit dem letzten Landsturm laufen. Sein Mutterle ist alt an dreiundneunzig Jahre, das kann sie nicht genug verwundern darüber, daß ein alter Mensch denn gar so viel erleben mag. Jetzt gehen die alten Kracher auch noch! »Nur schad, daß unsereins nichts mehr kann helfen dabei!«

Die Hühner heben ihre Köpfe und schauen, der Hund senkt seinen Schweif und schaut, auf den Scheunenbalken schleicht die Katze heraus und schaut: So ein unheimlich Wesen da! Gegen Geier? Gegen Wölfe? Gegen Schinder? Gegen wen geht's denn?

Über den Häuptern hin fliegt im Wettersturm manche Dachschindel. Aus den heranwälzenden Wolken zucken Blitze, aber es kann kein Aufenthalt und Unterstand mehr sein. Die Drau herauf zieht in Haufen der Feind.

Wenn wir ihr nächstes Geschick verfolgen – bald finden wir die beiden Todfeinde, den Schrager und den Schacher, bei gemeinsamer Arbeit. Eines Grenzstreites wegen hatten sie sich befehdet seit Jahr und Tag, und jeder wollte lieber die ewige Seligkeit lassen, als dem anderen ein gutes Wort geben. Jetzt stehen sie nebeneinander auf dem Berg. Der Schacher will einen großen Stein loslösen, der Schrager will ihn daran hindern. Als aber in der Schlucht die Franzosen heranstürmen, meint der Schacher: »So ein Knödel wär ihnen gesund!«

»Der muß abi!« sagt der Schrager, da hebt der Felsklotz auch schon an zu rutschen. Als er unten mit einem großen Bogen in die Schlucht springt, gellt ein wilder Schrei, und die Wellen der Drau werden blutig.

Im Angesicht der Wirkung ihrer gemeinsamen Tat reichen sich die beiden Bauern die Hand.

»Schrager!«

»Schacher!«
»Wir wollen gut sein.«
Ein Sieg und Friedensschluß, den die Weltgeschichte nicht verzeichnet hat.

Andreas Hofers Tod

Über den Alpen des Passeier liegt eine sternhelle Winternacht. In der Prantacherhütte hausen Menschen – etwas Seltsames zu solcher Jahreszeit. Es ist Andreas Hofer mit seiner Familie und seinen Freunden.
Alles ist verloren, das Land gehört dem Feinde, Hofer hat sich flüchten müssen in die hohe Alpenwildnis, und auch hier ist er nicht mehr sicher; er weiß, daß Spione und Schergen nach ihm fahnden. Auf sein Haupt ist viel Geld gesetzt.
Nun sind sie – in der Absicht, morgen die Prantacherhütte zu verlassen und einen noch unzugänglicheren Zufluchtsort zu suchen – nach einem gemeinsamen Abendgebet zu Bette gegangen. Der Hofer und sein Weib schlafen im vierzehn Fuß langen Holztrog, die anderen auf dem Heu im Überboden der Hütte.
Etwa um halb vier Uhr morgens ist es, als Hofers Freund, der Schreiber Dörninger, wach wird und durch eine Dachluke hinausschaut in die Nacht. Der Mond leuchtet hell und neigt sich dem Gebirge zu. Der Mann schaut eine Weile sinnend in die Ruhe der Nacht hinaus und betrachtet die Allmacht Gottes in seiner weiten Welt. Da hört er auf einmal etwas, wie wenn jemand von Fartleis her mit beschlagenen Schuhen über den gefrorenen Schnee ginge. Er denkt zuerst an Wild, oder es wären irgendwo Schneeschollen abgerollt, die das Geräusch verursacht haben könnten. Aber die Schritte kommen näher; da sieht er schon einen untersetzten Mann heranschleichen und hinter ihm Soldaten mit blinkenden Waffen. – Teufel, was ist das? denkt der Dörninger und will eilends die Leute wecken. Noch einen Blick hinaus, da sieht er, wie der vordere – er erkennt ihn, es ist der Bauer Raffl aus Passeier – sein Haupt an die Hüttenwand legt, um zu horchen.
Diesen Mann hatten sie schon lange in Verdacht gehabt. Er wußte um den Aufenthalt Hofers und war ein armer Teufel. So war der Dörninger schon vor einigen Tagen zu ihm gegangen und hatte ihm Geld gegeben, damit er reinen Mund halte. Der Raffl hatte das Geld genommen und Verschwiegenheit versprochen, doch als das Geld vertan war, ging er zu den französischen Spionen und verkaufte sein Geheimnis. – Er soll eine Weile gefeilscht haben und gesagt, er sei ein ehrlicher Mann und es widerstrebe ihm, den heldenhaften Hofer, den lieben Landsmann, zu verraten. Hierauf verdoppelten sie den Sold. Was sie mit Hofer machen wollten, wenn sie ihn hätten? fragte er. Der Napoleon würde ihn zum General machen, war die Antwort. – »Ah, wenn sie ihn nicht erschießen, wenn sie ihn zum General erheben, wie er es verdient, da tut ihm ja ein Gutes, wer ihn angibt.« Sagte hierauf, er wolle sie führen – und führte die Häscher herauf ins Hochgebirge zur Prantacherhütte.
So horcht er nun an der Wand. Er muß drinnen den atmenden Sandwirt gehört haben, denn hastig huscht er zu einem der Häscher hin und flüstert: »Drinnen sind sie!« Und flieht davon.
Der Dörninger greift nach seinem Kugelstutzen, da pochen die Franzosen mit ihren

Gewehrkolben schon an die Tür. Im Augenblick ist's in der Hütte lebendig, aber die Gegenwehr ist fruchtlos. Sie binden ihm die Hände hinter den Rücken, sie legen einen Strick um seine Lenden. Einer der Welschen zerrt ihn am Bart, reißt ihm Haare aus, die er zum Andenken an den »Tiroler Rebellen« nach Frankreich mitbringen will. Mitten in der Verwirrung bleibt als einziger Hofer ruhig. »In Gottesnamen!« sagt er, »jetzt haben sie mich«.

Die Seinen hängen sich ihm an Arm und Füße.

»Seid nicht kindisch«, sagt der Andre zu ihnen, »sie sind die Stärkeren, da ist nichts zu machen. Laßt aus, ich komm ja wieder heim, mein Kaiser verlaßt mich nit«.

Dann führen ihn die Welschen davon. Als sie unten in der Schlucht an einer alten Holzerhütte vorbeigehen, hätte man aus dem finsteren glaslosen Fenster den rothaarigen Kopf eines Mannes lauern sehen können. Andreas Hofer schaut weder nach rechts noch nach links, ruhig und aufrecht das Haupt mit dem blutigen, durcheisten Bart, so schreitet er vorüber.

Der Weg ist weit. Ins welsche Land geht die Reise, auf die Festung Mantua.

Kaum drei Wochen später ist's, da weiß der Hofer, wieviel es geschlagen hat. Tag für Tag hat er gewartet auf eine Botschaft von Wien, und jeden Abend sagte er zu sich: Heut abermals nichts. Aber morgen! – Und eines Morgens, siehe, da traten zwei Offiziere ein und verkündeten ihm das Urteil: Begnadigt zu Pulver und Blei!

Aufrecht stand er mit an die Brust gepreßter Faust. So hörte er das Urteil an. – In der Nacht vor seinem Tode schrieb er: »Ade, du schnöde Welt! So leicht kommt mir das Sterben an, daß mir nit einmal die Augen naß werden.«

Dann kommt der Morgen. Der Morgen jenes 10. Februar im Jahre 1810.

Als die Gerichtsdiener den Mann aus seiner Zelle zum Richtplatz führen, stehen im Vorsaal und an der Treppe einige seiner Landsleute. Etliche der Kampfgenossen, die erst selbst auferstanden sind aus der Kerkerhaft Mantuas, etliche, die sich sonst in die Festung geschmuggelt oder gebeten haben, um ihren Führer und Kameraden noch einmal zu sehen. Einer, dem die Baiernkugel das Bein zerschmettert, ist mit der Krücke gekommen. Ein anderer ist von Trient her Tag und Nacht gegangen, als er gehört, dem Hofer gehe es ans Leben. Er ist früh genug gekommen zum Abschiednehmen.

Da stehen sie in der düsteren Halle und hören über die Mauerbrüstung und durch die Schießscharten herein das Kommando für die aufmarschierenden Soldaten. Jeder der hier wartenden Tiroler ist blaß wie die Quadermauer. Keiner sagt zum anderen ein Wort; jedem ist es zumute, als gelte es ihm selbst; jeder bangt vor dem Erscheinen dessen, den sie hier erwarten. Wenn sie selbst schon gebrochen sind, die doch wieder heimkehren sollen in ihre Berge, wie erst muß der Mann sein, den sie da vorüberwanken sehen werden, der nach fruchtlosem Kampf ums Heimatland dem Henkertod entgegengeht!

Endlich knarrt eine Pforte. Langsame Schritte hallen aus der Ferne und kommen näher in den Gängen. Im Halbdunkel erscheinen die Gestalten – ein Priester mit dem funkelnden Kreuz in der Hand, hinter ihm von zwei Bütteln begleitet schreitet aufrecht Andreas Hofer.

Die Männer stehen wie versteinert. Als sie

Andreas Hofers Abschied

nun aber seine Augen sehen, sein mildes, kindliches Auge, in welchem keine Angst liegt und kein Trotz, welches auf sie hinblickt wie dankend, daß sie gekommen sind mit dem letzten Gruß aus Tirol – da stürzen sie auf ihn zu, fassen seine Hände, fallen vor ihm aufs Knie. Der Mann aus Trient kauert vor ihm, als wollte er den bösen Weg versperren, und bedeckt vor Entsetzen sein Angesicht. Ein anderer ist an den Stufen der Treppe aufs Knie gesunken wie vor einem Heiligen. Ein Greis, die eine Hand verzweiflungsvoll ins weiße Haar wühlend, mit der andern Hofers Finger umklammernd, ruft, schreit im Tone des höchsten Entsetzens das Wort: »Andrel!«
Schauerlich widerhallt hier und zu dieser Stunde der gemütliche Name aus deutscher Heimat. Ein Schrei des tiefsten Jammers ist's. Den einen stützt die Krücke, daß er nicht niedersinkt unter der Last des Schmerzes, der andere preßt sich an die Mauer und weint.
Hofer blickt sie traurig an. Vielleicht ist ihm, als sehe er in jedem seiner Kameraden ein Stück seiner selbst. Jedem will er die Hand reichen, allein, die sie einmal erfaßt haben, lassen sie nicht mehr los, diese treue Hand.
»Manner!« sagt er zu ihnen, seine Stimme ist nicht so hell wie sonst, »mir hat's wohl getan, daß ich euch noch einmal gesehen hab. Geht heim. Geht heim. Wenn ihr mir noch was zu Lieb wollet tun, – eine Schaufel voll Tiroler Erden auf mein Grab . . .«
Und nun ist er fertig mit allem. Mit sich, mit dem wilden Schmerze der Enttäuschung, mit dem Leide über sein verlorenes Land.
Draußen auf freiem Platze schallt ein Horn. Ein Offizier gibt das Zeichen, die Zeit sei um. Der Priester legt ernst mahnend seine Hand auf Hofers Arm. Fester noch umklammern sie die kühlen Hände, wortlos, lautlos – nur das Schluchzen der Tiroler – Andreas Hofer reißt sich los und schreitet fest, aufrecht die Quaderntreppe hinab. Er schreitet durch die Reihen der französischen Grenadiere ins trübe Licht des Wintermorgens hinaus auf den Richtplatz.
Auf dem Richtplatz will man ihm die Augen verbinden.
»Das brauch' ich nit«, sagt er, »'s ist nit das erste Mal, daß ich dem Tod ins Auge schau'.«
Man bedeutet ihm, niederzuknien.
Er antwortet: »Ich will dem, der mich erschaffen hat, meinen Geist stehend zurückgeben.«
Dann tritt er einige Schritte vor und ruft: »Feuer!«
Die ersten Schüsse treffen schlecht. Er bricht aufs Knie zusammen, winkt mit der Hand und ruft: »Franzosen, schießt's besser!«
Erst der dreizehnte Schuß macht seinem Leben ein Ende.
So ist Andreas Hofer gestorben, einundvierzig Jahre alt.
»Eine Schaufel voll Tiroler Erde will ich auf mein Grab!« Heute ruhen die Gebeine dieses unerschrockenen Märtyrers für Treue und Vaterland als kostbarste Reliquie in der Hofkirche zu Innsbruck. –
Der Bauer Raffl, als er erfahren, sie hätten den Hofer erschossen, soll, gleich seinem Vorgänger Judas, sich an einem Baum haben hängen wollen, aber nicht den Mut dazu gefunden haben. Seine Landsleute verfolgten ihn mit glühendstem Haß als den Verderber ihres Andreas Hofer. Er floh in die Fremde und soll sein Leben lang friedlos herumgeirrt sein. In den vierziger Jahren noch will man den rothaarigen, schielenden Tiroler in Wien gesehen haben, natürlich in städtischer Gewandung und »besseren Verhältnissen«, aber

im Angesicht »ein Ausbund von Falschheit«. Die Leute sollen mit Fingern auf ihn gewiesen haben: »Seht, das ist der Verräter Andreas Hofers!« Er wäre gegen solche Anwürfe bereits gefeit gewesen und immer nur mit einem giftigen Seitenblick seines Weges gegangen. In hohem Alter wäre er aber zurückgekehrt nach Tirol. –
Wie der Haß der Tiroler gegen diesen Erbärmlichen noch in der Gegenwart fortlebt, das beweist die immer noch lebendige Sage, daß Raffl hinter einem Kirchhofe des Passeiertales begraben sei, daß aber auf seinem Grabe weder Blatt noch Halm wachse bis auf den heutigen Tag.

Die Brüder

»Anderlacher Franz!« ruft der Institutsvorsteher.
»Hier!« antwortet der zwölfjährige Sohn des Almhegers, der da zu Innsbruck auf geistlich studiert.
»Ein Brief!« sagt der Vorsteher.
»O je!« rufen die anderen Jungen, »ein blinder – der hat keine roten Augen!«
Ja freilich, Briefe mit den bekannten fünf roten Augen des Petschafts waren beim Anderlacher Franz was seltenes. Er hatte bis jetzt eigentlich gar nicht gewußt, daß ein Mensch, der Essen, Trinken, Gewand und Obdach hat, auch noch Geld braucht. Er war geboren im Kleingütel hoch oben »unter der Alm«.
Nun nahm er den Brief in Empfang, suchte sich einen unbelauschten Winkel – was brauchen die anderen Jungen zu wissen, daß der Brief von daheim fremder Hand entstammt und sein Vater nicht schreiben kann?
Der Herr Pfarrer von St. Agnes ist wieder so gut. Der alte Herr selbst hat den Franzl nach Innsbruck gebracht und schreibt ihm nun von Zeit zu Zeit, wie es daheim zugeht. In dem heutigen Brief steht folgendes:

»Lieber Franzl!
Ich hoffe, daß Dich diese Worte in guter Gesundheit finden werden, wie Du ja vernünftig bist, dieses größte Geschenk Gottes dankbar zu behüten.
Durch Dein Semesterzeugnis, welches Du Deinem letzten Brief beigelegt, hast Du uns allen eine große Freude gemacht. Besonders freut es mich, daß es mit dem Latein so gut geht; das Rechnen wird sich schon machen. Nur fort so, lieber Franz. Bei Deinen Eltern ist alles wohlauf. Deine Großmutter zählt schon die Wochen, bis Du kommst. Neun sind deren nur mehr. Wir wollen dann recht heiter sein. Darfst mir nicht jeden Tag nach der Messe auf den Berg hinauf, bleibst im Pfarrhof, bis dahin wird auch die neue Kugelbahn fertig sein. Bei Deinen Eltern daheim wirst ohnehin keinen Platz mehr haben, sie haben ja Einquartierung bekommen. Ich sage Dir, ein junger Mensch ist eingezogen, hat sich festgesetzt und läßt sich gar nicht mehr fortbringen. Dazu will er noch bedient sein, das Zehnte ist ihm nicht recht, kurzum er spielt den Herrn im Haus. Ich weiß nicht, ob sich der Student mit diesem Menschen wird vertragen können.
Nun, es wird sich alles tun, Franzl, bleib nur hübsch brav und vergiß nicht Deiner Eltern und Deines wohlgesinnten Freundes

Josef Paumgartner,
Curat zu St. Agnes.«

Diesem Briefe war ein Guldenschein beigelegt, und der Knabe zerbrach sich den Kopf

Die Brüder

darüber, was der Pfarrer von St. Agnes dafür geschickt haben wolle. Aber noch mehr Nachdenken verursachte ihm die Nachricht über den fremden Menschen im Elternhause. Warum ihn der Vater nur nicht fortschickt? Ist ohnehin nicht überflüssig viel Sach im Haus. Etwa ist's gar ein Exekutionssoldat, der auf das Haus gelegt ist, bis die Steuern gezahlt sind? So einer bläht sich freilich auf; in der Kasern muß er kuschen, im Bauernhause stranzt er sich und muß alles das sein, was er haben will.

In einem nächsten Brief fragt der Franzl den Pfarrer: »Ist der lästige Mensch immer noch im Haus, und was soll ich dem Herrn Pfarrer für den geschickten Gulden einkaufen?«

Antwort des Pfarrers: »Der Mensch ist immer noch im Haus und der Gulden, lieber Franzl, gehört Dein.«

Endlich sind die Vakanzen da. Wie die Zeugnisse ausgeteilt werden, ist der Franzl in seiner Klasse der erste.

»Das gibt noch einen Bischof!« scherzt der Professor.

Bischof hin, Bischof her – der Franzl geht jetzt heim auf die Alm. Vogel fangen, Forellen fischen, Kugel scheiben, auf des Kronenwirts Braunen reiten! Ist der Exekutionssoldat noch im Haus, vielleicht läßt sich mit ihm was anfangen – mit seinem Gewehr Spatzen schießen.

So ging's nun der Heimat zu. Was sind die Bergeshöhen so sonnig, die Morgenschatten so taufrisch! Was wachsen ihm Flügel an den Füßen, gleich dem steinernen Knaben auf der Handelsschule zu Innsbruck! Was geht ihm das Herz auf!

Samstagabend ist's, vor Jacobi. Die Almheger-Leute haben sich schon ausgesamstert, d. h. Feierabend gemacht. Dieser Abend gehört unserer Lieben Frau. Der Hausvater läßt sich noch die Hemdärmeln begüten, an denen er bei der Arbeit Schäden gerissen hat, dann tut er sich ein Pfeifel an. Das barfüßige Tonele läuft und holt ihm dazu aus der Küche eine glosende Kohle.

Das Bübel klettert auf des Vaters Knie, will »reiten nach Wien, in die Kaiserstadt hin«. Und das Kleinste, das vor kurzem erst seine eigenen Hände entdeckt hat, langt nach der Pfeifenquaste oder gar keck nach dem Schnurrbart, unter welchem von Zeit zu Zeit – der Anderlacher ist haushälterisch im Genuß – ein dünnes Rauchwirbelchen hervorquillt. So sitzt er mitten unter den Seinen und schaut ernsthaft drein. Aber inwendig, da schmunzelt sein Herz.

Warum nur die Weibsleute noch immer keinen Feierabend haben! Ja, hatte der Herrgott nicht gesagt, denen gebe ich keinen? Haben sie nicht zu glätten und zu scheuern und zu flicken, so stehen sie vor dem Spiegel, bürsten und flechten die Haare und treiben Hoffart.

Das Maidle soll noch mit einem Garnsträhn fertig werden, der über den Haspel gespannt ist. Die Anderlacherin, ein gschmackigs Weibchen, schafft an der Wiege. Das ist ein süß' Geschäft, süßer als Feierabend.

Auch die alte Ahndl sagt das; sie sitzt ebenfalls an der Wiege und gibt nicht eher Frieden, als bis sie dort den Platz erobert hat. Das Büberle, das Büberle! Geschaukelt will er sein, der kleine Martin, wenn er ihnen schon den Gefallen tun soll, jetzt in der hellen Taglichten zu schlafen.

»Kindlein haben gut schlafen«, meint die Ahndl, »Kindlein träumen vom Himmelreich.« Sie schaukelt und singt:

»Nutz heidl, mei Schatz,
Auf'm Ofen sitzt die Katz,
Die schwarze und die weiße,
Die will das Büble beißen.«

Das Mutterle lullt sich dabei schier selber in den Schlaf, das Martinele hingegen tut das Äuglein hell auf und zappelt mit den Beinen und heut will's nit schlafen, heut einmal nit! Just nit!

Es ist aber auch gar kein Fried im Haus. Ein ketzerhaftes Gepolter vor der Tür und schnurgerade will der Hund von der Kette los – sonst doch ein so gescheites Tier – bellt und winselt heute wie närrisch.

»Geh', Maidle, schau was draußen hergeht!«

Das Maidle macht die Türe auf: »Herr Jesseles, der Franzl!«

Ein Geschrei durch das ganze Haus: »Der Franzl ist da!«

Jetzt stürzen sie alle herbei, aus der Küche, aus der Kammer, aus dem Hofe herein. Nur der Vater, so sehr ihm auch die Freude aus den Augen leuchtet – trottet langsam, er weiß, der Junge läuft ihm nicht davon. Die Mutter, schier schämig vor dem Herrn Sohn, wischt mit der Schürze den Arm, daß er tauglich wird zum Willkomm. Sie denkt, ein wenig wird sie wohl schon geweiht sein, seine Hand. Das geschäftige Maidle hat ihm die Reisetasche abgenommen und den Regenschirm. Vom Kronenwirt die Burga bringt den Handsack herein. So kommen sie zusammen.

»Gott Ehr und Dank, daß du nur da bist!« ruft die Mutter.

»Grüß Gott, Franzl!« sagt der Vater schmunzelnd.

Der Franz sagt gar nichts, er lächelt nur ein wenig, und da hat er richtig noch seine beiden Grübchen hinter den Mundwinkeln. Man weiß nicht einmal, ob sie sich alle die Hände gegeben haben, Kuß hats keinen gesetzt. So ein Abschmatzen ist nicht der Brauch dort im Gebirge, wo die Tannen wachsen.

Die Ahndl ist im ersten Freudenschreck in den hintersten Ofenwinkel gerannt und an ihre Rockfalte hat sich der größere Knabe geschmiegt, dem ist diese Rockfalte zu aller Zeit der sicherste Hort – 's ist zwar der liebe Spielgenosse, der da erschienen, aber so groß und fürnehm, man weiß doch nicht, wie er sich fürder zu ihm, dem kleineren, stellen wird.

Nun schleicht das alte Mutterl mählich hervor un lugt durch unter der Achsel dessen, der dort Vater, hier Sohn ist, ihr Kind, das ihr die anderen Kinder in die Arme hat gelegt. Sie lugt auf den Franzl hin. »Gewachsen!« murmelt sie, »gottsunmöglich gewachsen!« Und endlich fällt sie drein mit ihren unbehilflichen Herzensworten und hält dem schönen, heimkehrenden Knaben zitternd ihre runzeligen Hände entgegen.

»Und bist heut schon von Bruneck her?« fragt der Anderlacher. Darauf ist die Sprache vom Weg und daß er rechtschaffen steil ist, und ob der Brunecker Postmeister den Schimmel vom Kronenwirt noch habe? – Was kümmern ihn jetzt solche Sachen, den Anderlacher, aber er will was sagen, und es fällt ihm gar nichts anderes ein. Die Ahndl kann sich länger nicht mehr halten. »Du Franzl«, lispelt sie zum Jungen, »jetzt haben wir aber einen im Haus, den du noch gar nicht kennst!«

»Ja richtig«, sagt der muntere Student, »der Pfarrer hat mir's geschrieben. Hat sich der Kerl noch nicht getrollt?«

Sie schauen sich gegenseitig an. Von wem spricht er denn?

»Gewiß wieder so ein Soldat!« sagt der Franzl.

Jetzt wendet sich die Mutter, daß der Blick frei wird auf die Wiege. Jetzt hebt sie das kleinwinzige Martinele auf: »Ja, du Franz, der ist gekommen, dieweil du zu Innsbruck bist gewest.«

Nun macht er einmal große Augen, der Herr Student.

»Er will halt auch dein Bruder sein«, sagt die Mutter.

Der Franz ist jetzt ganz still und macht ein merkwürdiges herziges Gesicht. In der Reiserüstung, wie er dasteht, streckt er lächelnd die Arme aus nach dem Brüderchen. Aber der Kleine sträubt sich baß, stemmt das nackte Händchen trotzig gegen des Angreifers Brust, dann halb in Furcht und halb aus Neugierde blickt er ihm wie sinnend ins braune Auge und jetzt will's ihn schier bedünken, den kleinen Martinele, der junge Mann hätte Ähnlichkeit mit dem Tonele, mit dem Maidle und den anderen. Und da legt der Kleine seine Zurückhaltung ab und trachtet hinüber zu dem, der ihn so liebherzig anblickt.

Die Mutter ist überglücklich, und der Vater lugt gar stolz und vergnügt auf diese seine zwei Buben; zum Großen ist er stolz auf den Kleinen und zum Kleinen ist er stolz auf den Großen und zu jedem sagt er im Gedanken: Schau, da hab' ich auch noch einen, von dem du nichts gewußt hast.

Ja gottlob, die Tiroler kommen nicht ab. Unter der Alm stehen sie nach der Orgelpfeife, und der Rosenkranz, noch ist er nicht zu Ende. – Drauf schielt der Anderlacher so schalkhaft hin, was sich der zwölfjährige Bursche wohl denken mag. Und dem Großmütterchen wird jetzt warm bis in die Zehenspitzen hinab, und sein altes Auge leuchtet noch einmal auf, und sein Fühlen ist Segen und nichts als Segen für die Brüder, die sich so gefunden. Großmutter sieht den Tag, da steht das kleine Martinele als großer Martin in der Kirche zu St. Agnes am Altar, und der hochwürdige Herr Franzl gibt ihm, was er selber nicht hat – ein Weib.

Sepps Brief

Die Wirtstochter zum »Löwen« schickt zu ihrer Freundin, der Kathrin, sie sollt' eilends kommen, es gebe was Neues.

Lange genug hat's gedauert, sechs Wochen lang, bis der Herr Kaiserjäger so gnädig war, einen Brief zu schicken. »Keine andere mein Lebtag nicht!« Dieses Wort hat er beim Abschied gerufen und hat dabei die Hand an die rechte Brust gelegt. – »Du Sepp!« hatte damals die Gretel gesagt, »wenn du bei diesem Schwur die Hand auf's Herz willst legen – das ist auf der linken Seiten!« »Dirndl!« war seine Antwort, »bei mir ist es anders, ich habe das Herz auf dem rechten Fleck!« So hatten sie sich damals auseinander gescherzt, und heute ist endlich ein Brief da. Ein Brief und eine Fotografie. Die Beine kerzengerade gespreizt, den einen Arm an ein fürnehmes Tischel gestemmt, die andere Hand am Bajonettgriff, »Bauch hinein, Brust heraus«, auf dem munter gehobenen Köpfel den Tschako, so steht er da, schier wie ein General, aber ein junger.

Das Kuvert ist arg zerfetzt, man merkt, daß die Finger etwas ungeduldig gewesen sind. Kein Wunder, den Schatz auszugraben mit bluteigenen Fingern!

Und was schreibt er? Die Kathrin guckt der Gretel über die Achsel. Daß alle zwei so vergnügt lächeln, wäre unbegreiflich, wenn man

Sepps Brief

nicht wüßte, daß die Kathrin ihren Liebhaber schon im trockenen hat – sie ist verlobt mit dem Bäcker Lois. Trotzdem verlangt sie zu wissen, was der Sepp schreibt.
Der Brief ist sehr schön und am Rande mit Blumen bemalt.
»Herzliebste Gretel!« schreibt der Sepp. »Wann Du diesen Brief lesest, werden Dir 1000 güldene Grüße entgegenströmen! Denn jedes Wort in diesem Brief soll bereits ein brennheißer Kuß sein! Alsdann, wir sein zwar jetzt nun ziemlich weit voneinand, aber ist mein Sinn doch stets immer bei Dir. Tag und Nacht und sonst auch! Nur das tut mich ängstigen, wann Du mir nur gewiß treu bleibst, und wann ich vor dem Feind stehe und die Kugel in der Brust, Dich kann ich niemals und im bitteren Tod nicht vergessen!« –
So gehts fort und es ist gottlos, daß die schönen Leserinnen lachen. Den Brief kann jede wörtlich auswendig schon fast seit Kindheit her. Und wenn sie wüßten, wie teuer er erkauft ist! Der Sepp hat einem Kameraden für das Briefschreiben eine Maß Bier zahlen müssen und für die »Kugel in der Brust« und den »bitteren Tod« wollte der Schreiber noch ein paar Würste obendrein haben.
Jetzt halten die Freundinnen Rat. Sollen sie den Brief unbeantwortet lassen oder sollen sie den lustigen Kaiserjäger ein wenig foppen? Sie entschließen sich für das letztere; der Sepp hat auch schon manche gefoppt.
Die Gretel schreibt ihm, daß, seitdem er fort sei, die Welt ein Loch habe, daß sein Herz – gleichwohl es am rechten Fleck sitze – liebeskrank sein müsse, wenn es an ihrer Treue zweifeln könne, daß ihr sein trauriges Wort vom bitteren Tod Nächte von Tränen gekostet hätte und daß sie ihn schließlich um Gottes willen bitte, nicht auf das Schlachtfeld zu ziehen, weil sie dort auf Leute schießen täten. Sein Bild, das hänge bereits über ihrem Bett, aber mit dem Gesicht gegen die Wand; ehevor der Pfarrer nicht seinen Segen gegeben, könne sie es anders nicht dulden, denn er solle einst an ihr ein tugendsames Weib haben, wie er es verdiene usw.
Lachend bringen die beiden Schalkinen diesen Brief zustande und geben ihn auf die Post.
Fast »umgehend« schreibt der Kaiserjäger zurück, ihr geliebtes Schreiben mache ihn glücklich über alle Maßen und am meisten gefreut habe ihn, daß sein Bildnis über ihrem Bette hinge und sein Gesicht gegen die Wand kehre, das sei die gebührende Stellung, womit er ewig verbleibe ihr Sepp.
Jetzt lacht die Löwenwirtstochter nicht mehr. Jetzt weint sie vor Zorn. Und das schwört sie: »Wenn er erst der Meinige ist, den Spott soll er mir büßen!« Früher hat sie ihn gefoppt, aber jetzt haßt sie ihn und haßt ihn so sehr, daß sie ihn heiraten will.

Der Erstgeborene

»Hops, mein Bübel, hops! Und lustig sein, Micherl! Schau, der Oheim und die Base sind da. Zeig einmal, was du kannst! Händepatschen! So! Schau, der Oheim ist auch ein braves Bübel, der tut dir nichts.«
So plaudert die junge Mutter mit ihrem Knäblein. Und der »Oheim« und die »Base«, ei ja freilich, die sind am Heimweg von der Schule auf Besuch gekommen zu der verheirateten Schwester, um ihr kleines Bübel wieder einmal zu sehen. Sie wären selbst so gerne noch manchmal kleine Kinder, aber in der Schule dürfen sie's nicht sein und daheim auch nicht, hier beim Bübel ist der »Oheim« und

die »Base« so kindisch wie der Kleine, sie spielen mit seiner Puppe, mit seinem Kreisel noch überaus handgerecht, und die Leute lachen dazu.

Heute aber wird der kleine blondlockige Oheim und die kleine schwarzäugige Base in den Hintergrund gedrängt; mit grobem Gepolter schnaufen der Wurzelstecher Fabian und seine Dudel in die Stube.

»Gelobt sei's Christi!« sagt der alte Waldbär, »ein bissel rasten täten wir gern, kreuzsaubere Brunbäuerin, mit Verlaub. Die Täg sind lang und der Atem wird alleweil kürzer, der Saggra! Ei ja, wenn ich zu den Gamswurzen hinauf kunnt auf die Höh, die sind gut für die Brust, nachher wollt ich der Weltkugel schon wieder ein paar Löcher schlagen, nachher!«

»Sei still, alter Dodel, und schrei nit so ungeschickt daher!« verweist die mit ihm eingetretene Weibsperson den polternden Alten, »siehst es denn nicht, daß sich das Bübel vor dir schreckt!«

Denn das kleine Micherl beginnt sein Mäulchen bedenklich zu krümmen, aber nicht so sehr des possierlich daherwackelnden Alten wegen, als vielmehr aus Angst vor dem Ungeheuer, das die Weibsperson auf dem Kopf hat.

»Vor deiner Kopfbutten dadert (ängstigt) er sich«, sagt ihr der Alte zurück, »und nicht vor mir. – Gelt!« Dieses Wort richtet er an das Knäblein, das auf dem Mutterschoße dreinschaut, noch tapfer bestrebt, das drohende Schluchzen zu überwinden. »Gelt, wir zwei, wir werden uns bald verstehen!«

»Wie heißt es denn?« fragt die Dudel. »Ah so, Micherl heißt es. Das ist aber brav, daß es Micherl heißt. Schau, dein heiliger Namenspatron, der heilige Michael, 's ist richtig wahr auch, der tut den höllischen Drachen verjeiken (verjagen).«

»Wohl wohl, und auch die alten Weiber, wann er just bei Courage ist!« setzt der Wurzelstecher Fabian bei.

»Lus' nit auf den alten Ameismarder da«, sagt die Dudel zum Kleinen. »Bist ja so viel klug und fein! Und die feisten Handeln! 's ist aus der Weis! Wirst halt müssen mit mir gehen, ich hab auch gern so ein liebes Bübel, ich!«

Jetzt aber platzt das geängstigte Micherl los, und weinend birgt es sein Haupt an den linden, trauten Busen der Mutter.

»Da hast es!« knurrt der Fabian vorwurfsvoll gegen die Dudel. »Es tut dir kein gut, so lang nit eins schreit. Du bist die helle Kinderscheuchen, du! Geh mir weg mit deiner Pfundnasen! Die kleinen Kindlein ärgern, das kann ich was nit leiden! – Sei gut, Micherl, sollst fein bei deiner Mutter bleiben. Lus einmal!«

Er spitzt den Mund und ahmt das Zwitschern der Amsel nach. Das muntert den Kleinen auf, er stellt das Weinen ein; wohl mit einigem Mißtrauen, aber doch neugierig wendet er sein Gesichtchen dem Alten zu.

Dieser hat sich auf einen Stuhl niedergelassen, seinen Stock unter das bärtige Kinn gestemmt, macht er allerhand komische Gebärden und trällert:

»Stieglitz, Staglitz,
's Zeiserl is krank,
Geh'n ma zum Bader,
Laß' mer'n zur Ader,
Stieglitz, Staglitz,
's Zeiserl is krank.«

Jetzt lächelt der kleine Schelm, und der Alte sagt: »Guck! Guck! – Ein herziger Kerl bist!«

Der kleine Oheim will das Pfeifen des alten Wurzelstechers nachmachen, aber er muß lachen und dabei geht ihm der Schnabel auseinander – da ist das Pfeifen eine Kunst.

Der Erstgeborene

»Gelt, Bäuerin«, schmeichelt der alte Wurzelstecher, »du bist so gut und laßt mich ein wenig hocken da vor deinem kleinen Himmelreich. Wenn ich halt einem Kindel kann ins Gesicht schauen, das sind meine Weihnachten und Ostern und alle heiligen Zeiten.«
Wer jetzt das Lächeln der Mutter betrachten wollte! Wenn einst die Sterne vom Himmel fallen, und die Sonne blind wird, und es ist so dunkel auf der Welt, daß der Mensch die Blümlein auf der Au nicht mehr sieht und das Mein und Dein nicht mehr unterscheiden kann – ein einziges solches Lächeln einer jungen Mutter, und es wird wieder licht. Die Dudel lacht, der kleine Oheim lacht, die junge Base lacht – das wird auch einmal eine, die! – Der alte Fabian schmunzelt.
»Und mein liebherzig Bürschel«, sagte er zum Knäblein, »wenn ich dir einen guten Rat darf geben: Laß dir Zeit mit dem Großwerden, und verlang dir dieweilen kein Brüderl oder Schwesterl. Bleib sitzen auf dem warmen weichen Sessel, wo du jetzt sitzt, so sie dich lassen. Glaube mir, man sitzt nirgends auf der Welt – gewißlich auch auf güldenem Königsthron nicht – so gut, wie auf dem Mutterschoß. Bleib sitzten, Micherl, so lang sie dich lassen und führ dich sauber auf. Behüt dich Gott!«
Damit erhebt sich der Wurzelstecher mühselig und knurrt: »Alte Dudel, jetzt mach, wir rucken weiter.«

Barmherzige Seelen

Das war ein Pfingstsonntag!
Wenn Jammer ist und es scheint die Sonne drein! Traurigeres weiß ich nicht zu denken.
Die Großen waren alle fortgegangen in die Kirche. Die Kleinen waren eingeschlossen im Waldhaus, schlichen auf den Zehenspitzen umher und fürchteten sich vor Räubern und Mördern. Zu den Fenstern blaute der Wald herein, und in den kleinen Köpfen spukte das Märchen von der schönen Müllerstochter und den vierzig Räubern. Es vergingen Stunden, ohne daß etwas Unerhörtes geschah, endlich aber kam etwas. Es kam der Hunger. Agathl, die ältere Schwester, wollte eben die Vormittagsjause kochen, da war draußen im Vorhause plötzlich ein Gepolter. Die Kinder verkrochen sich in einen Winkel. Die Agathl betete.
Im Vorhause war ein feines Winseln und Kreischen. Da sprang der Hansel, ein kecker Junge, auf, erfaßte das spitze Brotmesser und wollte in die Vorstuben. Die Schwester hielt ihn zurück. »Nur nicht mit dem Messer hinaus, um Gotteswillen! Eine solch' gewaltsame Wehr kostet allen das Leben.«
Der Hansel knirschte: »Wenn's ein Räuber ist, so steche ich ihn ab!« und sprang hinaus.
Im finsteren Vorhaus ging's freilich grauenhaft zu. Ein paar Spatzen schossen kreischend hin und her, und auf der Erde lag ein zerrissenes Vogelnest. Die Katze war eben dran, mit Vorderpfoten und Schnauze ein Junges aus dem Halmgewebe zu zerren. Der Hansel versetzte ihr mit dem Messerstiel einen Schlag.
Jetzt waren sie alle da, die Kleinen von der Stube. Sie kosten und herzten das hilflose Tierchen, das seinem Verderber eben entrissen worden war. Ein Vogel ohne Federn, was gibt es Armseligeres auf der Welt? Den Schnabel tat es auf. Agathl brachte eine Handvoll Brosamen, der Hansel nahm das Spätzlein ganz geschickt in die Hand und begann es zu atzen. Der Kleinste, der Jakobel, stand

Barmherzige Seelen

schon mit dem alten Vogelbauer daneben, der jahrelang in der Hinterkammer gewesen war, wie eine Vorahnung an diesen großen Tag. Nun taten sie den Vogel in das Haus. Der Jakobel hüpfte vor lauter Jubel, als hätte er Fangballen unter den Füßen, aber der Hansel war besonnen und sagte zum Brüderchen: »Dummer Bub!« Glaubst, er bleibt lebig? Sollen einmal dich von Vater und Mutter weg und in die Vogelsteigen sperren, wenn du nicht essen und trinken kannst! Hin wirst. Das Junge gehört zu den Alten.«
Aber das Nest war von der Katze zerstört und ganz und gar. So lief der Kleine mit dem Vogelbauer davon und kam mit einem Kopfkissen zurück. In das drückten sie eine Grube, legten das arme Wesen hinein, und es piepste vor Dankbarkeit. Die Kinder zogen sich hierauf zurück, damit die alten Spatzen Mut kriegen sollten, ihr Junges zu besuchen. Die Alten flatterten noch immer angstvoll draußen um den Dachgiebel; herein zu ihrem Kindbettlein aber kamen sie nicht.
Der Hansel strich, das Messer in der Hand, durch Haus und Stall. Er suchte die Katze. Nicht lange hernach berichtete die Agathl »Jetzt ist der Vogel schon hin.«
Der kleine Jakobel beweinte den Todesfall, dann legte er den Toten in das Vogelbauer auf die Bahre. Mit Maßliebchen und anderen Blumen deckte er ihn zu und forderte seine Geschwister auf, daß sie mit ihm an der Bahre beten sollten wie damals, als die Großmutter gestorben war. Allein Agathl belehrte den Kleinen, der tote Vogel könne kein Gebet brauchen, denn Vögel hätten keine Seele. Darüber war der Jakoberl von neuem betrübt. »Armes Ding«, sagte er, »hast dich unschuldigerweis von der Katz totbeißen lassen müssen und kommst doch nicht in den Himmel.«
»Was noch schlimmer ist«, versetzte der Hansel, der unvermuteterweise von der Katzenjagd zurückgekehrt war, »was noch schlimmer ist, die Katz hat auch keine Seele und kann, wenn sie hin ist, nicht einmal in die Höll kommen.«
Alsdann sind sie darangegangen, das Vöglein zu begraben. Draußen unter den Fichten hatten sie mit einer Gartenkraue ein Grab gemacht. Als sie das Tierchen hineinlegten, flatterten zwischen den Fichten zwei Spatzen und kreischten laut.
»Schaut's, Buben«, sagte die Agathl, »das sind vom toten Vögerl der Vater und die Mutter.«

Das Spielzeug

Dieser kleine Fockel-Bub ist noch über den Kindesmörder Herodes. Der Judenkönig hat bloß Befehl gegeben, die unschuldigen Kinder zu töten; der Fockel-Bub aber hat die Kleine eigenhändig bei den Füßen gepackt, hat ihr den Bauch aufgeschlitzt, hat sie johlend hin- und hergeschleudert in der Stube. Dann kam auch noch der Sultan hinzu, dieser mit den Zähnen und der Fockel-Bub mit den Händen haben gerungen um das unglückliche Wesen, daß die Sägespäne nur so herumstoben in der Kammer.
Dergestalt hat die nette Puppe der kleinen Regerl elendlich zugrunde gehen müssen.
Und jetzt, da Regerl die Puppe nicht mehr hat, will sie ein kleines Kind haben. Aber ein solches ist nicht im Hause – und kann in den nächsten Monaten auch noch unmöglich eintreffen, meint der Knecht.
So soll der Storch eines bringen!
Aber es ist auch kein Storch da.

Das Spielzeug

So soll der Krammer-Lipp einen Storch bringen!
Der Krammer-Lipp kunnt alles bringen, gewißlich auch einen Storch, aber der Krammer-Lipp ist gestorben. Also ist der armen Regerl alle Anwartschaft auf ein kleines Kind dahin. Von diesem Schmerze hört der alte Oheim, der kommt und macht ihr einen Storch. Die Gelehrten würden dem Künstler zwar vorgeworfen haben, er hätte die Naturgeschichte gefälscht, denn er gab dem Storch nur ein einziges Bein, das als Handhabe dienen sollte, und der lange Schnabel war vermittelst eines Ziehfadens auf- und zuzuklappen. Übrigens hatte sich der alte Oheim an die Darwinische Theorie gehalten, er ließ das Tier von einem unvollkommeneren Wesen abstammen – von einem alten Nußbaum auf der Wieselweid.
All das kam aber nicht in Betracht, und der nußbaumne Storch war der kleinen Regerl ganz recht. Fortwährend zog sie am Schnürchen und ließ ihn klappern; darüber kam ihr Brüderlein herbei und auch sein kleiner Freund, der Fockel-Bub. Dem war die Untat auch schon vergessen, und so standen die dreie beisammen und ergötzten sich an dem Klappern des nußbaumnen Vogels. Wohl hebt der Fockel-Bub seine Hand, er will den Vogel klappern lassen, er könne das besser! Sie hört ihn nicht und hat ganz recht. Der Bub hätte doch wieder ein Schelmenstück im Sinn.
Seither sind viele Jahre vergangen. Die Regerl und der Fockel-Bub sind zwei jungverheiratete Leute geworden. Der hölzerne Storch ist längst vergessen. Auf einmal aber ist der wirkliche da, von Fleisch und Blut – man hat ihn aber nicht gesehen – und der bringt den schönsten Ersatz für die einst so grauenhaft hingemordete Puppe.

In der Sennhütte

Die Hübscheste schickt der Bauer nicht hinauf in seine Sennhütte, das ist wahr; sie geht schon selber. Schon am Leihkauftag, wenn der Bauer die Dirne dingt fürs nächste Jahr, nimmt sie sich das aus: »Mit Lohn und Gewand will ich dich nit überhalten, aber gehen tu ich nur fürs Vieh. Bin auch heuer beim Vieh. Zum Vieh kann ich mich schicken, das wird dir mein jetziger Bauer sagen, das Vieh hat mich gern. Wenn du auf mich anstehst, ich komme schon zu dir, ich bleibe mein Lebtag beim Vieh. Und im Sommer laßt mich auf die Alm.«
»Ah na«, meint der Bauer, »auf die Alm, das wär schad um dich.«
»Nachher mögen wir nit gleich werden. Steck' ihn nur wieder ein, deinen Leihkauf.«
»Zum Dunner! Weswegen willst denn just auf die Alm?«
»Von wegen der Gesundheit. Der Doktor hat's geschafft, sagt er, ich tät blutschwach sein, da sollt ich Almluft haben, sagt er.«
Wenn man sie anschaut, sie ist wirklich ein wenig blaß im Gesichtl, kunnt ihr nicht schaden, ein kecker frischer Almwind.
»In Gottesnam'!« sagt der Bauer, und so geht sie zum nächsten Sommer in Gottes Namen als Sennerin auf die Alm.
Einen Jacobi-Segen hat die Dirn noch von ihrer Ahne her, einen Brief mit Leiden-Christi-Bildern geziert und »kräftige Gebeter« enthaltend. Schon ganz braun vor Alter, abgegriffen, abgeküßt und arg verknittert. Das macht aber nichts, die heilige Weih' hat er doch. Sie steckt den Segen an den Busen, wohlverwahrt hinter dem Mieder. Jetzt kann ihr nichts geschehen, er beschützt, wie es zu lesen steht, vor Krieg und Pest, vor

Feuer und Brand, vor Räuber und Mörder und aller Gefahr des Leibes und der Seelen.
So einen Segen möchte er auch haben, meint der Holzknecht Domini, der in der Sennhütte einkehrt. »Wo hast ihn denn?«
Sie sagt es nicht, er kann sich's denken und hebt an zu suchen.
Und mag es bei anderen auch so sein. Der Pechtoni fürchtet sich vor dem Krieg und geht auf die Alm; der Geier-im-Hag-Veit hat Angst vor der Pest und geht auf die Alm; der Friesel-Bub hat einmal ein Haus brennen sehen, seither träumt er alle Nächte von Feuer und Brand, er sucht Schutz beim Jacobi-Segen und geht auf die Alm. So wird die Sennhütte ein Zufluchtsort von allerhand Leuten. Die setzen sich abends um die Sennerin herum, rauchen ihr die Hütte mit starkem Tabak voll, und auch ihre Reden, die sie mit der Dirn führen, sind starker Tabak. Das macht ihr nichts, sie ist das Rauchen gewohnt und bleibt gesund dabei. Darum sage ich, es geht nichts über das Abhärten in der Jugend. In der Bauernschaft weiß man es schon mit zehn Jahren, wo Bartel den Most holt; man kann's ja in jedem Stall, an jeder Hühnersteige erfahren – und ist weiter nichts dran. Ist besser, wie das Neugierigmachen mit dem Geheimtun, das Vertuschen und Absperren, während jeder das warme Blut in seinem eigenen Leib hat. Das Blut will ehrlich behandelt werden, versteht ihr? Und bei gesunden Leuten, die nicht durch prüde Bücher und pädagogische Schliche verdorben werden, die wacker arbeiten müssen, und bei denen sich manche Begierde durch das Ventil derber Reden auspfeift, ist's im allgemeinen nicht so schlimm. Es müßte ja sonst bei der herrschenden Zügellosigkeit in wenigen Generationen alles zugrunde gehen da draußen in Dörfern, Wäldern und Bergen. Die junge Sennerin auf der Alm wird nicht mehr leicht überrascht; sie kann ruhig bleiben und die Vernunft mitreden lassen; sie ist schlagfertig und gibt den kecken Burschen ihr Teil zurück, daß sie mit langer Nase abfahren müssen.
Eine Einsiedlerklause ist die Sennhütte nicht, das versteht sich, obwohl also mitunter ein frommer Waldbruder darin hockt, der das gewisse Glöcklein läutet und nach dem Jacobi-Segen späht. Und warum soll die einsame Dirn nicht ihren Kameraden haben? Einer ist ihr genug; mehrere wären ihr zu wenig, sagt sie, denn sie will einen ehrlichen, braven, tüchtigen Burschen haben. – Man hätte wohl auch andere Erfahrungen, aber ich meine das: Was sich jeder denken kann, das braucht man nicht zu sagen.

Die Geschwister

Da weiß ich nichts Schöneres auf der Welt, als junge Geschwister, die in Liebe und Eintracht zusammenhalten. Wenn ich der himmlische Vater gewesen wäre, das hätte ich meinem Sohn nicht angetan, daß ich ihn so allein, ohne Bruder und Schwester unter die Leute auf Erden hingesetzt hätte. Freilich wußte sich der kleine Christ einen recht braven Gespielen zu finden – den jungen Johannes mit dem Lämmlein und mit dem Kreuz. – Was sie nur mit diesem Ding da wollen? mag sich die liebe Mutter Gottes gedacht haben, wenn die beiden Knaben um sie herum spielten und der Johannes immer und immer wieder das Kreuzlein band. Freilich hat sie die Vorbedeutung nicht verstehen können. Aber ich

In der Sennhütte

Die Geschwister

glaube, wenn der kleine Christ Geschwister gehabt hätte, es wäre so weit nicht mit ihm gekommen. Er wäre seiner Mutter als zwölfjähriges Büblein nicht davongelaufen, weil er die Gespielen zu Hause gehabt hätte; er wäre später nicht in die Wüste gegangen, weil seine Schwester gesagt hätte: »Aber Bruder Jesus, so allein lasse ich dich nicht fort, ich gehe mit dir und will schauen, daß du deine Wäsche und ein warmes Essen hast«; er wäre nicht gefangen und gekreuzigt worden, weil ihn seine wackeren Brüder handfest in Schutz genommen hätten. Er hätte der Welt ein hehres Beispiel von Geschwisterliebe gegeben, die leider aussterben will.
Die Selbstsucht und der Eigennutz, die sich später nach aller Welt kehren: in der Kindheit enger Welt richten sie ihre Spitzen nur gegen die Geschwister. Die Klugheit, Schlauheit, Tücke und Gewalttat, an den Geschwistern werden diese Mächte geübt, sowie auch die Tugenden der Menschen zuerst im Verkehr mit den kleinen Geschwistern und Gespielen sich zeigen und stärken.
Des Künstlers Bild zeigt uns ein halbwüchsiges Mädchen mit seinen zwei kleinen Brüdern. Es ist Sonntag, Vater und Mutter sind in der Kirche, wenn nicht gar auf dem Kirchhof. Der Schwester Schoß ist ein ganz bequemer Tisch, darauf der Bilderbogen gelegt wird. Und steht auf dem Blatt was zu lesen, so ist der Schwester Kopf ein ganz bequemer Ausleger. Alsbald entspinnt sich aus dem Bild eine Geschichte, die ganz gut anhebt, allmählich sich aber auf den schlimmen Peter hinüberspielt – schließlich hängt die Schwester ein ganz kleines Schwänzlein »gute Lehre« dran. Die fährt den Knaben alsbald in die Füße, und sie laufen davon.
Aber sie kommen wieder, und gewöhnlich mit lauter unbefolgten Lehren. Sie bringen zerklexte Ellbogen mit oder zerrissene Hosen oder zerraufte Haare oder gar blutige Nasen. Und nun erst offenbart sich die Schwester als Freundin in der Not. Mit Wasser, Bürste, Zwirn und Nadel schlichtet sie – und sonst braucht niemand was davon zu wissen. Jegliche Spannung ist gehoben, die drei halten wieder zusammen.
Da kommt eines Tages ein fremder Mann, es ist ein Heimlichtun, Flüstern und Beraten, rotgeweinte Augen gibt's, und die Kinder dürfen umlaufen, wo sie wollen. Nachher kommen wunderliche Tage.
Es ist ein Tanzen und Springen und Aufputzen und Fressen, eine unerhört lustige Zeit. Aber plötzlich ist sie wieder vorbei, und die Schwester? Mitsamt ihrem Gewandkasten ist sie fort. Sie werde bald wiederkommen, hatte sie den Brüderchen gesagt. Noch hat sie nicht Wort gehalten.

Das Tischgebet

Unsere Vorfahren haben um ihr tägliches Brot nicht allein gearbeitet, sondern auch gebetet. Da standen sie um den Tisch herum, als die Schüssel schon dampfte, und getrauten sich nicht zuzugreifen. Mit ineinandergeklemmten Fingern und geneigtem Haupte beteten sie: »Aller Augen warten auf Dich, o Herr!« Dieweilen lagen aber aller Augen schon in der Schüssel, und jeder spähte sich seinen Bissen aus, wie der Geier das Hühnchen, bevor er drauf niederstürzt. Je länger das Tischgebet war, desto weiter ging dabei der Magen auseinander. Die Armen beteten um Nahrung, die Reichen um Appetit.
Wir nicht mehr, wir.

Wir gebildeten Leute gehen – wie der Volksspruch sagt – zum Tisch, wie die Säue zum Trog. Kein Vaterunser, kein Kreuzzeichen, kein »Bittgarschön« und kein »Vergeltsgott«. Aber brummen, laut brummen, wenn die Suppe ein bißchen versalzen, der Braten ein wenig versengt ist. Der liebe Gott weiß gleichwohl, daß er seine Brut ernähren muß, ob sie jetzt betet oder flucht, und nimmt sich gerade der Flucher oft den Kapaun, während dem Beter nur die Kartoffeln bleiben. Es ist so wie beim Vieh: Der Zugochse kriegt nicht so gute Bissen wie der andere, der sich im Stall gut geschehen lassen kann. Dieser andere aber wird für den Fleischhauer hergerichtet!

Der liebe Gott kann aufs Tischgebet verzichten, er steht darauf nicht an. Doch unsertwegen ist es schade, daß wir das Tischgebet vergessen haben. Zum mindesten fiele einem dabei ein, daß es Leute gibt, die vor keinem gedeckten Tisch stehen können, und zwar aus drei Gründen: erstens haben sie keinen Tisch, zweitens kein Gedeck und drittens etwa auch kein Brot. Und wenn diese Erinnerung auch nicht zum Almosengeben ansporn, so ißt man – auf die vielen Hungrigen denkend – doch selbst mit um so größerem Appetit.

Aber nun, wir sind einmal die Gebildeten und möchten um keinen Preis mehr vor oder nach Tisch ein lautes Vaterunser aufsagen; 's ist schade drum, denn mancher von uns hätte keine üble Stimme dazu. Ich schon gar! Es hat Zeiten gegeben, in welchen ich im Jahre mit dem Tischgebet allein auf zwanzigtausend Vaterunser und Ave-Maria gekommen bin. Die Zeit, in welcher ich am meisten Hunger litt. In den Hageljahren kam auf ein Vaterunser kaum ein Brocken Haferbrot. Und doch war damals das Tischgebet andächtiger als nachher irgendwann. Ich verhoffe immer, zwei Dritteile jener Vaterunser und Psalter habe ich beim lieben Gott noch zugut, wenn er sie mir nicht etwa in jetziger Zeit abrechnet, wo ich vor dem Mittagstisch und Abendessen, da ich sonst den Rosenkranz gebetet, um Appetit zu kriegen, Turnübungen mache. Wenn einmal ein deutscher Dichter das Tischgebet vergißt, da müssen schon höllisch gute Zeiten sein.

»Verdammt schlechte Zeiten!« klagen die Besitzenden. »Gib uns heut unser tägliches Brot!« flehen die Armen. Fluchen und Beten hilft nichts, sage ich; aber wenn ich eins von beiden tun soll, so halt ich es mit den Betenden. Jene sind die Sauerampferseelen, diese sind die Getrösteten. Diese werden satt, wenn sie Brot kriegen; jene werden nimmer satt – sie mögen zu *viel* haben, aber niemals genug.

Am Tische der Armen können wir alle was lernen. Das Essen ist gar nicht so selbstverständlich auf dieser Welt. Es gab Zeiten, wo man in unseren Ländern Hungers starb; es gibt Länder, wo man heute noch Hungers stirbt. Die Menschen vermehren sich, die Kornfelder werden nicht größer, der Fruchtboden wird mägerer, die Himmelstriche kühlen ab. Die arme Familie in der Hütte betet: »Gib uns heut unser tägliches Brot!«

Die Großmutter lehrt es den kleinsten Knaben. Der zweite Bub hat freilich schon zu früh um den Löffel gegriffen, er kniet und sitzt zugleich – tu's wer's kann! – und seine ganze Andacht schwimmt schon in der Schüssel um. Ein Sohn seiner Zeit!

Die beiden Mädchen stellen sich zwar fein gesittig und falten die Hände, tun es aber nur, um den Brüderchen zu zeigen, daß sie die »Braven« sind. Das erwachsene Mädchen scheint noch am allerandächtigsten zu sein,

Das Tischgebet

aber ich gebe für diese Andacht keinen bairischen Groschen; wenn das Dirndl auch noch so fromm und harmlos auf das kleine Bübel schaut, es meint doch schon ein großes, und da hilft alles nichts. Wenn sie es auch nicht so macht wie die Magd, welche das schöne Tischgebet: »Aller Augen warten auf Dich, o Herr, Du gib ihnen Speis und Trank zu rechter Zeit und segne sie« usw. folgendermaßen wendete: »Meine Augen warten auf Dich, o Herr, Du gib mir einen Mann zu rechter Zeit und segne mich –.« 's ist Bauernspaß, aber 's kommt vor. Selbst dem Hausvater mitsamt seinem Gesinde verwette ich nicht ein Haar von meinem Bart für seine Andacht. Was steckt nicht alles drin in so einem Dickkopf und was tritt nicht alles herfür, solange die Zunge lallt und lullt! Beim Beten denken auch solche, welche sonst niemals denken, – aber nicht etwa ans Gebet, sondern an – ja liebe Leute, wenn ich sagen sollte, an was sie denken – zum Närrischwerden! Ans Essen, an die Heugabel, an den Tanzboden, an die Katze, an den Schuster – ach Gott, wie gedankenreich ist so ein Haupt, dessen Zunge ein Gebet bimmelt!

Die Gebete sind nicht uneben. Man verlangt nicht allein Nahrung für den Körper, sondern auch geistige Speise: »Was uns gesetzt wird auf den Tisch, gesegne uns der liebe Herr Jesu Christ, er speis' uns mit seinem göttlichen Wort, daß wir satt werden hier und dort in der ewigen Freud' und Seligkeit, Amen.« – Gegen den Spender ist man artig in der Bauernstube. »Herr Jesu Christ sei unser Gast und segne, was Du uns bescheret hast«, beten sie. Schade, daß an den schönen Sinn dieser Worte so selten gedacht wird; der Heiland nähme sonst die Einladung öfter an, und ein gutes Wort beim Essen, ein munteres Gespräch erspart das doppelkohlensauere Soda »Speisepulver« nach der Mahlzeit.

Aber ein Wunder geschieht doch. Sagen wir fünf Vaterunser, das wäre die Norm des Tischgebetes. Und akkurat so viel! Dann kommt noch irgendein Gebetlein, ein frommer Spruch, dann das Kreuz. – Alles tut die Zunge auf eigene Faust, beim »Kreuz« kommt auch noch die Hand von selber herauf – kein Mensch zählt nach, kein Mensch denkt daran – aber es geht in schönster Ordnung und das ist ein – Wunder. Der Haushund vor dem Tische ist vielleicht der einzige, der im Geiste und in der Wahrheit betet. Mit begehrlichem Blick sieht er auf das dampfende Gericht, allein er denkt: Mit einem Sprung könnte ich alles erreichen, will aber nicht, es gehört den Leuten. Was übrigbleibt, das werden sie mir schon geben, ich bin nicht der erste im Hause und muß mich gedulden. Ganz werden sie meiner ja nicht vergessen.

Die Hühner am Fußboden picken bereits an zerstreuten Körnern, sie sind die Lieblinge der Bäuerin und haben kein Tischgebet vonnöten. Ob es wahr ist, daß die Hühner bei jedem Schluck Wasser, den sie trinken, das Haupt dankend gen Himmel erheben? Sollten diese Tiere wirklich noch auf einer so niedrigen Kulturstufe stehen, trotz des Umganges mit den Menschen? Je klüger und verständiger ein Wesen ist, desto weniger, seltener ist es behaftet von der Schwäche der Dankbarkeit. Der Mensch auf dem Kulminationspunkt der Bildung ist frei davon. –

Wie, wenn ein Universitätsstudent in seinem Elternhause vor jeder Mahlzeit folgendes Tischgebet beten müßte: »Lieber Vater und Mutter, ich studiere zwar nicht, sondern sitze in Bierhäusern, spiele Karten, gehe auf Mensuren, bin ein Schwadroneur und mache

Schulden, aber ich bitte euch, eure Gnaden und Gaben mir nicht zu entziehen, bis ich, was wir alle hoffen wollen, auch einmal ein tüchtiger Junge werde, Amen.« – Die jungen Herren haben zumeist ganz andere Sprüchlein, aber gottlob, stets einen guten und redlichen Appetit.
Das Beten läßt sich zur Not entbehren, aber vom Essen müssen wir leben wie die alten Weiber vom Spinnen. Ein ernster Gedanke zur Essenstunde wäre immerhin am rechten Platze. Ein stilles Gedenken an die Armen, die nach Brot streben wie der Reiche nach Appetit, ist gut. Aber eine milde Gabe den Armen ist besser und das beste Tischgebet. In diesem Tischgebet liegt alles, was Gott verlangen kann. Und nun allerseits – gesegnete Mahlzeit!

Eine Dorfgeschichte in Briefen

(zum Bild »Der Brief an den Schatz«)

Schreiben eines Ungenannten an den Herrn Pfarrer von Moosbach

»Hochwürden Herr Pfarrer!
Mus wol Sagen, das sich nit schickt und ein Ergernuß ist für die Gemein, wie's der Hollbruner-Knecht-Toni und dem Haselberger sein Dienstdirn Ficktel Treibn. Kein Suntag vergeht nit, wo Sie auff dem Kirchgang zusamverlas machen, nachher in's wirtshauß und alsdann mitnander Heim, kein Mentsch weiß nit was Geschiecht. Wehr nacht auff dem weg von Hollbruner und zum Haselberger Hauß Geht, wen bigegnet Einer? Den Knecht-Toni und schon gewis auch und ihm der Teiffel nit bald holt, wirt müssen der Hochwürden Herr Mode machen. Denn weill mir ein sulches Luderleben nit Länger leiden. Und hilfft all das gestreng predingen nit, wan so ein Exempel dader ist. Von wegen der Err Gottes mus ich das schon Sagen und tarff mir's der Herr Hochwürden nit für Uebel halden. Ich Beschließ mein Schreiben und verbleibe Christlich gehorsam
9. Mai 1859. ***.«

Schreiben des Pfarrers von Moosbach an den Gemeindevorstand zu Moosbach

»Löbliche Gemeindevorstehung!
Es wird Beschwerde geführt, daß der gegenwärtig beim Bauer Hollbrunner in hiesiger Pfarre bedienstete Anton Ebner mit der Viktoria Windlingerin, Dienstmagd beim Haselberger in hiesiger Pfarre, einen Aergerniß erregenden Lebenswandel führet, weswegen ich bemüssigt bin, an eine löbliche Gemeindeverwaltung das Ersuchen zu stellen, Vorkehrungen zu treffen, daß sothanem unsittlichen Liebesverhältniß ehestens ein Ende gemacht werde. Falls die üblichen Vermahnungen erfolglos sein sollten, erlaube ich mir darauf hinzuweisen, daß die Viktoria Windlingerin im hiesigen Pfarrbuche nicht verzeichnet steht, folglich gegen dieselbe Ausweisungschritte eingeleitet werden könnten.
Moosbach, 9. Mai 1859. Für das Pfarramt.
Jos. Sigelin.«

Schreiben des Gemeindevorstehers zu Moosbach an den Patritz Mannsegger, vulgo Hollbrunner zu Moosbach

»An den Patritz Mannsegger!
Es wird Klage erhoben, daß Ihr Knecht Anton Ebner mit der Dienstmagd des Haselbergers ein unerlaubtes Verhältniß pfleget. Ich

Der Brief an den Schatz

fordere Sie auf, im Interesse der Sittlichkeit sowie in Ihrem eigenen, vorerwähntes Verhältniß strengstens zu untersagen, nöthigen Falles dem Anton Ebner den Dienst zu kündigen. Dem Haselberger, als dem Dienstherrn der Viktoria Windlingerin, wird hiermit gleichzeitig kund gemacht, daß im Nichtachtungsfalle dieses Befehles obgenannte Weibsperson ausgewiesen werden kann. Binnen längstens vierzehn Tagen muß die Unzukömmlichkeit abgeschafft sein.
Moosbach, 14. Mai 1859.

Für die Gemeindevorstehung:
Michel Fankler.«

Schreiben des Knechtes Anton Ebner an die Dienstmagd Viktoria Windlingerin

»Liebe Viktoria!
Wirst dich wundern, daß du von mir ein' Brief kriegst. Hab' gestern schon wollen schreiben, aber bin zu wild gewest. Wir Zwei sollen auseinander, sagen sie, und der Pfarrer und der Burgermeister leidet's nit. Mein Bauer ist mich gestern angegangen deswegen. Fragt er, ob's wahr wär, daß ich mit der Haselberger Dirn thät' halten. Mach' kein Geheimnis nit, sag' ich. Das dürft' nit sein, sagt er, wo der Pfarrer alleweil predigt, ein Hausvater wär für das Seelenheil seiner Leut verantwortlich. Und es wär eine scharfe Verordnung herauskommen. Daß Einer Keine gern haben darf? sag ich, Bauer, das Gernhaben laß ich mir nit wehren. Aber der Bauer schafft mir's und die Liebschaft sollt ich lassen. Jetzt hab ich aufbegehrt. Bauer, sag ich, hab' mich Dir ein Jahr verdingt als Knecht, aber nit verkauft mit Fleisch und Blut, und was ein armes Dienstbot hätt, wann es sich nit ein Gespons kunnt erwählen! Wer kümmert sich um Freud und Leid von Unsereinem, wenn man nit ein getreues Wesen hat! Alle Sonntag einmal ein paar Stunden Mensch sein und einen guten Kameraden haben, das ist eh nit viel, und wanns wirklich ist, daß man desweg in die Höll kommt, in Gottesnamen, so komm ich selber in die Höll, und wenn der Pfarrer und der Burgermeister und der fromme Hausvater keine andere Sünden hat, als wie die ich begehe, nachher mögen sie getrost die Schlafhauben über die Nasen ziehen und gut schlafen allmiteinand. Das hab ich ihm gesagt, weil ich schon wild bin gewest. Jetzt der Bauer, er wollt sehen, ob er kein Recht hätt über sein Gesinde. G'freut mich, sag ich, unser sind Zwei und mein Dirndl laß ich nit. Gut, sagt er, nachher sollt ich mir einen anderen Dienst suchen. Ist mir allzeit recht, sag ich, jetzt zur Sommerszeit werd ich nit lang betteln müssen. Sollt's nur probieren, sagt er, alle Nachbarsbauern hätten denselben Pfarrer und Burgermeister und die neue Verordnung thät auch über die anderen Gemeinden hinauslangen. Und du kunntst ausgewiesen werden, hat er gesagt. Jetzt hab ich den Ernst gesehen und bin still gewest. Auf dem Abend nachher, wie das Nachtmahlessen vorbei ist und die Leut schlafen gehen, stell ich mich noch einmal hin vor ihn und sag: Bauer, ein paar Tag laß mir Zeit, nachher reden wir weiter über die Sach.
Und ich hab die ganze Nacht hin- und hergedacht und jetzt – wann du willst, Viktoria, und wann du dich getraust mit mir – ich wag's. Es haben schon mehr arme Leut zusammengeheiratet, wer seine geraden Glieder hat, ich will doppelt so viel arbeiten, als wie jetzt, und mich wird das Arbeiten erst gefreuen, wann ich weiß, für wen. Du bist eine fleißige Person, und wie ich dich kenn, wirst

dir nit viel drausmachen, auch wann's uns, was ich nit fürcht', einmal schlechter gehen sollt, als wie jetzt im Bauerndienst. Die Hauptsach ist halt doch, daß wir eine Freud haben zu einander. Überleg dir's noch, und wann du einverstanden bist, so gehen wir nächst Sonntag zum Pfarrer. Schick mir Post, wann du kannst, sonst komm ich Samstag zum Feierabend hinüber.
Ich beschließe mein Schreiben und verbleibe bis in das kühle Grab dein treuer
Donnerstag. Anton Ebner.«

Schreiben der Dienstmagd Viktoria Windlingerin an den Knecht Anton Ebner)*

»Da is nix zan überlegen, mein lieber Anton. Arbeiten können mir, Gott wird uns nit verlassen, i sag mit Freuden Ja. Ein wenig hab i schon a was Derspartes und bin im Sonntag um 7 Uhr früh bereit. Nur will i mit keiner Lug in heiligen Ehstand treten und muß dir auf's Gewissen sagen, daß i nit 22, sondern 24 Jar alt bin. Sunst hab i kein Geheimnis vor dir und will mein Lebtag kein's haben und wöllen mir in Frieden und Einigkeit miteinand leben, bis der Tod uns scheidet.
Viktoria Windlingerin.«

Schreiben des Pfarrers von Moosbach an den Gemeindevorstand zu Moosbach

»Löbliche Gemeindevorstehung!
Nachdem Anton Ebner, gebürtig in hiesiger Pfarre und gegenwärtig Knecht beim Hollbrunner allhier, mit der Viktoria Windlingerin, gebürtig in Donnerswald, derzeit Magd beim Haselberger in hiesiger Pfarre, mitsammen in den Ehestand zu treten entschlossen sind, wogegen kirchlicherseits nichts eingewendet wird, ergeht an eine löbliche Gemeindeverwaltung der diesbezügliche Bescheid, eventuell die Anfrage, ob seitens des genannten löblichen Amtes gegen die Eheschließung beider obgedachter Personen kein Hindernis obwalte.
Moosbach, 21. Mai 1859. für das Pfarramt:
Josef Sigelin.«

Schreiben des Gemeindevorstehers an den Knecht Anton Ebner

»Anton Ebner, Dienstknecht beim Hollbrunner, Gemeinde Moosbach, wird aufgefordert, seine Vermögensverhältnisse durch notariell beglaubigte Documente oder verläßliche Zeugenschaft beim hiesigen Gemeindeamt behufs der Ehebewilligung ehestens bekannt zu geben.
Moosbach, 22. Mai 1859. Michael Fankler,
Bürgermeister«.

Schreiben des Knechtes Anton Ebner an die Gemeindevorstehung

»Herr Bürgermeister Fankler!
Mit meinen Vermögensverhältnissen sind wir bald fertig. Wer Haus und Grund hat, der geht nit in Bauerndienst. Wann wir verheiratet sind, gehn wir in's Tagwerk und verdienen uns alle Tag einen Gulden und drüber. Ich hab keine Angst, daß wir nit drauskommen, mein Weib ist fleißig und sparsam und ich verthu auch nichts. Das Rauchen muß nit sein. Sie hat zwei Stückel Leinwand und zwölf Gulden Derspartes. Beim Bachbauer nehmen wir uns ein Stübel, vier Gulden im Jahr. Und mein Bauer, der Hollbrunner sagt,

*) Wie jetzt die Viktoria Windlingerin in der Stallkammer auf ihrer Gewandtruhe sitzt und schreibt, so hat sie Meister Defregger abgebildet. Der Anton Ebner hat keinen schlechten Geschmack gehabt.

ganz leer laßt er mich nit fortgehen, ist die drei ein halb Jahr, wo ich bei ihm bin, mit mir zufrieden gewest. Es kann auch sein, daß ich von meinem Vetter, dem alten Josef, einmal was krieg, wann er mit Tod abgeht.

Gehorsamst

Moosbach, 23. Mai 1859. Anton Ebner.«

Schreiben des Gemeindevorstehers in Moosbach an das hochwürdige Pfarramt in Moosbach

»Antwortlich der von Euer Hochwürden eingelangten Zuschrift in Sachen des Anton Ebner und der Viktoria Windlingerin, welche mitsammen in den Ehestand treten wollen, kann seitens der Gemeinde wegen vollständiger Mittellosigkeit der beiden Personen die Bewilligung nicht ertheilt werden.

Moosbach, 23. Mai 1859.

Für die Gemeindevorstehung:

Michel Fankler.

Wir haben eh schon Bettelleut genug.«

Schreiben der Bezirksvorstehung Weidenstadt an den Dienstknecht Anton Ebner

»Vorrufung. Ebner Anton, derzeit bedienstet Haus Nr. 13 in Moosbach, geboren am 4. Jänner 1837 in der Gemeinde Moosbach, Altersklasse II, hat behufs seiner Militärdienstbarkeit zum zweiten Aufgebot am 2. Juni 1859, Vormittags 8 Uhr, am Assentirungsplatze zu Weidenstadt in gereinigter Wäsche zuverlässig zu erscheinen, widrigens er als Recrutenflüchtling behandelt werden und sich die diesfälligen gesetzlichen Folgen zuzuschreiben haben würde.

Weidenstadt, 25. Mai 1859

Der Bezirksvorsteher

Los-Nr. 17. Dr. Mitterer«

Schreiben des Dienstknechtes Anton Ebner an die Magd Viktoria Windlingerin

»Das ist eine schöne Geschichte. Anstatt daß die Ehebewilligung kommt, ist der verfluchte Wisch da. Wieder stellen. Zum Heiraten ist bei unsereinem kein Recht da, aber wann sie Soldaten brauchen, wissen sie Einen gleich zu finden. Sein Lebtag arbeiten, daß die Schwarten krachen und Andere reich werden, und zwicken Einem Kost und Lohn ab, wo sie können. Und heiraten kann man nit und betteln gehen kann man, wann die Mühsal da ist und zum Derschossenwerden in Kriegszeiten ist man ihnen gut. Was sagst dazu? Zehnmal lieber ein steirischer Kapaun sein, hat auch nichts, wird wenigstens feist. Höllkruzifixsaggera! geflucht hab ich heut schon, daß dem Teufel kunnt grausen. Du derbarmst mir. Zum Feierabend komm ich.

27. Mai. Ist ein schöner Mai! Anton.«

Schreiben eines Ungenannten an den Hollbrunner zu Moosbach

»Wan der Hollbrunner und der Haselberger heind nacht in eahner Dienstboten-Komern nachgschebekalirt häden, wurden's Gsechen haben, daß Uner einrucken kon eh wan er assantirt worden is.

30. Mai * * *«

Schreiben des Recruten Anton Ebner an die Dienstmagd Viktoria Windlingerin

»Liebe Viktoria!

Soldat sein mer. Unser fünfzehn sein blieben von dreiundzwanzig. Keiner darf heim, müssen eilends fort in's Welschland. Dort soll's höllisch losgehen. Der Napoleon steckt dahinter, sagen sie. Ich mach mir nichts draus. Für Gott, Kaiser und Vaterland! Mein Gwoand laß ich dir schicken, brauch ich's nimmer, so verkauf's und bet einmal einen Vaterunser für mich. Diese par Zeilen schreib ich vor dem Wirtshaus auf der Roßplanken. In einer Stund marschiren wir ab. Thu mir nichts für Übel haben, meine geliebte Viktoria, und denk auf mich. So ein Abend, wie der vorig Samstag ist gewest, wird wohl nimmer kommen.

Lebe wohl. Anton Ebner.
In Eile. 27. Infanterie-Regiment König
2. Juni 1859. der Belgier.«

Schreiben der Magd Viktoria Windlingerin an den Infanteristen Anton Ebner in Italien

»Vielgeliebter Anton!
Hab mir's wohl denkt, daß so ausgehen wird. Wan i di nur noch einmal hätt sechen kinnen. Dein Gewand heb i auf bis du heimkomst. Beten thu i schon für di, aber i denk, hirzt wirst Geld besser zu brauchen haben. Da sein 5 Gulden, gib achting daß es dir nit gestuhlen wird und sunst nit verlierst. Schau auf dein Gesundheit und nit trinken beim Marschiren. In der Kirchen wird hirzt auch bett von wegen den Feind. Brauchst was, so thu mir schreiben. Hirzt heißts halt in den Willen Gottes geben, kinen nix machen, vergiß nit af mi, mir halten zsam in der Zeit und Ewigkeit. I beschließ diese paar Zeilen in Schutz Gottes und verbleib deine getreue
Moosbach, 5. Juni 1859. Viktoria.

Was heili Georgi Bildel schick i dir, trag's af der Brust, is hochgweicht, daß dir nix überfahrt. I befilch di in unser lieben Frau ihrn Schutz und Schirm.«

Schreiben des Schustermeisters Jägli an die Magd Viktoria Windlingerin

»Gelübte Freundin!
Wirst jetz wohl nit so stulz sein as wie eh, weil der Antoni eh nimmer heimkumt. In der Zeiting steht das alles Hin ist. Las ein Meß lesen und denk das du noch jung bist und auch andere Glücklich machen sullst. Ich denke aff dich Dag und Nacht und drag dir nix nach von wegen eh, da pin ich nit a so und kunst za mir, bist mit offenen arm auffgenommen zu jeder Schdund. Fahlen Wirth dir nix bei Mir und leben wia die Tauben. Das Seidene Halstüchel dader gehört Dein is kleines Bresend fon deinen dich inixt liebenden
Moosbach, 20 Juni 1859. Erhard Jägli,
bürgerl. Schuhmachermeister.«

Schreiben der Magd Viktoria an den Schuster Jägli

»Sein Tüchel kann er behalten, sullt damit der Miesenbach-Kathel ihr Schand und Ellendt zudecken, wo er sie bracht hat. Schlechter Kerl, du! Viktoria Windlingerin.«

Schreiben der Militärbehörde an das Gemeinde- und Pfarramt in Moosbach

»Laut Verlustliste wird hiermit bekundet, daß Anton Ebner, geboren am 4. Jänner 1837 zu Moosbach, Kreis Weidenstadt, Gefreiter bei ... (unausgefüllt) 27. Infanterie-Regiment, König der Belgier, den 24. Juni 1859 bei der Schlacht am Mincio nach heldenhaftem Kampfe gefallen ist.
Valeggio, 15. August 1859.
FZM Graf Wimpffen.«

Sonntagsruhe

's ist schier so wie bei jener armen Familie.
»Mich hungert, Vater!« klagt der Knabe.
»Laß gut, sein Junge«, tröstet der Vater, »gedulde dich, am nächsten Sonntag schnitz ich dir ein Pfeifel!«
Schier so, sag ich, beim Holler-Seindl, nur daß zum Glück hier der Hunger nicht dabei ist. Die ganze Woche hat er seinen Buben versprochen, der Seindl, er schnitzt ihnen am Sonntag eine Armbrust, wenn sie brav sind – und dann will er Sonntagsruh haben, der Narr.
Schon am Freitag und am Sonnabend, als der Kleinste aufwacht, ist allemal die erste Frage: »Mutter, ist heut Sonntag?«
Und als er am Sonntag wieder fragt, richtig, da ist Sonntag.
»Vater, die Armbrust!«
»Die Armbrust, Vater!«
»Gebt Ruh, ihr Rangen!« sagt er ärgerlich.
Ja wohl das Gesetz gibt Sonntagsruh, aber nicht die Rangen geben sie. Der Teufel kann auf die ihm verschriebene arme Seele nicht unerbittlicher bestehen, als die Kinder auf ein Versprechen. Wer da wüßte, was ein nicht erfülltes Versprechen im Kindesherzen für eine Revolution macht, mancher würde es in dieser Sache nicht so leicht nehmen. Nichts steht so felsenfest im Menschengemüt wie der Glaube des Kindes an seine Eltern. Wie ein Erdbeben zittert die erste Täuschung durch die junge Natur, ein leichter Sprung geht durch den Felsen, Zuversicht genannt, der erste Anstoß zum Zwiespalt, der später Mißtrauen, Haß und Verzweiflung birgt.
Den Kleinen ist es undenkbar, daß ein Ja nicht ja bedeuten sollte. Die kühnste, gigantischste aller Entdeckungen der Menschheit ist die, daß man etwas anders sagen kann, als man es weiß; man schreibt darum die Entdeckung der Lüge nicht dem Menschen zu, sondern dem Teufel. Aber das Kind, so wie es von der Natur aus nicht trompetenblasen, nicht telegraphieren, nicht kartenspielen kann, so kann es auch nicht lügen. Das muß alles gelernt werden, und darum geht nichts über eine feine Erziehung.
Der Holler-Seindl denkt nicht darüber nach, ob es recht oder gefehlt sei, wenn er seinen Knaben das gegebene Wort nicht hält, er denkt sich nur: Die kleinen Saggra geben mir den ganzen Tag kein Fried', wenn ich ihnens nicht tu, – und schnitzt die Armbrust.
»Aber früher rosenkranzbeten, Buben!« befiehlt er strenge. »Wer in keine Kirchen kommt! Es ist Sonntag.«
Ach Gott, nicht einen schimmeligen Pfennig ist er wert, der Rosenkranz, der jetzt gebetet wird; unser Herrgott nimmt ihn rein wegen ein andersmal um einen Groschen. Der ganze »Glauben-Gott-Vater« ist inwendig voller Armbrüste, jedes Vaterunser und Ave-Maria voller Armbrüste. Was wird für ein Holz gut sein dazu? sinnt der Vater, wirds ein eschenes tun? Der Bogen wird vom Wacholdernen sollen sein, woher nehme ich ein Wachholdernes? Eine starke Hanfschnur ist leicht geschafft, aber das Wachholderne! Nachher erst die Pfeile … Die Knaben denken schon an allerlei Gevögel, das sie aus der Luft schießen wollen; und wenn man die Katz trifft, meint der größere Junge bei sich, so macht's auch nichts. Keiner hat in diesem seligen Ausmalen der nahen Zukunft eine Ahnung davon, welch tückische Mächte dahinterstecken. Keiner weiß, daß, wenn die Armbrust fertig sein wird, jeder der drei damit fortwährend schießen wird wollen, daß ein arges Balgen

Sonntagsruhe

entstehen und dieser wonnige Sonntag mit geschwollenen Nasen enden wird.
Unter goldenen Träumen ist der Rosenkranz endlich aus. Kaum vom Kreuz das Amen – »Also Vater, die Armbrust!«
Beim Beten ist dem Seindl eingefallen, daß an Sonn- und Feiertagen das »Schnegern« (Schnitzen) besonders streng verboten ist. Alle Arbeit, wozu man Werkzeug braucht, ist scharf untersagt, und schon gar Schneidewerkzeug. Aber um die Revolution zu vermeiden, muß heute des Herrn Gebot übertreten werden. Er hebt also an, das Zeug zusammenzutragen, setzt sich auf die schöne Truhe und beginnt das Werk. Trotzdem der Bogen noch lange nicht gespannt, ist die Spannung eine gewaltige bei den jungen Zuschauern.
Und wenn die Armbrust nun fertig ist, welchem der jungen Menschen soll man sie zuerst in die Hand geben? Der eine wird damit schießen nach unschuldigen Tieren, der andere nach seinen persönlichen Widersachern, der dritte nach den Feinden des Rechtes.
Holler-Seindl, auf ein Wort: Dem dritten gib die Armbrust und deine Sonntagsentheiligung soll gesegnet sein!

Das heilige Bildnis

Wie kurz die Lebenszeit und wie lange eine Nacht für den Kranken, der nicht schlafen kann! Und wie furchtbar das, was ich einst erfahren habe. Erschöpft und schlaflos lag ich da und zählte die Stunden und zählte das Ticktack der Uhr – die Pulsschläge der Zeit. Nach einer kleinen Ewigkeit, in der sich physische Schmerzen und beängstigende Träume fortwährend durch meine Seele geflochten hatten, war es drei Uhr. Dann die zweite Ewigkeit. Gottlob, nun wird es bald tagen. Die Gaslaterne draußen, welche die ganze Nacht über ihre ruhige Fenstertafel auf meine Zimmerdecke gelegt hatte, wurde ausgelöscht. Auf den Gassen rollten schon die Wägen, und der Zeisig im Bauer begann die Schläfrigkeit von seinen Fittichen zu schütteln, aber der blasse Dämmerschein an der Wand wollte sich noch nicht einstellen. Es mußte schwerer Nebel liegen über der Stadt. Es schlug sieben Uhr, es ging gegen acht Uhr. – Was ist denn das? Noch immer finstere Nacht! Plötzlich kommt mir ein gräßlicher Gedanke, ich springe aus dem Bett, ich streiche ein Reibholz, hell auf zuckt das Flämmchen. Ich atme auf, erblindet bin ich nicht. Ich gehe zur Uhr, der Zeiger rückt auf neun, und es schlägt dieselbe Stunde. Ich eile ans Fenster, draußen ist ein seltsames Lärmen, Handlaternen zucken hin und her und am Himmel bleibt es finster. Ich schlage den Kalender auf, keine Sonnenfinsternis steht darin. Durch die Türfuge wird wie gewöhnlich das Morgenblatt hereingesteckt – politisches Gezänk, vermischte Nachrichten, geschäftliche Ankündigungen, marktschreierische Unterhaltungsanzeigen für diesen Tag die Menge. Es bleibt finster. Ich fasse mich an den Gliedern, rüttle mich, um aus dem beängstigenden Traum zu kommen, aber ich wache ja, sehe von der Lampe beleuchtet alle Gegenstände meines Zimmers klar und bestimmt, sehe an der Wand die Bildnisse der lieben Menschen, die auf dem Kirchhof schlafen, sehe und höre meinen kreischenden Vogel, der unruhig flattert und mit angsterfüllten Augen auf mich herschaut. Meine Stirne ist nicht heiß, mein Puls geht kaum stärker als gewöhnlich – fünfundsiebzig Schläge in der Minute. Der Zeiger steht auf halb zehn – im Zimmer Nacht, draußen Nacht. Heute bleibt die Sonne aus – oder ich bin wahnsinnig geworden.

Ich eile nun aus dem Hause. Auf der Gasse verwirrte Menschen, sie schreien, stöhnen oder huschen still dahin und prallen aneinander. Man ruft, die Straßenlaternen sollten wieder angezündet werden. Welch' ein Verlangen, sie brennen nicht einmal in Vollmondnächten, wie erst mitten im Tage! Die Uhren schlagen die elfte Stunde, am Himmel keine Wolke, es funkeln die Sterne, aber mancher Himmelskundige will bemerken, daß es fremde Sterne seien, oder aus ihren Geleisen gesprungen. Da werden auch schon Rufe laut: Die Welt ist entgleist! Schreckliche Rufe der Verzweiflung, aber noch schrecklichere der Gotteslästerung, des Aufruhrs, der wilden Gier und Freude an der nun einbrechenden Gesetzlosigkeit.

Ich eile zu einem bekannten Doktor für Nervenleidende, um ihn zu bitten, daß er mich in eine Heilanstalt für Geisteskranke bringen möge. Er ist umringt von vielen, die ein ähnliches Begehr haben, er hält mit beiden Händen seinen Kopf und sagt: »Liebe Leute, auch ich bin wahnsinnig geworden oder es ist das Weltende da!«

»Wenn es bloß das wäre!« versetzt einer, »aber ich fürchte, die Welt ist nur verrückt, wir haben die nordische Nacht, die vielleicht ein halbes Jahr dauert oder ein ganzes – oder immer, wir verhungern und erstarren eines langsamen Todes. Nicht das Sterben fürchte ich, sondern das, was wir früher noch erleben werden.«

Ich gehe zu einem Astronomen. Mit Not taste ich mich die finstere Treppe empor in seine Stube. Da sitzt er bei der Ampel und rechnet. Simuliert und rechnet, schüttelt den Kopf, rechnet dann gelassen weiter. Plötzlich beleben sich seine Züge. »Es stimmt«, murmelt er. Ich bitte ihn um wissenschaftliche Erklärung des unerhörten Naturzustandes.

»Wie aus diesen Ziffern ersichtlich«, sagt der Gelehrte, »tritt das Ereignis in regelmäßigen Zwischenräumen von 19.673.4099 Sonnenjahren ein. Muß aber bemerken, daß der Dezimalbruch, um mich populär auszudrücken, ein unendlicher ist, daher bei Berechnung der Rotierung unseres Planeten während seines Laufes auf der elliptischen Bahn genauer als auf ein Fünftel einer Sekunde nicht wohl bestimmt werden kann. Dasselbe Verhältnis ist – um mich populär auszudrücken – auch im Raummaße. Teilt man nämlich die Planeten in Bezug auf ihre Entfernung von der Sonne in Teile wie 4 : 13, bei anderen in 197 : 9801 u. s. w. ein, so –«

Da sehe ich: Auch hier ist es finster. Als ich wieder auf die Gasse komme, ist das Menschengewoge ein noch wilderes als vorhin. Viele, sonst junge Leute haben – wie man bei den jetzt angezündeten Laternen sieht – fahle Gesichter und eisgraue Haare. Andere sind ausgelassen und treiben es wie besessen. Schon ist ein neuer Industriezweig da, ein Mann schreit in zynischer Weise seine neuerfundenen Patent-Lampions aus, die man auf den Hut stecken kann. Überall auf Straßen und Plätzen transparente Vergnüngungsanzeigen. Manchen ist das zu wenig, sie sind auf Zinnen und Türme gestiegen, um auszublicken nach einer Morgenröte. Ein lauer Wind trägt vom Parke her die Blüten der roten Quitte und des Apfelbaumes und – wie unheimlich zu solcher Tagesstunde! – in einem Busche schlägt die Nachtigall.

Die heilige Familie

Am heimlichsten ist's noch in den Weinkellern, Bierhallen, Theatern und in sonstigen Bäumen, die man nur bei künstlichem Licht zu betreten gewohnt ist. Aber der Wahnsinn feiert hier überall sein Gelage und den Ballettänzerinnen wird zugejubelt, als wären es kreisende Sonnen.

Ich will mir Zerstreuung und Trost in der Kunst suchen. Ich höre wohl die nervendurchwühlenden Töne der Oper, aber immer muß ich denken: Es ist finster. Ich sehe wohl die Skulpturen der Hellenen, aber ich weiß, die Sonne hat uns verlassen, und mir ist ach und weh zum Sterben. Ich irre auf öden Straßen und in Wildnissen um. Zwischen schaurigen Bergeswuchten steht ein Kirchlein, und still leuchten darüber die Sterne des Himmels. Ich trete ein und sehe, von zwei Kerzen milde beleuchtet, ein wundervolles Bildnis. Es ist die Mutter mit dem Kinde. Maria mit dem kleinen Heiland. Ich schaue in das milde, reine, himmlische Angesicht, da ist mir, als gehe sachte, sachte die Morgenröte auf. Hin sinke ich vor das Bildnis, Hoffnung und Vertrauen erwacht. Eine Frau im himmlischen Rat, da können wir nicht verloren sein. Ein heftiges Weinen überwältigt mich, da fühlte ich auf meiner Stirne eine sanfte Hand. Die Augen schlage ich auf, es ist lichter, freundlicher Tag und an meinem Bette steht die geliebte, treue Lebensgefährtin und fragt mich liebreich, was mich im Traum denn so sehr bewegt habe?

»Anna«, sagte ich, »so lange ich lebe, soll das Bildnis, welches dort an der Wand hängt, mit Immergrün und Rosen bekränzt werden.«

»Du meinst Defreggers heilige Familie, lieber Mann?«

»Ich habe diese Muttergottes eben im Traume gesehen. Es hat mich erlöst aus Grauen und Bangnis. Lege deine Hand an meine Brust, nicht wahr, wie wild es noch tobt da drinnen! Nichts ist denkbar, das so schrecklich wäre wie Finsternis. Die Himmlische hat mich getröstet, du hast mich aufgeweckt. In diesem lieblichen Bildnisse will ich die Himmlische und die Irdische verehren. Dieser heiligen Maria mit dem Kinde will ich die Lieder weihen, die ich edlen Frauen singe; dieser göttlichen Königin will ich die Kränze opfern, die ich dir, mein geliebtes Weib, flechte. Welch gräßliche Nacht auf Erden, wenn nicht Frauenaugen leuchteten! Welch ein dunkles Leben müßte ich vertrauern, wenn du nicht wärest!«

Das Licht des Glaubens ist die Frau im Himmel, das Licht des Lebens die Frau auf Erden.

Das Bilderbuch

Auf diesem Bilde sind zwei Kinder, die in einem Bilderbuche blättern, und der Beschauer weiß nicht, was er sich denken soll.

Wenn nun aber gar Erwachsene im Bilderbuche fortwährend blättern, ohne den dazugehörigen Text zu lesen, ja ohne ein Bild auch nur recht zu betrachten, so weiß man noch weniger, was man sich denken soll. Es gäbe heutzutage keine Kinder mehr, heißt es; im Gegenteil, es gibt lauter Kinder, und die Buch- und Zeitschriftenmacher können gar nicht genug Bilderbücher herstellen. Als Lükkenbüßer, und damit sich das Ding für das Auge wie ein Buch macht, etwas Text: »Schriftsteller, bis morgen, wenn ich bitten darf.«

»Aber, Herr, wo soll ich denn über Nacht

Bilderbuch

Gedanken hernehmen zu einer Sache, die mich gar nichts angeht?«
»Gedanken bauchen Sie keine. Worte, nur Worte. Sechzig doppelspaltige Zeilen die Seite.«
»Sonst hat man gelesen: Im Anfang war das Wort; heute heißt es: Im Anfang ist das Bild. Irgendeiner soll den Text dazu schneidern. Nein, nein, Herr Verleger, ich will mich nicht bloßstellen.«
»Sie sind ein seltsamer Herr«, sagt der Verleger. »Bloßstellen! Glauben Sie denn, daß Ihr Text gelesen wird? Vor dem Schriftsetzer und den Korrektoren brauchen Sie sich nicht zu genieren.«
Also genieren wir uns nicht. Schreiben wir die Gedanken, die uns im Betrachten der Bilder des Tiroler Meisters wie Maikäfer anfliegen, für uns selber auf. Sie sehen, Herr Setzer und Herr Korrektor, hier auf der Wandbank sitzen zwei Bauernkinder, die in einem Bilderbuche blättern. Bäume, Kirchen stehen drinnen, werden überschlagen; Arbeitswerkzeuge sind abgebildet, Blumen, Steine, Sternbilder, fromme Bischöfe, heilige Einsiedler, weißbärtige Fürsten, sie werden überschlagen. Da kommen Tiere: Hunde, Kamele, Schlangen, Vögel – halt! da stecken die beiden ihre Köpfe zusammen und ihre Nasen auf das Bild. Wie kommt es nur, daß schon dem Kinde das Tier am besten gefällt? Beim Erwachsenen ist das selbstverständlicher, nur verlegt er sein Interesse mehr auf das Tier in sich selber.
Nach fünfzehn Jahren möchte ich diese beiden Leutchen so beisammensitzen sehen und in einem Bilderbuch blättern! Da interessiert sie längst kein papierenes Pferd und kein gemalter Vogel mehr. Und leider zu wahr wird's, was der Schullehrer den Knaben schon in der ersten Klasse empfohlen hat: »Kinder, macht die Augen auf, und anstatt die bekleckstenPapierwische anzugaffen, blättert in dem Bilderbuche der Natur!«
Dauert nicht lang und die Rangen blättern drin.
's ist halt ein Kreuz mit den jungen Leuten!

Habt's a Schneid?

Ein Bauern-Duell! Was das für ein gespreizter Titel wäre. »Raufen!« sagen die Kerle.
Da sollte man meinen, so ein Bauernbursche wäre von der Woche Mühsal mürbe gerackert und am Sonntag ginge es ihm nach dem Rasten. Oho! Wäre schade um's Leben, rasten kann der Mensch, wenn er gestorben ist.
Frühmorgens, wenn er in die Kirche geht, steckt er die Hahnenfeder auf den Hut und den Schlager in den Sack. Ein Fingerring mit schwerem Eisenknoten; wer aber ordentliche Knochen hat, der braucht so was nicht. In der Kirche mag's wohl sein, daß wir ein halb Stündel schlafen, wenn's der Pfarrer nicht etwa so macht, wie im vorigen Jahr; schreit er jählings von der Kanzel herab: »Leut', weckt's den Lenzbauer auf!« – Nach dem Amt gehen wir zum Taferner-Wirt und essen was Warmes. Das muß der Mensch, sonst kommt der Rausch noch früher. Beim Nachmittagssegen sind wir wieder in der Kirche, aber nachher kann's losgehen. Doch – heute sträubt sich nichts. Der Hahnen-Hans schaut scharf in die Runde – lauter Letfeigen sitzen an den Tischen. Alte Bauern, die beim Mostkrug ihr Pfeifel schmauchen und einen Ochsentausch betreiben. Ein paar Handwerksburschen, die von ihrer Länderpassiererei prahlen und sich gegenseitig anlaufen

lassen; zuletzt kommt gar der Pfarrer und der Schulmeister – heute ist's nichts dahier, der Hahnen-Hans geht um ein Häusel weiter.
Beim Stegwirt ist bessere Aussicht, da sind Bauernburschen und Holzleute durcheinander – da gibt's Händel. Heute spielen die Racker aber Karten – zehn Bohnen um einen Kreuzer, sitzen so still und verträglich da, als ob sie bei einer Leichwache wären. Weibsbilder sind auch keine zugegen; um die Kellnerin kümmert sich keiner, die ist wie das Sonnenlicht, um das kein Mensch streitet, weil es auf jeden niederscheint. Der Knappen-Riedel ist nicht da; der hat auf der jüngstverstrichenen Kirchweih dem Dirndl des Hahnen-Hans ein lebzeltenes Herz zugesteckt. Mit dem wäre anzubinden.
»Eine Halbe Wein!« herrscht der Hans der Kellnerin zu. Das erste Glas trinkt er auf einen Zug. Allein sitzt er an seinem Tisch, beißt in seinen Pfeifenstummel, daß es kracht und knurrt. Stoßt auch die Bank ein paarmal hin und her, daß es klappert; aber es beachtet ihn niemand.
»Freßt's die Bohnen lieber, als daß 's drum spielt's!« brummt er gegen den Spieltisch.
Der Holzknecht Tom hört's, schaut auf den Hahnen-Hans, sagt aber nichts und spielt weiter.
»Wer spielt's?« fragt der Lipp.
»Ich paß«, sagt der Lois.
»Ich kusch!« sagt der Veit.
»Ich wag's!« sagt der Franz. »Eichel ist Trumpf!«
»Ich helf!« sagt der Lipp.
»Ich tu!« sagt der Lois.
»Es gilt!« sagt der Veit.
»Bin dabei!« sagt der Tom.
»Du bist überall dabei, du! Wie 's schlechte Geld!« bemerkt der Hans am andern Tisch.
Der Tom wendet sich langsam gegen diesen und sagt: »Dummer Kerl!«
»Wer ist dein dummer Kerl!« fragt der Hahnen-Hans scharf.
Sie spielen weiter.
Jetzt springt der Hans wild auf und schreit: »Habts a Schneid?!«
Die Karten werfen sie weg und erheben sich – zum Raufen ist's.
Es geht genau zu wie bei den Stadtjungen, wenn sie einen Streit vom Zaun brechen und sich fordern. Aber die herrischen Raufbolde haben feine Ausreden, sie wollen den Mut üben und ihre Ehre verteidigen. Sich schandbar hauen der Ehre wegen, die zumeist gar nicht in Gefahr ist. Und rauft der Lümmel, um seinen Mut zu üben? Die Leidenschaft und Händelssucht juckt ihn, oder die Eitelkeit. Ich habe Studenten gekannt, die zu jedem Semester ein paar Schlägereien gehabt und beim bosnischen Feldzug die Flinte ins Korn geworfen haben, davongelaufen sind.
Ihr Burschen von Stadt und Land, da weiß ich euch was Besseres als pauken und balgen. Hier gibt's einen Unschuldigen zu schützen – habt's a Schneid? Hier auf Wasserfluten ringt ein Ertrinkender, dort im brennenden Hause ruft man um Hilfe – habt's a Schneid? Ihr Streber und Glücksjäger – hier ist durch herbe Arbeit Brot zu *verdienen!* Habt's a Schneid? Strenge Selbstzucht, Bekämpfung eigener Leidenschaften, Mut zur Wahrheit – habt's a Schneid?
Ah, ihr wollt noch hören, wie die Balgerei der Bauernburschen verläuft? Nicht der Rede wert, ganz euere Paukerei im Naturzustand. Ein paar zerfetzte Rockärmel, ein paar Schrammen auf dem Kopf, ein blaues Auge und eine geschwollene Nase – das sind die

Habt's a Schneid?

Trophäen solcher Helden. Und nach dem Raufen *sind* sie das, was sie sich vordem geheißen haben: dumme Jungen. Ist's euch nicht recht? Hier meine Karte. Ein Wettkampf um das Echte. Habt's a Schneid?!

Plauderei

Was werden sie denn auch schwatzen, die Manns- und die Weibsleute, wenn sie einmal zusammenkommen in der Bauernstube oder in der Almhütte?

Im Schwatzen sind die Alten am schlimmsten, das weiß man.

»Gehst mit?« fragt der Stiefel-Joachim seinen Kameraden.

»Wohin?«

»Auf die Donnersbach-Alm.«

»Was tun?«

»Weiberleut' hänseln.«

»Ist mir nix um (bin dabei)!« sagt der Kamerad.

Sonntagnachmittag. Da sitzen die Sennerinnen von den zwei Hütten beisammen in der einen und bessern ihr Gewand aus, das die Woche über in scharfer Arbeit Schaden genommen.

Die Männer treten zur Tür ein, diese ist nur für Weibsbilder hoch genug, und die Männer müssen sich tief demütigen, wenn sie hereinwollen.

»Da sitzen auch zwei Nichtsnutzige beisamm'!« mit diesen Worten begrüßt der Stiefel-Joachim die beiden Senninnen.

»Gleich und gleich gesellt sich gern«, sagen die Dirndln, »geht's nur her zu uns.«

»Ist ein Lapp, der Schulmeister von Christofen«, springt jetzt der Joachim über, nachdem er sich an den Tisch gesetzt und seine Pfeife angebrannt hat.

»Wesweg?« fragt sein Kamerad.

»Weil er eine neue Wissenschaftlichkeit erfunden hat. Zu meiner Zeit haben wir drei Naturreiche gehabt in der Schul, jetzt hat er fünf.«

»Und das wären?«

»Die Mineralien, die Pflanzen, die Tiere, die Weiber und die Menschen.«

»Du Narr!« lacht die Marei, »da hat er noch eins ausgelassen: die Männer. Die kommen noch vor den Tieren!«

»Die kennt sich aus!« schmunzelt der Kamerad.

Der Joachim wendet sich zu diesem, und in aller Ernsthaftigkeit tut er die Frage: »Hat er nicht gesagt, der Herr Pfarrer bei der Predigt, daß kein Weibsbild in die Höll' kommt?«

»Weil kein's mehr Platz hat unten«, meint der Kamerad.

»Wird halt von den Männern schon voll sein«, sagt die Thresel.

»Ein anderer Grund«, versetzt der Joachim ruhig und bläst ein großes Bündel Rauch aus. »Die Weibsbilder sind nämlich dem Teufel zu schlecht.«

»Bedanken uns schön«, sagt die Marei.

»Nichts zu danken. Ist gern geschehen.«

»Nachher kann man sich's freilich denken«, sagt die Thresel, »daß den Mannern in der Höll' höllisch langweilig wird. Ohne Weibsbilder halt's ja keiner aus.«

»Ist auch so«, versetzt der Joachim, »ist eine Straf' Gottes. Wie der Adam erschaffen ist gewesen, hätte er zur schuldigen Danksagung sollen ein Vaterunser beten. Und hat der Schlingel keines gekonnt. So! sagt der Herrgott, du willst der Stammvater der Menschen sein und kannst nit einmal ein Vaterunser beten! Es geht dir zu gut. Die Not lehrt beten. Wart, ich will dir helfen. Leg dich nieder!« Der Adam legt sich nieder vor Gottvaters Füße und schläft ein. Wie er munter wird, ist das Weibsbild da. Jetzt auf einmal hat er's können, das Vaterunser bis zu dem: Erlös' uns von dem Übel. Amen.«

Das alles wird mit größter Ruhe und Ernsthaftigkeit vorgebracht, bis die Marei fragt, ob sie die gottlosen Mäuler nicht mit Milch und Käse zustopfen sollte?

Wäre ein gutes Mittel, meint der Kamerad.

Die Jüngeren haben sich bislang im Hintergrund gehalten. Um sie hervorzukriegen, sagt die Marei: »Was müssen denn dieselbigen dort angestellt haben, weil sie sich nicht herfürgetrauen aus dem Winkel?«

Der Forstjunge Heinrich sitzt dort, der sagt nicht viel; schmunzelt ein wenig und schmaucht sein Pfeifel. Wer ihn recht besieht – und die Marei besieht ihn recht – das ist ein Kerl, den sich der Herrgott selber zum Muster nehmen kann, wenn er irgendwo auf der Welt schöne Leute erschaffen will. Daß er etwas schweigsam ist, das macht nichts, es plaudert schon sein schwarzes feuriges Auge, und solche Weltsprache ist den Weibern auch weitaus die verständlichste.

»Gewissen erforschen wird er, der Heinrich«, meint der Joachim, »er will ja jetzt die Jägerei lernen.«

»Ah, bei diesem Freudenfest möcht ich dabei sein!« ruft die Marei aus.

»Bei welchem Freudenfest?« fragt nun der Heinrich.

»Das die Hafen und Kirchen halten werden, wenn du Jäger wirst!«

»Der Heinrich mag niemanden umbringen«, sagt der Kamerad.

»Im Gegenteil«, setzt der Joachim dazu.

Der Heinrich nimmt seine Pfeife aus dem Mund, pflanzt mit der Spitze derselben noch das Schnurrbärtchen auf nach rechts und nach links, dann läßt er das Liedel los:

»Bin a Jager, a frischer,
I woaß nur zwen Ständ;
Ban Dirndl ihrn Fenster
Und ban Gamsl im G'wänd.«

»Singen kann ich auch«, sagt die Marei und hebt an:

»Oft a Jager a frischer,
Gor keck is sei Bluat,
Hot Kuraschi für Vieri,
Wan an neamand nix thut.«

Nun packt der alte Joachim aus:

»Wan i auf Kumerbergkirchn geh,
Leg i mein besten Rock on,
Wan i däs Dirndl in da Kirch'n seh,
Schau i koan Heilign nit on.«

Dem entgegnet die Thresel:

»Hau, Bua, du liabst mi,
Wanst mich liabst, kriagst mi,
Wanst mich treu liabst
Konst mi hobn – wanst mi kriagst.«

Rückt sich jetzt der Kamerad des Joachim gegen die Thresel und trällert ganz fein:

»An deiner Linkn laß mi sitzn,
An deiner Linkn sitz i gern,
Wan mir still bononda sitzn
Konst mei Herzel klopfn hör'n.«

Drauf sie:

»Du bist holt a so a Büabel,
Bist a so und bist a so,
Du bleibst nit bei oan Dirndl,
Host ollaweil deine zwo.«

Plauderei

Da weiß ich noch ein Schöneres für den!« sagt die Marei und singt:

»Dir is ka Liabe nit recht,
Dir will ka Treue nit g'folln –
Wanst a Schöne willst hob'n,
So loß dir oane moln.«

Ähnlich geht's fort. Wie aber alles ein Ende hat, so auch der Sonntagnachmittag auf der Alm. Der alte Joachim ist so lange gesessen auf der Bank, daß ihm die Beine ganz starr sind, wie er nun aufsteht.
»Jetzt wünsch' ich euch eine gute Nacht, Weibsleut'«, sagt er, »ich denk', die wird euch recht sein.« Damit trottet er mit anderen davon. Ob alle schon gehen? Verbürgen kann ich's nicht. Heinrich, der Schalk, muß die Marei sicherlich noch ein wenig necken. Ein Blumensträußchen steckt er ihr an den Hals – ist aber eine junge Brennessel dabei. Sie kommt ihm über die Pfeife und tut heimlich gebeizte Harzkörner hinein, so daß er auf einmal eitel Weihrauch schmaucht. Dann stiehlt sie ihm die abgemauserte Feder vom Hut und steckt eine frische drauf – und schließlich – ach Gott, ich verplaudere die Zeit.
Übers Jahr, wenn ihr anfragen wollt – sie dürften ein Paar sein, und hoffentlich necken sie sich dann auch noch. Aber, so Gott will, nicht zu scharf.

Vroni

(zum Bild »Tiroler Dirndl«)

Vroni! das Schulmeistertöchterlein! Wenn nicht auch da wieder ein Liebesgeschichte dahintersteckt! Es geht nicht anders, wo Weibsbilder sind, und so hübsche noch dazu.
Es ist nicht viel verlangt, vom Schulmeister, der auch Regenschori ist in seinem Dorfe.
»Vroni«, sagt er, »ich singe beim Gottesdienste das Kirchenlied verteufelt schwer ohne Begleitung. Du wirst wohl müssen mitmachen. Probiers mit der Klimper daheim.«
Sie probiert's. Denn das war schon lange ihr heimlich Verlangen, sie möchte den lieben Gott mit Musik ehren. Der Vater lobt sie dafür, aber der liebe Gott kommt schlecht zum Teil. Spielt sie daheim auf der Klimper, so denkt sie: dem Vater zulieb! Und spielt sie in der Kirche die Orgel – lieber Himmel, an wen denkt sie da?
Studenten sind sonst nicht gerade die eifrigsten Kirchgeher gewesen; aber neuestens scheint unsere Jugend doch wieder religiöseren Sinnes zu werden. »Nun, es hätte auch nicht mehr länger so fortgehen können auf der Welt«, meint der alte, sittenstrenge Schulmeister, der des Gemeindeschreibers Hans vor zehn Jahren zur Firmung geführt hat, und der nun die Freude genießt, den Hans, welcher auf den Ferien im Dorfe ist, jeden Sonntag in der Kirche zu sehen. Es ist ein netter Bursche. Scheint auch seinen alten Firmpaten immer noch lieb zu haben, weil er sich bisweilen umwendet und auf den Kirchenchor guckt. Ist eine Seltenheit bei den jungen Leuten heutzutage, daß sie noch Anhänglichkeit haben.
»Ist dir was, Vroni?« flüstert der Schulmeister seiner Tochter zu, denn sie wird im Gesichte rot und blaß und wieder rot, und ihre Finger zittern auf den Tasten, daß der Klang nur so wunderlich hinausfibriert in die Kirche, als wäre es ein herzinniges Beten.
Am nächsten Nachmittag kommt Hans, der Student, ins Schulhaus. Die Vroni schaut er

Tiroler Dirndl

nur flüchtig an, grüßt sie kaum. Sie macht sich auch nicht viel aus ihm, sondern geht in den Garten, um die Blumen zu begießen – es hat schon lange nicht mehr geregnet. Der Student setzt sich zum Alten und sagt, er wollte jetzt in der Vakanzzeit doch wieder ein wenig Musik machen, daß er nicht aus der Übung komme und die Liebesmühe, die sich der Herr Schulmeister voreh mit ihm gegeben, nicht ganz umsonst gewesen sei. Ob er es erlaube, der Herr Schulmeister, daß er Sonntags auf dem Kirchenchor mitgeigen dürfe.

Dem Alten tritt das Wasser in die Augen. Jetzt hat der schon drei Semester Universität und will sich noch neben den geringen alten Mann stellen und ihm Gott und die Welt angeigen helfen.

Und so ist das schon am nächsten Sonntag eine Harmonie auf dem Chor, daß Himmel und Erde lachen. Doch der Student ist gar ein gewissenhafter junger Mann, er findet, es könnte besser sein, es täte größere Übung not, und es würde nicht schaden, wenn er die Vroni daheim, wenn sie auf der Klimper spielt, mit der Geige begleite.

Auf das tut die Vroni schier ein wenig störrisch, doch ihr Vater sagt: »Schau, Tochter, an dem Hans kannst du dir ein Beispiel nehmen, mit welchem Ernst der Mensch die Musik betreiben soll! Übe dich nur zu seiner Violine, es wird auch dir nicht schaden.«

Da sie denn hernach im Stübel nebeneinander sitzen, das Dirndl und der Student, und jedes froh ist, daß die Saiten klingen, weil keines was zu sagen wüßte, tritt mitunter der Schulmeister ein: »Nu, wie steht's, wie geht's?«

Meint der Student allemal bescheiden: »Es könnte besser sein!«

Eines Tages legt er den Fiedelbogen auf die Schenkel, tut als ob er auch vom Klavierspiel verstünde, ergreift ganz geschmeidig des Mädchens Hand, und indem er ihre Finger auf die Tasten drückt, zeigt er ihr auf dem Instrument einen ganz neuartigen Klang. Sie zuckt ein wenig zurück und weiß nicht warum. Verlegen blickt sie seitwärts.

In demselben Augenblick tritt der Alte ein: »Nu, wie geht's mit der Musik?«

»Könnte besser sein«, meint der Student.

Es vergehen noch etliche Tage, die Musikbeflissenen machen Fortschritte; sie haben auch noch Muße, sich bisweilen gegenseitig in die Augen zu gucken – mein Gott, solche Augen, wie die Vroni hat, ein solches Gesichtel! und eine Stunde kommt – da könnt's nicht mehr besser sein. – Als der Alte eintritt, schlingt der Student just den Arm um den weißen Nacken des Mädchens und küßt es stürmisch auf die Stirne, auf die Augen, auf den Mund.

Der Schulmeister ist eine Weile sprachlos. Endlich, als er Luft bekommt, sagt er: »Da haben wir's. Es ist doch genauso, wie mein seliger Oheim gesagt hat: Wenn sich ein sittsam Mädel das erste Mal zum Klavier setzt, so ist das gar fromm zu schauen. Hilft aber nichts. Die Weiber – eine wie die andere – lernen Musik machen, um die Männer anzulocken. – Aber, mein schlaues Töchterlein, jetzt merke dir das: Angelockt sind sie leichter als festgehalten. Was wirst für ein Instrument spielen, daß er dein Lebtag bei dir bleibt?« –

Der Besuch

Heimsuchung! – Wenn uns Gott heimsucht, da gibt es Kreuz und Leiden; wenn uns die Leute heimsuchen, da gibt es allerlei Artigkeiten und manchmal ein wenig Tratsch. »Vi-

site« nennt's der Städter, aber der Bauer, der nichts gelernt hat und sich nicht deutlich ausdrücken kann, sagt: »Heimsuchen.«
»Geh, such uns heim einmal!« damit lädt dich der Landmann in sein Haus. Und wenn du in sein Haus trittst, daß du fein artig bist! Bauernhöflichkeit ist kein Spaß, die geht über die spanische Etikette.
Einstweilen wollen wir nur beobachten, vielleicht lernen wir etwas.
Die Muhme kommt! Die Muhme und die Godl.
Über das Gebirge sind sie gestiegen, um einmal nachzusehen, wie es dem »Knäbel« geht. Das ist ein seltsamer Besuch, und groß geht's her dabei.
»O jerum, das Bübel ist ja schon großmächtig! Und wie's wachsen tut! Die mutschönen Augen, die's hat! Ganz dem Vater seine Augen! Und Zahnerln kriegt's auch schon! Je, das ist schon gar! Schaut es an, das feist Bröckel! Aber na, herzig! Gehst her zu mir, Micherl! Seh, magst eine Birn, Micherl?«
Der Knab' ist bislang gegen die Weibsbilder noch stark zugeknöpft. Das soll sich aber ändern, sagt man. Um so offenherziger ist die glückliche Mutter. Wie dankbar ist eine Mutter, wenn man ihr Kind lobt! Und gar ein junges Weib, das den Ersten auf den Armen wiegt! Sie tut zwar scheinbar, als lehne sie ab; »halt ein bissel schlimm ist er!« »Und mag eh nix derwachsen!« Aber innerlich ist ihr das wärmste Lob, das ihrem Sprößling gespendet wird, eigentlich noch zu kühl.
Oder geht's dem Vater besser, der hinter ihr steht und mit großem Behagen den Rauch von der Pfeife bläst? Nicht der Rauch ist es, was ihm heute gar so wohltut; die Lobsprüche der Muhme und der Godl sind's, die dem Sohn gelten. Besonders erkenntlich für die Ehren, die dem jungen Herrn des Hauses angetan werden, ist der Türkel. Dankbar beschnüffelt er die Besucherinnen; wer es weiß, wie er gestern einem wandernden Handwerksburschen in die Beine gefahren ist, der muß sein heutiges Wohlwollen schätzen.
Jählings sagt nun aber die Mutter zum Mann: »Geh nimm den Micherl! Eilends nimm ihn!«
Der Vater sieht's wohl ein, er hat ihn gegeben, er muß ihn auch wieder nehmen. Er tut's, kostet ihm aber die mit Neusilber beschlagene Pfeife, die ihm der kecke Junge aus dem Mund schlägt. Micherle! Ich wette, du wirst froh sein nach etlichen Jahren, wenn dir's der Vater nicht heimzahlt!
Die Mutter ist in die Küche geeilt und nun einen Augenblick unentschlossen, ob sie einer Henne an die Eier oder an's Leben soll! Doch an die Eier! Das kostet weniger – Zeit.
Während es in der Küche prasselt und schmort, läßt sich in der Stube der Micherle von den Weibsbildern fangen. Da zappelt er in den Armen der Muhme, aber – entweder sie ist zu groß oder er zu klein – das Verhältnis geht bald in die Brüche.
Der Tisch wird gedeckt mit dem Festtuch, es kommt die Pfanne mit dem dampfenden Eierkuchen.
»Halt ein klein Bissel was«, meint die Bäuerin, »trau mich weiter hell nit recht damit für. 's ist nit gar gut geraten; tut's doch nur verkosten.«
»Ah, narrisch!« sagt die Gevatterin, »das wär schon gar zu viel! Aber so was! Desweg sind wir nit kommen, desweg. Gar kein Brösel, daß wir Hunger haben. So viel Umständ' machst! Eine Grobheit, daß wir da hergehen essen. Da müßt's wohl auch mithalten allzwei. 's selb' wohl, 's selb!«
Für einen Hunger wär's eh zu wenig, sagt die

Der Besuch

Bäuerin. Sie tät auch allemal so viel essen, wenn sie zu der Gevatterin käme. Nein, mithalten nit, sie würden es schon selber wegbringen.

Ähnliche Artigkeiten werden nie außer acht gelassen, wenn im Bauernhause geschätzter Besuch ist. Und wie sich die Besucherinnen endlich an die Speise machen, geht's nicht minder fein dabei zu. Ganz kleine Bissen werden in den Mund gesteckt, gleichwohl es nicht fehlte an Raum und Neigung für größere. Ein Rest muß in der Pfanne bleiben, so verlangts die Art.

Hernach gibt's noch allerlei Köstlichkeiten. »Wenn Weiber auseinander geh'n, so bleiben sie noch lange steh'n.« Man weiß ja. Mitten in der Stube ein Ständchen, an der Tür ein Ständchen, am Haustor ein Ständchen, am Angerzaun auch noch eins. Und dann: »Behüt' euch Gott! Und noch einmal ein vergelt's Gott! Und bleibt's gesund beieinand! Schau, ein Bussel muß ich wohl noch haben vom Micherl! Nit? Keins gibst her? Ein Kreuz laß dir machen über dein Gesichtel! So! Behüt dich Gott, Schatzhaufen, herziger! Und dir auch, Bäurin, noch einmal behüt Gott und nichts für Übel haben! Such uns heim bald! Und was wir gesagt haben, bei dem bleibt's. Aber jetzt müssen wir gehen, sonst kommen wir in die Nacht hinein. Behüt euch Gott beisamm'! Jesses, jetzt hätt' ich bald was vergessen, du Bäurin, muß dich noch fragen von wegen –«

So geht's von neuem wieder an und kämen nicht Nacht und Nebel und andere zwingende Trennungsursachen, die Weiber stünden so lange beisammen, bis die Bäuerin anstatt des kleinen Michel einen großen auf dem Arm hätte. Und die Muhme wäre mittlerweile alt geworden.

Ja, liebe Weibsleute, das Abschiednehmen ist ein gefährlich Ding, man kann alt werden dabei. Darum gibt's so viele alte Weiber. – »Behüt Gott das letztemal!«

Ein Alpenstrauß

Wenn die Winterfröste und Nebel den Kreis enger ziehen um unser Haus und unsere Sinne, dann steht ein inneres Leben auf, in welchem sich die sonnige Welt, die wir einst geschaut, schöner widerspiegelt, in welchem vergangene Sommer erst zu ihrer Geltung und Bedeutung kommen.

Die Eisblumen an den Fenstern erinnern ja doch auch an ihre Namensschwestern auf grünen Matten, mit denen wir einst unsere Liebesverhältnisse gehabt. Vielleicht daß diese gespenstigen Fensterblumen in manchem böses Gewissen erwecken: Hast du kein Blümlein gebrochen, weil es schön war? und hast es nicht wieder von dir geworfen, als es welk geworden?

Wunderlich, wunderlich, daß die Außenwelt immer und überall ein Gleichnis ist von unserem inneren Leben! Die Natur führt Tagebuch über unser Tun, zwar oft nur in der Blumensprache, aber immerhin deutlich genug.

Der Schnee ist vergangen, die Sennhütten stehen noch leer auf den Höhen, doch möchte ich wissen, warum jene sonst frischgrünen Kuppen so seltsam erröten? So erglühen die Wangen der Jungfrau, wenn sie das Verhängnis des Herzens zu fühlen beginnt. Die *Alpenrosen* blühen. Sie haben ihre Glut gebreitet vom Rande, wo der Wald aufhört, empor über die freien Höhen. Sie haben den dämmernden Grund der Legföhren durchbrochen mit ihrem hellen Rosenlichte. Die Luft ist erfüllt mit ihrem Hauch; den Alpenbalsam nennt man sie, und wer ihren süßen Duft trinkt, der muß jauchzen, denn er wird berauscht in Freude und Luft – denn wißt, auch den Alpenrausch nennt man sie.

Warum die immergrünen Blätter so sehr an die Myrte gemahnen! Kelchförmige Blumenkronen, ein Tröpfchen Taubalsam auf rosafarbenem Grund, goldene Staubfäden, der halbverborgene Fruchtknoten schämig winkend, und das im glänzend grünen Myrtenwald! Die scharfen Härchen und Dörnchen sieht man aber nicht, die knorrig derben, harzigen Stiele und Zweige ahnt man nicht, bis man sie fühlt. – Und trotzdem ist der rote Blumenstrauß nur schön, wenn du auch ein Zweiglein der grünen Myrte dazutust.

Wissen will man, daß die Alpenrose einst dem alten Donnerer zugehört habe; ihr flammendes Rot hätte sie vom Blitz, den sie anziehe. Darum heißt man sie auch die Donnerrose. Man hat sie nicht gerne in der Nähe der Hütten, und die Almer weichen ihr an wetterschwülen Tagen aus.

Im Schwabengebirge lebt ein Jäger, der in den Nächten über Alpenrosengebüsche den Schimmer von blauen Flammen sehen will. Das wäre das Schmiedfeuer, meint er, in welchem der Donnerer die Blitze schmiede.

Andere Leute gibt es wieder, die den Blättern der Alpenrose wunderbare Heilkräfte zuschreiben, in Leibesschäden und in Seelennot – und der Glaube setzt sich auch hier in Kraft um.

Über 6000 Fuß steigt die Alpenrose gern empor, aber die Spitze des Glockner und die Gipfel der Ennstaleralpen sind ihr doch zu hoch, hingegen springt sie an diesen Bergen gerne neben den Schutthalden niederwärts bis zum Tal, wo sie unter den Menschen dann helles Entzücken erweckt.

Ein Hochtourist ist das nicht, der von seiner Partie auf dem Hut Alpenrosen mit heimbringt, er erging sich dort, wo die Berge noch freundlich und hold sind.

Um Pfingsten herum ist's, daß die Alpenrose sich entfaltet, und verlischt das rote Leuchten erst ganz, bis der erste Schnee die Sennin von den Almen treibt. Dann hat sie ihr Freudenfest vollzogen und geht ans stille Auswachsen und endlich ans Hinneigen zu ihrem Kalkboden und ans Ruhen unter den Lasten des Schnees.

Heimisch ist die Alpenrose dort, wo die Berghäupter hinausschauen auf die blaue Fläche des mittelländischen Meeres, und heimisch ist sie auch dort, wo die letzten Höhen hinabblicken auf die grauen Ebenen Pannoniens; so webt sie über den ungeheuren Felsenkörper der Alpen ihren rosigen Schleier. Gelehrte haben sie schon nach dem Heimatschein gefragt, ob sie wohl auch zuständig sei in unseren Zonen, und was sie für Vorfahren aufweise? Und da haben sie es richtig herausgebracht, daß der Rhododendron hirsutum, und auch sein rostiger Verwandter, der Rhododendron ferrugineum, weit hinten in Skandinavien daheim sei. Es sollen ja auch die meisten anderen Alpenpflanzen, deren man nicht weniger als 693 Arten zählt, von dort heraufgekommen sein, teils zu Wasser, teils zu Land, teils auch durch die Luft, wie die Pflanzenwelt in ihren Samen und Keimen eben wandert. Ich glaube aber nicht an diese sonderbare Alpentouristik der Pflanzen, ich glaube, daß die Alpenpflanzen nur aus den Bedingungen und Zuständen der Alpen entstanden sein können, weil sie ja auch, wie echte Kinder der Alpen, an Heimweh vergehen, sobald sie sich auf fremde Erde getragen oder verirrt sehen.

Der Alpenstrauß

Wenn ich bisweilen zu meinem Liebchen sage: »Du bist wie eine Blume!« so meine ich dahinter aber nicht die üppige Alpenrose, und auch nicht das bescheidene Veilchen – ich meine vielleicht das lieblichste und das holdeste der Alpenblümlein – das süße *Kohlröschen.* Manche beschwerliche Partie habe ich unternommen, um dieses Liebchen zu werben. Man trifft es nicht häufig, und etliche Male habe ich mir auf der hohen Veitsch und auf dem Stuhlegg die Füße wundgegangen, ohne es zu finden. Ein süßer Duft, der mir bisweilen entgegengeweht, lockte mich: »Suche, suche, du bist nicht weit davon!« Ich fand allerlei Holdes auf den Matten, zwischen dem Knieholz, zwischen den Steinen und in den Hütten, aber das kleine rote Wesen fand ich nicht.

Mitten in einer Juninacht stand ich vom Schlafe auf und stieg den hohen Lantsch hinan, um den Aufgang der Sonne zu sehen. Als ich hoch über der Teichalpe zwischen den weißen Steinen dahinging, befiel mich die Müdigkeit, ich legte mich aufs Gras und schlief ein. Als ich erwachte, schien die warme Sonne vom blauen Himmel hoch auf mich herab, und das erste, was mir auffiel, war, daß heute die Sonnenstrahlen gar so lieblich dufteten. Dann sah ich's aber bald, ich lag mitten in einem Wildgarten von Alpenblumen. Da war das metallisch schimmernde Alpenglöcklein und wiegte, als wollte es zu meinem Erwachen das salve regina läuten: Gegrüßet seist du, Königin Natur! – Dann war die zartblütige Viola alpina; dann hielt die herrliche Gentiane ihren blauen Kelch her – ein Morgengläschen Enzian: ich bring dir's! Auch die Gemswurz war da und schaute mich mit ihrer gelben Rose fragend an, ob ich wohl schwindelfrei genug wäre, um die Zinne des Hochlantsch mit ihrem gräulichen Nordabhange zu besteigen, oder ob sie mir mit ihrem Safte dienen dürfe, den nicht einmal die Gemsen verschmähen wollten, wenn welche hier wären. Und unter diesen und anderen Wundern Gottes war hundertfältig das Kohlröschen. Es wiegte seine erdbeerförmige Blüte auf langen Stengeln, es lugte halb versteckt aus Moos und Federgras, und es erfüllte die Luft mit seinem unbeschreiblich feinen Gewürze. Ist die Alpenrose berauschend, so ist das Kohlröschen betäubend, ist wie eine gütig tröstende und beruhigende Freundin, die einen schmeichelnd und streichelnd leicht in den Schlummer lullt. So eine braucht man bisweilen, und darum heißt es auch, daß der ewige Jude das Kohlröschen freien wollte, worauf das schalkhafte Ding geantwortet: als ein langes Leben mit einem Alten, sei ihm ein kurzes mit einem Jungen lieber. – Und allemal dieselbe Bedeutung hat es, wenn dir ein hübsches Mädchen in der Blumensprache ein Kohlröschen überreicht. Über Langlebigkeit hat die zarte Pflanzenmaid allerdings nicht zu klagen; wird sie zu Pfingsten geboren, so ist sie zu Fronleichnam in der vollsten Blüte ihrer Schönheit, und ehe Peter und Paul ins Land kommen, sind ihre Reize verfallen.

Die Farbe des Kohlröschens ist zumeist schwarzpurpurn, aber die lichtkarminroten Arten sind begehrter und riechen noch feiner. Sie werden in manchen Gegenden Blutstropfen Christi genannt.

Obgleich das Kohlröschen bis zu sechstausend Fuß in die Alpen hinaufsteigt, so hat es doch etwas üppig Weichliches, etwas Orientalisches an sich. Es erschien mir oft wie das Sinnbild jener braunroten, Honigsüße hauchenden Geliebten, von der das hohe Lied

singt: »Wie schön du bist! Ende meinem Herzen diesen Zauberbann! Aufgelöst in Sehnsucht, nimmermehr begnügter, schmacht' ich hin und sterbe, sterb' an deinem Glücke, das die Brust, die schwache, menschliche, nicht fassen, nicht ertragen kann.«
Hat des Kohlröschens Wohlduft holde Gefühle aufgeweckt, hat uns sein Purpur entzündet, so wird uns das ruhigere Leontopodium alpinum, *Edelweiß*, wohl ein wenig kühlen.
Es sollte eigentlich rot sein, das Edelweiß, von dem Blut gefärbt, das seinetwegen schon ist vergossen worden! Der Sagen von abgestürzten Edelweißsuchern sind unzählige. Heute ist es freilich zumeist der Drang nach Gelderwerb, der den Burschen hinanhetzt in die unwirtlichsten Hänge, um mit gieriger Hand oder scharfen Haken die silberweißen Sterne aus den Runsen des überhängenden Gesteines zu reißen, wo sie auf spärlicher Erde wachsen. In großem Korb schleppt er die Blümchen zu Tale und verkauft das Tausend um zehn Gulden. An den Eisenbahnstationen sind die Exemplare zierlich gepreßt oder auf Tannenzweige geheftet um zehn Kreuzer zu haben, und die Gassenjungen tragen Edelweiß auf ihren Hüten und dünken sich damit mehr als um zehn Kreuzer wertvoller.
Das Edelweiß kann weder durch ein farbiges Leuchten, noch durch Geruch bestechen, doch hat es in seinem weichen Pelzlein große Schönheiten, die aber das triviale Auge nicht sieht. Man soll sich den oft überaus schön gezeichneten Stern einmal betrachten, oder die rosmarinförmigen Blätter, oder das zierliche Samenkörbchen, in welchem Edelweiß vorbereitet ist für unsere künftigen Generationen, die seine Bedeutung vielleicht wieder erkennen werden.
Ich bin ein so großer Verehrer dieser Bedeutung, daß ich gegen die Ausrottung des Edelweiß – keine Vorkehrungen treffen möchte. Soll es als Wahrzeichen der Hochalpen wieder zu seiner wahren Geltung kommen, so muß es seltener sein. Ganz ausrotten wird man diese Pflanze niemals können; die raublustigen Hände erhöhen für die Zukunft nur ihren Wert.
Die Alpen und Karpaten sind die Heimat des Edelweiß; es kommt nicht just dort vor, wo die Berge am höchsten, sondern lieber dort, wo sie am schroffsten sind. Im Juli, wenn die Alpenflora sich schon zu dämpfen beginnt, steigt das Edelweiß heraus und erwartet mit Ruhe die Herbststürme, um sich in denselben auf seinen Stengeln zu wiegen. Was es dann im Winter macht – danach zu fragen und zu graben – nein, lassen wir ihm Ruhe.
Und gar in den schönen Kunstgärten herunten soll sie wachsen, diese Pflanze, deren Wert ja stets nur darin bestand, daß sie dem Finder und Pflücker ein Zeugnis des Mutes ablegte, daß sie auf dem Hute des Gemsjägers, des kühnen Touristen eine Siegestrophäe war von der Eroberung einer hohen trotzigen Felsenfeste. Aber wie die große Menge schon alles Hohe und moralisch Wertvolle mißzuverstehen pflegt, und immer wie instinktiv geneigt ist, solches zu sich herabzuziehen, so äfft sie gedankenlos auch den Edelweißkultus nach. Daß in unseren Gärten neben der prunkenden Aster und dem gedunsenen Kohl das Edelweiß vor Ärger grün und gelb wird, ist wahrlich kein Wunder. Daß es in dem wärmeren Klima bald den Pelz abwirft, ist ebenso selbstverständlich, und so bleibt schließlich ein Ding übrig, das weder weiß ist noch edel, und an Schönheit nur mehr jener Abart gleicht, dem Leontopodium la-

neum, das aus altem weißem Kommißtuch erzeugt wird.
Da war's einst anders. Wenn so ein Junge dem Mädchen beteuerte, daß er ein Mann sei, so konnte er wohl die Entgegnung hören: »Wenn du ein Mann bist, so hole mir Edelweiß, dann will ich dich anerkennen.« Das war in der Tat eine gute Probe, denn, wer sich aus Liebe einmal in Lebensgefahr begibt, für den mag sich die schöne Maid schon ausspielen – ich nähme sie aber nicht. Mir ist eine lieber, die mich gar nicht in Gefahr schickt. Wenn dann einer nach vergeblichem Werben im Abgrunde lag, den Edelweißstrauß für die Liebste an der Brust, eine anklagende Bestätigung: Er ist ein Mann gewesen! Da war des Jammers kein Ende bei der schönen Maid, die den Treuen in den Tod geschickt und endlich den Untreuen nehmen muß, wenn sie einen haben will. Und haben will sie freilich einen.
Ja, in diesem Fall ist's weitaus am besten, die junge Almerin guckt sich das Mannsvolk, das aus Tälern und Städten zu ihr hinaufsteigt, gut an. Und dem, der ihr am besten gefällt, nimmt sie den Hut weg und steckt ihm einen frischen Alpenstrauß daran. *Sie* ihm! Es ist weitaus am sichersten, sie wählt selbst, als sie läßt sich wählen, wozu erstens viel Glück gehört, daß der Rechte wiederkommt, und zweitens viel Geduld, bis er den Mund auftut. Gerade die feinsten Jungen wollen oft nicht heraus mit der Farbe. Ein Alpenstrauß von ihrer Hand auf seinem Hut erspart alles überflüssige Reden und Schreiben.
Sollte es nicht auch unser Maler so gemeint haben, welcher uns das liebe Bild: »Der Alpenstrauß« verehrt hat? – Es steht zu vermuten.
Boshafte Leute sagen, die Alpenrose sei das Sinnbild der Ehe, das Kohlröschen das Sinnbild der Liebe und das Edelweiß das Sinnbild der Treue. Da hätten wir's nun in drei ganz verschiedenen Gewächsen, was wir bisher für eine heilige Dreieinigkeit gehalten haben. Vielleicht macht sich's doch besser, wenn ich sage, die Alpenrose erinnert an den Rausch des Schwärmens, das Kohlröschen an die Betäubung im Genusse, das Edelweiß an die Tatkraft des Mutes.

Der verwundete Jäger

Der Jäger ist immer in Feindesland. Und kein Waffenstillstand, kein Friedensschluß. Die Wildschützen sind unaustilgbar und unversöhnlich, haben aber flinke »Läufeln«. Der Waldmensch bildet sich ein, das Wild habe der Herrgott für alle erschaffen, oder gar nur für die Armen, niemals aber für die Reichen, für die Schloß- und Stadtherren allein. Nach diesem Glaubensartikel wäre es freilich kein Wunder, daß sich so ein Waldteufel »seine Sach« mit Gewalt nähme, wenn's mit List nicht geht. Aber die Kugel trifft nicht den Herrn, sondern des Herrn Knecht, den Jäger.
Da mag der Jäger munter fortgezogen sein von seinem Hause; hat geschäkert noch mit den Kindern, geherzt noch mit dem Weibe; sie hat ihm frommgläubig Weihwasser nachgespritzt mit den Fingern, ein Tropfen hat ihn getroffen, er hat nichts gespürt. Ein paar Stunden später hat ihn draußen im grünen Walde ein Bleikorn getroffen. Das hat er gespürt. Es wäre vielleicht der Brust zugedacht gewesen, denn der Wildschütze meint: was vom Herzen kommt, das geht zum Herzen! Aber der liebe Schutzengel, zu dem das Weib daheim täglich ein Vaterunser betet, ihres

Der verwundete Jäger

Mannes halber, der hat die Kugel im Flug gewendet, daß sie nur des Jägers Kopf streift.
So bringen sie ihn jetzt heim. Das Weib hat just den Jüngsten im Bade gehalten, als das Unheil hereintritt. »Erschreck' dich nicht, Weib, es ist nichts«, sagt der Jäger, allein, sobald sie ihn jetzt loslassen, sinkt er ohnmächtig zusammen.
Aber schier noch in größerer Gefahr, als der Vater auf dem Erdboden, ist das Kindlein im Bade, bis es endlich von den Armen des erschreckten Weibes aus dem Wasser gerissen und auf das Bett geworfen wird. Der Jäger kommt zu sich, wischt sich Schweiß und Blut von der Stirne und sagt: »Jetzt ist's schon gut. Es war nur, weil ich nichts Warmes im Magen hab'.«
Es wird diesmal wieder gut, Gottlob, und dann kommt ein lustiger Tag. Zwei Gendarmen marschieren vorbei unter blinkenden Bajonetten, und zwischen ihnen geht, mit gefesselten Händen und den verwitterten Hut in die Stirne gedrückt, ein bärtiger Geselle. Der ist's! Der hat auf den Jäger geschossen.
Zum Fenster guckt er heraus, der Genesende. Der Wilderer schleudert einen kurzen Blick hin, und in diesem liegt eine Prophezeiung, vor welcher dem Jäger grauen müßte, wenn er nicht viel trocken Pulver im Horn und Mut im Herzen hätte. »Freunderl«, sagt der Blick des Wildschützen, »wir kommen noch einmal zusammen und nachher schieß ich besser!«
Das Gesetz sagt: so lange sitzen und nicht länger! Und streicht er dann wieder um in der Gegend, so hat das arme Weib des Jägers keine ruhige Stunde mehr.
Und Suchkugeln hat er! Das sind gehexte Bleikugeln, die nur losgeschossen zu werden brauchen; der Schütze denkt sich dabei ein beliebiges Ziel, die Kugel sucht es und findet es! Ja, der Wildschütze kann den Teufel brauchen! Er wäre noch hundertmal gefährlicher, er ließe sich von keinem Jäger verscheuchen, von keinem Gendarmen fangen, wenn sein unsichtbarer Kamerad nicht manchmal boshaft wäre.
Auf diese Bosheit des Teufels rechnet der Jäger, wenn er des frühen Morgens frisch und heiter in den Wald geht. Und das ist auch unser Trost – wer den Teufel zum Genossen hat, der ist ein armer Wicht; dieser höllische Schlechtling war nur solange schlimm, so lange man ihn gefürchtet hat. Und der Wildschütze ist heute auch nicht mehr so martialisch, als ihn die liebe Romantik gemacht hat – er läuft lieber als er schießt, und wenn ihn der Jäger nicht verfolgt, so schlichtet sich's stets zu beiderseitigem Wohlgefallen.

Mußestunde

»Geh, Lipple, nimm lieber ein Büchel in die Hand und tu das Evangeli beten, oder den Katechismus, oder was anderes. Ist gescheiter, wie das Umstromern draußen mit den Knechten; lernst nichts Gutes dabei – bei den Knechten.«
Dergestalt wird der Knabe von seinem Vorgesetzten wohl aufgefordert an Sonntagnachmittagen, und weil er ein braves Bübel sein will, so sucht er sich ein Büchel, setzt sich auf die Bank und hebt an, laut zu »beten«. Das Hannerle hilft ihm auch dabei, und da machen sie sich an die Geschichte der heiligen B – ü – s – Büs, s – e – r – ser, Büsser, i – n – in, Büsserin, M – a – g – Mag, d – a – da, Magda, l – e – le, Magdale, n – a – na, Magdalena. – Noch kümmerlich geht's, das »Beten«, wir sind

Mußestunde

nämlich erst beim Buchstabieren. Was Wunder, wenn es dem Knaben bei der Andacht einfällt, wie das wäre, wenn er dem Hannerle, das so nahe bei ihm steht, ein wenig auf die Zehen treten täte!
»Auweh!« schreit diese, als er's tut. »Gib her das Büchel, ich will einmal die heiligen fünf Gebote der Kirche oder die heiligen sieben Todsünden herausbeten.«
Da lacht der Knabe auf. »Du Saggera, die sieben Todsünden sind ja gar nicht heilig!«
»Was denn?« wendet das Mädel ein. »Wann sie im Büchel stehen, werden sie wohl heilig sein.«
»Probiers!« sagt der Knabe. »Wird dich der Teufel gleich haben, der Saggera!«
»Geh weg!« ruft das Hannerle und stößt den Knaben mit dem Ellbogen. »Die Mutter gibt mir alle Tag, wann ich aufsteh und schlafen geh, einen Weihbrunn, da kriegt er mich nicht. Aber dich kriegt er, wann du alleweil Saggera sagst! Saggera sagen ist Sünd! Da nachher kommt der Schwarze mit der glühenden Zang' und reißt dir die Zung' heraus! Ja, wirst es schon sehen!«
So ernsthaft ist das vorgebracht, daß der Knabe ein wenig unsicher dreinschaut.
»Wie weißt denn du das?« fragt er hernach.
»Weil mir's die Mutter gesagt hat.«
»Und wer hat's der Mutter gesagt!«
»Der hat's der Pfarrer gesagt, und dem hat's der Bischof gesagt, und dem Bischof hat's der Papst gesagt.«
»Und wie weiß es denn der?«
»Du bist dumm!« versetzte das Mädel mit Entrüstung, »der wird's doch wissen – wenn er der Papst ist!«
»Aber der Pfarrer«, wendet das Lipple nun, »der sagt ja selber: Saggrament, und gar in der Kirchen drinnen!«
»Ja das ist was anders! Der Pfarrer, der tut es beten! Aber du tust es fluchen, mein Lieber!«
Der Knabe zuckt die Achseln.
»Ja kommst in die Höll!« sagt das Mädel mit grauenhaft ernster Miene.
»Saggra nein, in die Höll kommen mag ich nicht!« meint er. Darauf blättern sie und suchen ein anderes Kapitel.
Wollt ihr ihnen noch weiter zuhören, den zwei Kindern bei ihrem Gespräch in der Mußestunde? Sie erläutern die tiefsten Geheimnisse, sie verspotten unbewußt Himmel und Hölle, Gott und Menschen, und das Mädchen weiß alles.
»Wissen tust du mehr, und können tu ich mehr«, sagt plötzlich der Knabe, steckt seinen Daumen zwischen die gekrümmten Zeige- und Mittelfinger und streckt diese Figur dem Mädel vor.
»Das kann ich auch!« sagt das Hannerle, macht dieselbe Sache mit beiden Händen und hält sie dem Knaben unter die Nase.
So gehts in der Welt. Stell zwei Kinder zusammen und ihr habt ein lebendiges Gleichnis von der ganzen Menschheit. Eine große Wichtigtuerei und ein Ziel mit Hohn und Nichtigkeit.

Der Schmied von Kochel

In diesem Bilde steht jene unheimliche Christnacht leibhaftig wieder vor mir, die ich als Knabe in der Waldheimat durch unsern alten Knecht erlebt.
Dieser Knecht hatte damals durch das Fenster hinausgeblickt über die stillen mondbeschienenen Waldberge und hatte ausgerufen: »Das wäre heute wieder einmal eine Christnacht zum Herrenderschlagen!«

Darauf hatte ihn mein Vater gefragt, wieso er in dieser heiligen Gottesfriedennacht eine so wilde Red' sagen könne! Er war ja doch sonst nicht blutdürstig, der Markus, war als Bauernknecht alt geworden, ohne sich viel Besseres verlangt zu haben, war in manchem gar unterrichtet und belesen und war ein Rebell einzig nur gegen die Knödel, deren er alle vertilgte, die ihm zu Gesichte kamen und sich nicht eilig in anderer Mägen verkrochen. Er war ein geborner Oberbaier – und wie sich die Baiern seit jeher gerne nach Steiermark gezogen haben, so daß wir sie als unsere Vettern betrachten können – so war auch der Markus in seiner Jugend als Holzarbeiter in unsere Waldgegend gekommen und in derselben verblieben.

Auf den Verweis meines Vaters antwortete nun der alte Knecht: »Ich hab nur daran gedacht, weil mein Großvater einmal in der Christnacht mit auf ein Herrenderschlagen ausgeruckt ist.«

Wieso sich das zugetragen hätte? fragten nun mehrere in der Stube, und ich kroch sachte zum Markus und streichelte ihm das glatte Kinn – denn die grauen Bartstoppeln hatte er sich eben früher weggekratzt – und bat ihn wohl flehenden Blickes, zu erzählen, wenn er was wisse.

Er wußte in der Tat was, und nachdem er sich auf der Sitzbank sein »G'stäm« Tabak geschnitten hatte und sich davon den Nasenwärmer festgestopft, hub er an zu erzählen:

»Ja, meine Leut, her ist das freilich schon lang. Mein Großvater ist dazumal noch ein junger Bursch gewesen in meiner Heimat Tölz im Baiernland. Als Greis, wenn er hat erzählt von derselbigen Christnacht, sollen ihm allemal die Haar zu Berg gestiegen sein – heißt das, die er noch gehabt hat.«

»Das ist wieder ein langes Umsieden, ehvor der einmal in eine G'schicht hineinkommt!« So verübelte die ungeduldige Magd ihm seine Einleitung.

»Laß nur Zeit!« sagte der Alte und zündete sich jetzt die Pfeife an, was auch nicht just ohne Umständlichkeit vor sich ging. »Laß nur Zeit, Dirn«, sagte er und probierte, ob das Zeugel auch den richtigen Zug habe, »es sind hunderfünfzig Jahre vergangen, eh du von der Geschichte gewußt hast, so wird dich deine Neugierigkeit für das klein' Echtel Zeit auch noch nicht umbringen.«

Mehrere von uns winkten mit den Augen und beiden Händen, daß doch alles still sei und ihn keins mit einer Bemerkung unterbreche. So fuhr also der Markus beruhigt fort:

»Dazumal haben in Baierland die Österreicher gewirtschaftet, und schier grob, will ich meinen. Der bairische Kurfürst soll der Narr gewesen sein und es mit den Franzosen gehalten haben. Das hat den deutschen Kaiser arg verdrossen, hat die Österreicher ins Land geschickt und in die Hauptstadt München, wo sie sich festgesetzt, als wären sie schon tausend Jahr dort daheim gewest. Den Kurfürsten haben sie verjagt und vogelfrei gemacht, daß ihn jeder dürfen niederschießen – heißt das, der ihn erwischt hätt'. Die Frau Kurfürstin, die von einer Reise nach Venedig zurückkommt, haben sie gar nicht mehr ins Land gelassen; den jungen Prinzen haben sie zu München gefangen gehalten. Stadt und Land haben sie mit Füßen getreten, vom Bauernstand nichts als alleweil Rekruten ausgehoben, und wem's nicht recht gewesen, oder wer eine Waffe hat bei sich getragen, den gleich niederschießen oder henken – mein Gott, wie es der Feind macht. Ich glaub, es werden unter den Österreichern, die bis ins

Der Schmied von Kochel

Baierland geschickt haben, auch mehr Böhmen und Ungarn und Kroaten gewest sein als Deutsche.

Nu, so haben die Baiern freilich gesagt: Lieber baierisch sterben, als kaiserlich verderben! und weil es von Jahr zu Jahr ärger ist worden, und weil sich die Bürgersleut und Soldaten nicht gerührt haben, so ist den Bauern endlich die Geduld aus'gangen, haben sich zusammengetan und in aller Heimlichkeit eine Kriegsmacht gestiftet von Dorf zu Dorf und einen heiligen Schwur getan, den Feind aus dem Vaterland hinauszuwerfen. Dem Regensburger Reichstag haben sie es zu Recht früher wissen lassen: die Notwehr zwingt uns! Zuschlagen müssen wir! Und wie die Lawinen vom Wendelstein, so sind sie herfürgebrochen aus dem Gebirg mit ihren Hacken und Sensen und Spießen und Morgensternen und Stutzen, und was sie sonst gehabt haben zur Wehr. Von Waakirch und Gmund und Tölz und Neuberg und Tegernsee sind sie her; auch vom Flachland, dort haben sie den Kaiserlichen schon allerhand weggenommen, als Simbach und Braunau und Hohenlinden, und wie sie alle heißen dort, die Ortschaften.

Als ihren Hauptmann haben sie den Baldhauser Schmied von Kochel genommen, ein baumstarker Mann, kuraschiert, klug und ehrenfest – zu Waakirch daheim. Vom selbigen Schmied hat mein Vater oft erzählt, er soll auch gegen die Türken ausgeruckt sein und so stark gewesen, daß er mit seinen zwei bloßen Händen ein Hufeisen hat auseinanderbrechen können. Also das ist der Hauptmann gewest, wie die Bauern in Haufen – an die dreißigtausend Mann stark – gen München rucken. Mit der Münchner Bürgerschaft hat er es schon heimlich verabredet gehabt; sie sollen bereit sein, in der nächsten Christnacht, wenn alles in den Metten und bei der Lustbarkeit ist, rucken sie an. Von dem Petersturm sollen die Bürger Raketen steigen lassen zum Zeichen, daß alles in Bereitschaft, hernach geschwind die Einlaßpforten öffnen und gemeinschaftlich den Feind niederkriegen. So ist's ausgemacht worden, und den Münchner Bürgern ist's recht gewesen.

Jetzt, so sollen sie hingezogen sein; mein Großvater hat die bairische Fahn' getragen. Ohne Schuß und Lärm, ohne Licht und Latern – heimlich ist's gegangen über das ebene Land, kernfeste Leut beisammen, und die Münchner, soll einer zum andern gesagt haben, die Münchner verlassen wir nicht!

Ein Teil hat sich in der Vorstadt Au festgesetzt und hergerichtet. Wie der Trupp, wo der Schmied dabei ist und mein Vater, über die Holzbrucken bei Schäflarn geht, da läutet die Bennoglocken auf dem Turm zu Unserer Lieben Frau in München. Die anderen marschieren über die Harlachinger Höh; so steinfest gefroren ist der Boden, daß sie meinen, ihre klingenden Schritte könnten die feindliche Wacht aufmerksam machen unten auf den Stadtmauern zu München. Weil aber ein Sturmwind anhebt zu gehen und Schneegestöber saust in der rabenfinsteren Nacht, so haben sie den besten Mut, es wird alles gelingen, und morgen ist München wieder die Hauptstadt im freien Baiernland. – Daß ein Judas unter ihnen gewesen, das haben sie zur selben Stund noch nicht gewußt. War halt ein Fehler, daß sie in ihre Sach auch Beamtenleut dazugelassen haben, und wo sich einmal so halbe Herren in die Bauernschaft mischen, da geht's nicht gut aus. Ein Pfleger, der schwarze Oetlinger, ist nach München gelaufen, hat den Herren alles gesteckt.«

»Der Höllsaggra!« mit diesem Zornruf ward der Markus unterbrochen und selbst der Haushund knurrte unter dem Tisch. Der Erzähler fuhr aber fort:
»Jetzt kommen die Bauern zur Brucken über den Isarfluß. In Gottes Namen, da gehts los! Die Wacht ist bald niedergeschlagen. Etliche laufen davon. Wieweilen sind die Manner von Land und Gebirg schon über die Kanonen kommen. Lustig geht's. Unsere liebe Frau! rufen sie, für unser Heimatland hilf uns! – Hinter her der Feind! Daß noch keine Raketen aufsteigt! sagt einer, sie kommen schon ans Tor. Die Vorderen fahren hin wie eine Katz auf die Maus, prallen aber wieder zurück – ihr lieben Leut, *das Tor ist zu!* – Hoch oben auf der Stadtmauer krachen schon die Gewehre. Jesus und Maria! rufen die Bauern, aufmachen! Das Tor auf, ihr kreuzverfluchten Münchner Bürger. Habt ihr's vergessen, was wir ausgemacht? Das Tor auf!
Zur selbigen Stunde waren die Bürger in der Stadt schon entwaffnet oder gefangen und bewacht, und die Soldaten schießen nieder von den Wällen, daß die Bauern nur so hinpurzeln übereinand. In dieser Not erfaßt der Schmied von Kochel einen Wagenbaum, schwingt ihn über Häupten und rennt ihn mit schreckbarem Fluchen ins Tor. Die anderen fahren auch drein mit Schlögeln, Hacken und Zwengern, Trümmer gibt's, das Tor bricht ein, aber es ist halt schon zu spät. Hellicht blitzt das Pulver da oben, von allen Seiten pfeifen die Kugeln herab, daß sie hinfallen, die Bauern, wie Maikäfer im Frühreif. Meinen Vater selber hat eine Kugel in den Arm getroffen und hat ihm noch ein Nachbar geholfen, daß er die Fahn' mögen retten. Freilich rasseln jetzt die Tore auf, aber Soldaten heraus, nichts als österreichische Soldaten. Alles flieht, der Schmied allein, der alte Mann, will in Verzweiflungswut mit seinem Wagenbaum in die Feinde rasen, schier mit Gewalt reißen ihn seine zwei Söhne mit sich. So geht sie hin, die wilde Jagd, über die Wiesen und Haiden gen den Ort Sendling. Dort auf den Mauern des Kirchhofs setzen sich die Bauern noch einmal fest, dort schwingt mein Großvater noch einmal die baierische Fahn', dort ruft der Schmied von Kochel noch einmal zum Streit. Ein wildes Schlachten hebt an, zu tausend fallen sie hin auf die Gräber. Die Söhne des Schmied, denen die Waffe aus der Hand ist gewunden, brechen Kreuze, um damit zu kämpfen. Da stürzt der alte Balthauser zum Tod getroffen hin und jetzt ist alles aus.«
Einen Augenblick war es ganz still in der Stube, dann sagte der Markus: »Die Mordnacht von Sendling, unter diesem Namen ist dieselbige Christnacht bekannt im Baiernvolk. Den aufständigen Bauern, die nicht erschlagen worden sind, denen ist's schlecht ergangen – geköpft und gevierteilt sind sie worden. Aber Reu haben wir nicht, sollen sie noch im Sterben gerufen haben, für die Freiheit und fürs Vaterland, besser können wir unser Blut nimmer verkaufen! Und so meine Leut«, schloß der Markus, »hat selbiges Herrenderschlagen geendet; es ist ein Bauernderschlagen draus worden. Aber wenn die alten Leut recht haben, die prophezeien allerweg, das Blatt wird sich noch wenden!«
Auf mich, den Knaben, hatte die Erzählung des alten Knechtes einen solchen Eindruck gemacht, daß ich die ganze heilige Christnacht kein Auge schloß. »Friede auf Erden den Menschen!« ich hörte den Gesang der Engel nicht, ich hörte nur das Knattern der Gewehre und sah das grause Toreinrennen des braven, unglücklichen Schmieds von Kochel.

Ankunft zum Tanz

Wenn das Dorf rhythmisch wird, ihr Leute, da geht's lustig zu! Auf der Kirchweih! Auf der Hochzeit! Der Himmel ist nur darum so schön, weil er voll Geigen hängt. Denkt euch's, auf dem Tanzboden: Die Schranken fallen, der Bursche geht zur Dirn, umarmt sie, tanzt mit ihr im Kreise, das Haupt legen sie einander auf die Schultern, die Brust drücken sie eine an die andere, sein Herz klopft heftig, klopft an ihrem Busen an. Es darf sein. Jetzt auf einmal darf es sein, was Eltern, Vormünder und Pfarrer sonst so strenge verbieten, jetzt auf einmal ist's erlaubt. Der Tanz ist ein Gottesfriedenkreis, in welchem sich auch solche umfangen dürfen, die sich still und ohne Hoffnung lieben, die auseinandergehalten werden, als hätten sie ihre Verdammnis durchzumachen schon auf dieser Welt.

Vielleicht zählt manches Kind die Tage des Jahres nur darum, weil es in demselben einen Kirchweihsonntag gibt; vielleicht beschließt es mit diesem Tag ein altes Jahr voll vergeblichen Hoffens und Harrens und beginnt ein neues voll vergeblichen Harrens und Hoffens. Aber so reich an Glück ist die eine Stunde, da sie beim Tanz ihr Haupt lehnen darf an seine Brust, so reich und licht, daß sie ein ganzes Jahr verklärt.

Um wie viel freudiger ist der Kirchweihtag erst für andere Paare, die sich nach mancherlei Frohem und Zärtlichem einmal auch musikalisch gern haben können!

Man soll den Wirt in Gold fassen, der es versteht, seine große Stube mit so vielen himmlischen Freuden auszustatten. Seine Voreltern, die Gründer des Hauses, längst schon sind in der Beinkammer ihre weißen Knochen aufgeschichtet, aber wohlweislich haben sie sich malen lassen vor Zeiten, damit sie wenigstens im Bilde niederschauen können von der Wand auf den Kirchweihtanz. Ist daneben im Bilde doch gar auch die Muttergottes da, um zur Abwechslung einmal eine irdische Seligkeit zu betrachten.

Die Musikanten stimmen ihre Geigen und Pfeifen; keine Klapper sperrt sich, keine Saite springt. Die Wanduhr hat man vergessen aufzuziehen, aber heute bleibt sie nicht stehen, geht freiwillig weiter, nur ganz leise, wie auf Socken, und der Zeiger weist bereits der guten Stunden erste. In der Küche unten – wer vorübergehend hineinguckt – da leuchtet, prasselt und duftet es; Ochsen, Kälber, Schweine, Hasen, Enten, Hühner – die halbe Arche Noahs hat sich opfern lassen und macht zum schlimmen Spiel jetzt gute Miene. Im Keller werden Fässer »angebeilt«, Flaschen aufgerichtet vom Boden, wo sie halb mit Erde bedeckt oder mit Staub, manches schöne Jahr verschlummert haben. Sie kommen aber noch früh genug.

In der Gaststuben sind die Tische zurechtgestellt und schier hochzeitlich gedeckt. Ein Pärchen oder das andere sitzt schon da, um einmal etwas Wein zu kosten, denn heute wollen wir einen süßen, weil *»sie«* da ist, und einen leichten, weil wir's bei etlichen Gläsern nicht bewenden lassen können.

Hallo, jetzt hört man munteren Lärm unten vor dem Hause, die Treppe herauf erschallen kräftige Fußtritte, auch weichere tappen mit – sie rücken an.

Die Tür springt auf. Der Birnbaumsepp von Funnersbach und seine Liebste, die Margaretel. Juch! Der Kraxentoni und die Seinige. Juch! Der Oberstamer Michel und seine Regerl. Und ihre Schwester, die Kathrin. Juch!

Juch! Die Kniereiter Buben und die Dirndln von Sunnberg; dort sind sie schön zeitig worden in der »Sunn«, haben Wangen wie die Bartelmei-Äpfel, so herzig weiß und rot; und Zähne wie »Kirschbaumblüh« lachen hervor zwischen den nelkenroten Lippen.
»Grüß Gott, Buben!«
»Grüß Gott, Dirndln! Ihr lieben, ihr herztausigen, ihr himmelherrgottsvertrampelten Weiberleut! Juch! Juch! Juch!«
So fahren sie zusammen. Der Schützenhans ist von seinem Stuhl aufgesprungen, hüpft ihnen entgegen und schnalzt mit den Fingern, mit der Zunge. Der Tonerl von Sunnberg taumelt er zu und trillert:

»Mei Dirnl is sauber
In Sunntaggwandl,
Und vor lauta Liab
Fibern ihr d' Fürtabandl!

Mei Dirndl kon tonzn,
Steht her wir a Pflonzn,
Draht si um wia da Wind,
Wans da rechte Bua nimmt!«

Der Kumpfhies, auch der Dodlraufer sind da und andere. Die Kathrin schreitet kühnlich voran, ihr tut keine Wahl weh, wem sie ihre Grußhand bieten soll – dem Hies. Aber der läßt sich mit einer Hand nicht genug sein, er nimmt auch die zweite, und so stehen sie da und lachen sich an. Man merkt es gleich, das sind alte Bekannte.
»Ist das Unkraut auch da!« sagt die Kathrin, denn bei den Bauersleuten, je spottender das Grußwort, desto besser die Bekanntschaft.
»Freilich bin ich da«, antwortet der Hies, »ich will mich neuzeit halt alleweil vor den sauberen Weibsleuten verstecken, und so bin ich auf den Tanzboden her, daß sie mich nit finden sollten.«
»Ein rechter Lapp bist!« ruft sie und fächelt mit der flachen Hand gegen sein Gesicht hin, »mir scheint, du bist noch der nämlich' Spitzbub, als der du in Grosdorf bist gewest!«
»Kann schon sein«, schmunzelt er. Sie verstehen sich.
Am Tisch dort steht der Schlägler Franz – der mit dem Blondkopf. Er ist schon in einer Unterhandlung mit der Christel. Schier bescheiden neigt er sein Haupt vor und wartet auf Antwort. Sie macht sich mit den Fingern was zu tun und schlägt auch ihre Augen drauf nieder und stellt sich, als ob ihr die Fingernägel wichtiger wären als das Anliegen des Franz. Die kurzen Worte, die sie nebenbei so heraushaucht, die deuten schier mehr auf nein als auf ja, aber plötzlich tut das Köpfchen ein ganz leichtes Nicken. Der Franz hat's nicht übersehen. Er schiebt ihr den Stuhl hin zum Niedersitzen. Die Frau Wirtin ist schon da mit Wein. Ein Bruderwein wird's, wo ihrer mehrere miteinandertrinken, denn heute wollen sie einmal gemütlich beisammen sein, das heißt, wenn –
Ganz hinten am Tisch, schier im Spielleutwinkel, dort sitzt er und lauert. Der wüßte schon manche zu kriegen, weiß aber keine festzuhalten, und drum will er anderen auch keine gönnen. Ihm geht's heute gar nicht ums Tanzen und Singen, ihm geht's ums Stänkern. Ihm geht's nicht um die Dirndln, aber ums Raufen. 's ist auch einer von denen, die keine Unterhaltlichkeit finden bei einer Kirchweih, wenn nicht gerauft wird. Allerhand Finten hat sich die Frau Wirtin schon ausgedacht, wie sie den Studel-Stin heut aus dem Haus brächte. Es ist ein Jammer um die Gläser, um die Fenster, um die Stuhlfüße, die *der* allemal kostet.
Mitten in die Fröhlichkeit schreit die dünne Stimme des Bartwedel-Peter hinein:

Ankunft zum Tanz

»Leut, aus ist's! Geht's eilends! Im Dorf beim Kreuzwirt soll ein gottssträfliches Raufen sein. Mit Dreschflegeln schlagen sie sich die Köpf' ein und bei der Haustür rinnt schon das helle Blut heraus!«

Der Studel-Stin hörts. Er hebt sich, schleicht fauchend an der Wand hin, huscht zur Tür hinaus.

Der kleine Bartwedel-Peter hebt an zu kichern, da verstehen sie ihn und lachen und laden ihn ein, ihr Gast zu sein den ganzen Abend.

»Aber wenn er wieder zurückkommt!« gibt der Birnbaum-Sepp zu bedenken.

»Der kommt heut nimmer zurück«, versichert der Peter. »Das Kreuzwirtshaus ist voller Leut, Holzknecht sind dort, Schmiede sind dort, ungarische Drescher sind dort, Teichgraber sind dort, Italiener und allerhand Leut! Wenn nicht schon gerauft wird, bis er hinkommt, der Stin, so hebt er frisch vom Fleck weg selber was an und macht nicht früher Feierabend, als bis er aufgeladen hat. Und wem die Schmiede und die Italiener einmal den Buckel voll laden, der geht am selbigen Tag nimmer auf den Tanz aus.«

»Wahr ist's. Trink, kleiner Peter. Trinken sollst!«

»Und nachher, wenn wir stark sind, nachher Spielleut, rührt's euch!« –

Noch eins. Habt ihr die Kleine schon stehen gesehen hinter der Tür, beim Ofen! Die ist gar still und ernsthaft, begnügt sich einstweilen nur mit dem Sehen und Hören, was da vorgeht und bleibt stehen wie angewachsen. Derselbige, den sie meint, der ist noch nicht da. Sie wartet auf ihn, das kann sie sich selbst nicht leugnen, aber so oft einer draußen die Stiege heraufgeht, zittert ihr Herz aus Angst, er möchte kommen. Sie geht überall hin, wo sie glaubt, daß er zu sehen sein könnte, und ist er nahe, so weicht sie ihm aus. Sie ist allemal trotzig, so oft er ihr was Freundliches antut, sei es ein Gruß, sei es ein gutes Wort; und sie weint sich allemal die Augen rot, wenn er vorbei ist. – Sie steht da und ist in ihrer Unschuld, sie weiß noch nicht, was kommen muß.

Er wird kommen und sie einladen zum Tanz. Sie wird widerstreben und doch an seinen Armen hängen, zitternd wie eine Taube, die in die Hände eines kecken Jungen geraten. Er wird ihr süßen Wein vorsetzen, sie wird sich weigern zu trinken und doch das Glas, das er ihr selber zum Munde führt, nicht zurückstoßen. Er wird treuherzig anfragen, ob er sie einmal am Fensterlein darf begrüßen. Sie wird ihn empört abweisen und doch in der nächsten Samstagsnacht ein Lichtlen stellen ans Fenster. Er wird die Leiter anlehnen, sie wird ihn angstvoll beschwören, davon abzulassen und wird von ihrem Fenster aus doch die Leiter halten, daß sie nicht umfällt. Wenn er heransteigt, wird sie das Fenster zumachen, aber vergessen, den Reiber vorzuschieben. Wenn er hineinsteigt, wird sie drohen mit Lärm und Hilferuf, und wird flehen, daß er leise auftrete, leise! Sie wird sich zur Wehr setzen, aber ihre weichen Arme werden sich biegen, mit den Händen wird sie sich das Gesicht verdecken und schluchzen . . .

Das ist nicht Koketterie, ihr lieben Leute, das ist der Kampf zweier Gewalten, die im Weibe wohnen. Welche von den beiden siegt? Ich vermute, ihr wißt es. Ist der Bann gebrochen – mit dem ersten Kuß geht eine neue Sonne auf.

Dirndl, er kommt! Er sieht sie stehen, allein und zagend. Ohne viel Gruß und Fragen nimmt er sie an den Arm – just heben die Spielleute an – Juchhe! der Tanz beginnt.

Der Tanz auf der Alm

Die Jungen können's aber nicht mehr so fein als die Alten; es verlernt sich, und die neue Zeit hat andere Art. Da muß der alte Godingbauer kommen und zeigen, wie es die Vorfahren gemacht haben. Paßt auf, ihr neumodisches Volk!

Der Goding ist etwas steif in den Gliedern; Die Wochenarbeit setzt ihm hart zu, und mit etwas eingeknickten Knien geht er zum Musikanten-Tisch: Er hätte ein weiß Knöpflein gefunden in seinem Sack, es wäre das letzte, und kunnt ihm leicht die Zeit lang werden in der finsteren Ledertaschen ganz allein, und es hätte gesagt, es möchte heilig gern wieder einmal bei Kameraden sein, und weil's so hübsch scheibelrund wäre, so wollt's einmal tanzen. Aber nur einen altväterischen Almer! So das Begehr. Hernach läßt der Goding den Silbertaler zierlich auf den Tisch springen, daß er schon tanzt, bevor die Spielleut anfangen zu geigen. Sie heben jedoch bald an. Der Goding wird rührsam; seine Glieder werden im Musikklang schier geschmeidig und lind, aber die Bewegungen sind nicht willkürlich. Als ob ihn etwas Elementares erfaßt hätte – eine Welle des Sees.

Zuerst, man beobachte es nur einmal genau, als er noch ruhig dasteht, tritt er mit den Schuhspitzen leicht den Takt; dann beugt er sich ein wenig zusammen, als untersuche er den Boden, auf dem seine Füße sacht zu schleifen beginnen. Dann tut er, als weiche er schäkernd einem unsichtbaren Wesen aus, und als wollte er auf Umwegen dasselbe wieder erhaschen. Dann stößt er, von plötzlicher Lust erfaßt, den Fuß auf den Boden, daß es dröhnt; dann klatscht er mit beiden Händen den Takt auf seinen Oberschenkeln, und dabei lugt er nach den Weibsleuten hin, schnalzt mit den Fingern und mit der Zunge, dreht sich im Kreise und winkt eine Genossin herbei, und, ich übertreibe nicht, die Schönste, sonst die Spröde und Stolze, fliegt dem minnenden Alten an die Brust.

Sacht, Arm in Arm, so tanzen sie. Das Mädchen legt den blonden Lockenkopf an sein Herz; der Alte legt leicht und fein seinen Arm um ihren Nacken und schmiegt seine Wange an ihr Köpfchen, und mit der andern Hand hebt er die ihre hoch in die Lüfte, so daß es wie ein Triumphbogen wird, durch welchen, als sich der Reigen wendet, einmal die Tänzerin, dann wieder der Tänzer hindurchschlüpft. Da steht er wie ein Baum, und die Tänzerin flattert rings um ihn, wie die Windsbraut. So dreht und schwingt sich das Weib nach dem festen, planbewußten Willen des Mannes. Dann wieder ist er es, der sich niederbeugt und sein Haupt unter das süße Joch des weiblichen Armes legt, durch dasselbe sich in schalkhafter Anmut zwängt. Endlich läßt er die Genossin ganz aus der Hand und schließt die Augen, klatscht mit den Händen, stampft mit den Füßen den Takt zur Musik und tut einen Jauchzer, daß die Stubendecke zittert. Allein schwimmt er in den Schallwellen dahin – da streckt er den Arm aus und ist wieder beim Mädchen. Nun halten sie sich an der Hand und schreiten feierlich voran wie ein Brautpaar, und wieder schnalzt der Goding mit den Fingern den Takt zur Musik. Das Mädchen stemmt den Arm in die Seite und schaut über die Achsel hin zu den Leuten, die dem Tanze zusehen, als wollte sie sagen: so müsse der Tanz sein, den sie meine, und der Tänzer, der ihr gefalle; sie frage nach keinem Jungen; nur fein tanzen müsse er. – Das Tanzen ist ihre allergrößte Freud!

Der Tanz auf der Alm

Burschen sind da, die haben so ein Tanzen noch nicht gesehen; aber es dünkt sie schier, das wäre was Rechtes, und *alter* Brauch der Väter solle nicht vergessen werden. Das Herz lacht ihnen, – das Dirndlein ist gar zu hübsch in diesem Bewegen und Schmiegen, der jungen Gestalt steht die Alpentracht gar so gut – und sie ahnen, es liege was in der Älplerin, was weder durch Wort noch durch Gesang, sondern nur durch diesen Reigen zum Ausdruck gebracht werden könne. Jawohl! Wie ein ganzes Menschenleben legt sich's im Steirertanze dar, ein Leben mit Lust und Leid, mit seinem Schaffen und Ruhen, mit seinen Rechten und Pflichten, ein Leben mit seinem Suchen und Finden, Hingeben und Abstoßen und Verlieren, ein Menschenleben mit all seinem Welttaumel und Gottesernst.
So sehr gefällt's ihnen, den Jüngeren, und jetzt wollen es etliche Paare auch versuchen, da klingt das Spiel aus.
Der Goding führt seine Tänzerin manierlich an ihren Platz und verbeugt sich: »Liselein, ich sage dir Vergelt's Gott fein! Ich wünschte dir einen jungen Mann, der so gut wie du tanzen kann.«
Jetzt klingen die Zwanziger auf dem Spielleuttisch, und das ist eine Musik, so die Geiger und Bläser lieber hören, als ihre eigene. Auf dem Dorfe ist der Brauch, daß sich jeder den Tanz, den er haben will, bei den Spielleuten selber zahlen muß. Leidet er's, so mögen die anderen mittanzen; leidet er's nicht, so kann gerauft werden.
Heute ist alles heiter.
»Aufgeßat, ihr Musikanten! Einen Landler! Einen Steirischen! Einen Altweltischen!« rufen die Burschen. Da jodeln sie schon wieder, die Saiten und Klarinette, und die Burschen darunter, und jetzt versuchen sie es alle, ob sie's können wie der alte Goding. Und sie können es, sind sie doch Kinder ihrer Eltern.
Vieles wacht nicht mehr auf, was schlafen gegangen ist mit der alten Zeit. Aber der Oberländler, der steirische Tanz, der wacht wieder auf. Die welschen Springer und Raser macht der deutsche Älpler wie ein toller Bär; die passen nicht für ihn. Aber sein Nationaltanz ruft die Grazie in ihm wach, die so sinnig und innig und herzhaft lustig der Franzose nimmer kennt.
Aufgespielt, ihr Musikanten, einen Steirischen zahl' ich!

Der Urlauber

Der Joseph ist heimgekommen! Ist das ein Freudentag, ihr lieben Leute! Nun, der Kaiser soll eben gesagt haben: Die Steinbacherleute oben im Gebirge sollen auch was Liebes erleben zu diesen Weihnachten, ich schicke ihnen den Joseph.
So ist er denn ganz unerwartet gekommen, und just am Heiligen Abend, wo die einen noch beim Waschen und Scheuern, die andern beim Holzspalten waren, und die Kinder beim Bravsein, denn es wird ja das Christkind kommen. Da springt die Tür aus dem Schloß, wer sie nur so weit aufreißt, wo es draußen so kalt ist! Jesus Maria, der Joseph!
Sitzt er denn jetzt mitten unter seinen Leuten, und sie haben ihn wieder, um den die Mutter so oft geweint in stiller Nacht, denn er war in weiten Landen – »und jetzt wenn jählings Krieg wird!« Einmal hatte sie ihn im Traum liegen gesehen auf dem Sand mit durchschossener Brust, und da hatte sie ihr Mann nicht

Der Urlauber

genug ausschelten können über ihre Narrheit – und dabei war auch ihm weh ums Herz gewesen.
Jetzt ist er da.
Und wie prächtig er ausschaut! einen Stern hat er am Kragen. Da ist er etwa schon General? Oder gar Korporal? Und was er für Sachen zu erzählen weiß! Die Jungen und die Alten, alle hören zu, und der Großmutter will vor lauter Verwunderung schier das Strickzeug aus dem Schoß fallen. Die Mutter aber, die hat jetzt keine Zeit, da mag's in der Welt draußen hergehen wie es will, sie muß dem Joseph was zu essen kochen.
Dem kleinsten Knäblein, dem ist aller Weltlauf und alles Essen nichts, dem geht's nur nach dem funkelnden Knopf an der Brust des schönen Soldaten. Die übrigen Kinder möchten wohl von den Rössern und Reitern ein Näheres hören, deren auch so viele beim Soldatenleben sollen sein; getrauen sich aber nicht recht nachzufragen, er ist so viel fürnehm worden, der Joseph, aber lachen tut er just noch so wie vor einem Jahr, da er mit dem Rekrutenstrauß auf dem Hut davongegangen ist. Nur nicht so traurig lacht er heute als damals.
Beim Vater ist mir nur bange, daß die Pfeife ausgeht, so fest hört er zu. »Na«, fragt er ungereimt drein, »und hast dich unten beim Kirchenwirt sehen lassen?«
Ernst und gesetzt muß er bleiben und innerlich zittert ihm jedes Aderlein vor lauter Stolz und Freude. Das große Mädel hinter dem Lehnstuhl – erst noch die Frage, ob sie eine Schwester von ihm ist! – das kann sich mit seinen schalkhaft treuherzigen Augen nicht sattsehen an dem heimgekehrten Joseph und denkt: Na, ich glaub's, daß ihn der Kaiser hat haben müssen, der ist Herr über sein Land und sucht sich halt die schönsten und liebsten Leut aus!
Nun ist das Kaffeesüpplein fertig. Die »schöne Schalen« steht schon am Tisch, und jetzt erst hat die Mutter Zeit. Ihre Hand wischt sie an der Schürze glatt, dann greift sie glückselig und demütig nach der seinen und sagt ganz leise: »Grüß dich Gott, Seppel! Weil du uns nur wieder daheim bist! Und jetzt schau, daß dir die Suppen bei uns noch mag schmecken.«

Moidei

Zum kleinen Moidei machen wir eine große Einleitung.
Da war ein grünes, fruchtbares Tal. In demselben lebten Weiber, lauter Weiber, und alles übrige war unbekannt. Außer dem bißchen gegenseitiger Scheelsucht und außer dem bißchen Tratsch war keine Unterhaltlichkeit. Aber auch der Tratsch war sehr mager, er hatte keinen rechten Stoff. Der Mensch muß zweiköpfig sein, dann erst ist es ein Vergnügen, seine Sünden durchzuhecheln.
Eines war aber dabei, ein junges, kühnes Weib, das wollte nicht mittun, sondern trieb sich einsam auf besonderen Wegen um. Sie empfand, daß sie einsam war, ohne zu wissen, daß sie zweisam sein könnte. Gegen Sonnenaufgang des Tales war ein hohes Gebirge. Und weil jeden Morgen darüber eine Sonne aufging, so meinte das einsame Weib, es müsse dort was Heißes dahinter stecken. Sie versuchte daher mehrmals, das Gebirge zu besteigen, aber sie kam nicht hinauf. Wohl brachte sie von ihren Ausflügen mancherlei seltsame Sachen mit. Einmal eine Alpenrosenknospe, die erst an ihrer Brust sich entfal-

tete, einmal das Horn eines Steinbockes, das sie sich an den Kopf setzte, wohin es aber nicht passen wollte. Ein andermal brachte sie ein länglich rundes, gesprenkeltes Ding, das keines der Weiber kannte. Es ging von einer Hand in die andere, bis das Ding plötzlich barst und ein Vöglein heraussprang, daß sie anfangs erschraken, sich dann aber höchlich daran ergötzten.

Nun zogen die Weiber selbander in das Gebirge, um Vogelnester zu suchen und Eier auszuheben; aber der Einsamen wurde dieser Spaß bald langweilig, sie strebte von den Engtälern gegen die Höhen empor und immer weiter hinauf. Einmal blieb sie sehr lange aus, als sie wieder zurückkehrte, wußte sie aber auch was zu erzählen.

Sie sei so weit hinaufgekommen, bis der Boden unter ihren Füßen auf der anderen Seite wieder abwärts gegangen. Jenseits des Gebirges sei auch ein Tal, und aus demselben seien ganz eigenartige Wesen heraufgestiegen – große, knochige Menschen, und hätten Haare im Gesicht.

Ob sie gefährlich wären?

Für den ersten Augenblick schienen sie sehr gefährlich. Einer sei wie wütend auf sie hergefahren, aber die Sache sei nicht sehr schlimm gewesen. Alsdann seien die absonderlichen Menschen in ihr Tal hinabgegangen, und sie – die Einsame – sei diesseits herabgestiegen.

Auf solche Mär wurden die Weiber höchst aufgeregt, und sie stiegen höher und höher hinan in das Gebirge, mutvoll bereit, die Ungeheuer aufzusuchen.

Mittlerweile hatte sich auch im jenseitigen Tale unter den bärtigen Wesen das Gerücht verbreitet, daß sich hinter dem Gebirge Geschöpfe aufhielten, den Menschen höchst ähnlich und doch nicht mit ihnen vergleichbar. Sie seien ganz unheimlich glatt und zart, und ihr Anblick könne wahnsinnig machen. Allsogleich waren auch sie entschlossen, über so eine Nachbarschaft nähere Erfahrung einzuholen; sie stiegen ihrerseits das Gebirge hinan – und oben auf dem Rücken, wo liebliche Hochmatten waren, trafen sie sich.

Die neue Bekanntschaft fiel zur gegenseitigen Zufriedenheit aus, und, bevor sie sich trennten und jeder Teil wieder in sein Tal stieg, verabredeten sie über Jahresfrist eine neue Zusammenkunft auf den Hochmatten des Gebirges. Und so ward es, daß sie Jahr für Jahr oben zusammenkamen, die Weiber des diesseitigen und die bärtigen Wesen des jenseitigen Tales, und daß sie allemal einen Monat beisammen blieben auf dem Gebirge, um den milden Sonnenschein und den Wohlhauch der Alpenblumen zu genießen.

Allmählich erschienen im Tale der Weiber winzig kleine Geschöpfe, im ganzen den großen ähnlich. Die Mädchen blieben bei den Weibern, die Knaben wurden in das Tal ihrer Väter geschickt. – Und es entwickelte sich ein großes Geschlecht, gewaltig an Körperkraft und an Seelenglut. –

Diese südamerikanische Sage von der Entdekkung der Männer und von dem jährlich nur einmal übersteigbaren Gebirge zwischen den beiden Geschlechtern kann uns nachdenklich machen. Wir haben es besser und sind schlimmer daran. Nichts entmannt den Mann mehr als die beständige weibliche Gesellschaft. Die Leidenschaft und Glut der ersten Liebe, welcher noch allerlei Hindernisse unter die Füße geworfen werden, wird lahm, sobald das Ziel ohne jeglichen Kampf täglich erreichbar ist. Wird lahm und matt und langweilig, und wie mancher wünschte sich zwi-

Moidei

schen sich und seiner trauten Ehehälfte ein hohes Gebirge.

Zwar würde bei der heutigen Ausbildung der Touristik schließlich weder der eine noch der andere Teil den Jahreslauf abwarten, sondern wöchentlich ein- oder gar zweimal eine Bergpartie machen. Oder es müßten die Mittel der Technik dran, um Tunnels zu schaffen durch das Gebirge, um so das Leben, welches unsere Vorfahren in seltenen, aber scharfen Dosen genossen, für den Alltagsgebrauch zu verdünnen und zu verwässern.

An die Sage der Entdeckung der Männer erinnere ich mich jedesmal, wenn ich in jene Gegend unseres Heimatlandes komme, in welcher die Weiber jährlich einmal auswandern, um, wie es heißt, sich Männer zu suchen.

In jener Gegend ist es herkömmlich, daß im Juni und Juli die Dienstmägde ihre Dienstorte verlassen, um in den »Schnitt« zu gehen. Sie haben sich das von ihren Dienstherren zum Vorbehalt gemacht und ziehen in den Sommermonaten, solange zu Hause das Getreide noch nicht reif ist, ins Unter- oder Vorderland, wo die Wachtel lustig schlägt im Kornfeld, wo das Korn schon der vielen fleißigen Sicheln harrt, und wo sich die Schnitterinnen ein Stück Geld verdienen können.

»Sie gehen Männer suchen«, ist der Spott, den man ihnen von daheim nachsendet. Und es geschieht in der Tat zuweilen, daß die eine oder die andere einen mit heimbringt oder selber nicht mehr zurückkommt, oder wenigstens nach dem abgelaufenen Dienstjahre wieder ins Unterland zieht, wohin sie die Wachtel lockt. Bei mancher freilich ist es nichts weiter, als daß sie nebst ihrem vollen Geldtäschchen nur noch ein anderes Andenken mit nach Hause bringt, das dann die Lust und das Leid – das Verhängnis ihres Lebens wird. – Derlei geschieht häufig – die Kornraden und die Mohnblumen, die in den Halmen wachsen, brennen gar so rot. Äußerst selten aber geschieht es, daß eine als Ehefrau in den Schnitt zieht und als Jungfrau heimkehrt. Einmal ist das doch geschehen.

Der Schneidermeister Benjamin hatte seine dritte Frau genommen – ein kleines, jugendfrisches Weibchen – die Moidei. Selbstverständlich nahm er's heikel mit seiner Kleinen, und, wie er ein zwar nicht mehr junger, aber ein vierschrötiger Kerl war, so wußte er den übrigen Männern in solcher Sache Respekt einzuflößen und auch seiner Moidei. Diese ließ sich's mit dem eingeflößten Respekt genug sein und hielt sich soweit brav. Das Schlimme jedoch war, daß der Meister erwerbshalber darauf angewiesen war, sein junges Weibchen zur Hochsommerszeit in den Schnitt zu schicken. Vier Wochen weg sein vom eheleiblich angetrauten Mann! Draußen im Land gibt's allerhand Leut, und so ein Weiberblut kann man nicht zwingen: Der muß dir gefallen und der darf dir nicht gefallen, und dem mußt du eine auf die Backen versetzen, wenn er zutunlich werden sollte. Oh, die Weiber, wenn sie fortgehen! Lassen sie ihre Treue beim Mann daheim, so gehen sie treulos fort, und nehmen sie die Treue mit sich, so kommen sie oft ohne dieselbe heim. Die Moidei nimmt sich selber mit, nimmt sich ganz mit! In ihrem Kopf wird freilich der Ehemann noch ein Weilchen hocken, aber bei ihren Augen werden anderen Männer hineingucken, bei ihren Ohren werden kecke Burschen hineinsingen und flüstern, an ihre Nase werden vorwitzige Jungen duftende Rosen halten, und wenn sie in solcher Not den heiligen Namen des Ehemannes anrufen will, da wird man ihr mit bärtiger Lippe den Mund

verschließen, mit heißem Begehr umschlingt sie den Mann, der eben erst zehn Stunden weit weg war. . .
So spintisierte der Meister Benjamin. Und wenn sie wenig Geld heimbringt vom Schnitt: Du mußt dich nicht gar viel verlegt haben aufs Schneiden! Hast keine Zeit dazu gehabt? – Und wenn sie viel Geld heimbringt: Ist das alles fürs Korn schneiden?
Die Moidei war nun draußen in Urlaufen und schnitt Korn auf den Dorfäckern; ihren Unterstand hatte sie beim Mesner genommen.
Warum just beim Mesner? fragte sich der Meister Benjamin, warum nicht beim Wirt, beim Schuster oder sonstwo? Was ist der Mesner für ein Mensch? Ein alter Junggeselle. Ein frommer Mann natürlich. Gott, diese Betbrüder, das sind gerade die Ärgsten. Man kennt diese Leute, wie sie in der Kirche mit ihrem Klingelbeutel zwischen den Weibsbildern herumschleifen und »Vergelt's Gott« sagen, ohne daß was hineingeworfen wird. Der Mesner von Urlaufen ist noch nicht fünfzig, hat stets Backen und Kinn glattrasiert und hat seinen Bartkranz hinten am Halse wie die Schiffersleute. Die den Bart so tragen, das sind allemal die Schlimmsten. Eine Glatze soll er haben, aber die rückwärtigen Haare nach vorn kämmen, damit man die Glatze nicht sieht. Warum tut er das, als weil er noch jung sein will? Und warum will er noch jung ausschauen, als um Weiber zu betören? – Und bei diesem Gauch wohnt sie, die Moidei! Einen Brief schreibt sie an den Heimgespons: es ginge ihr soweit gut. Vergißt aber die Marke draufzukleben, daß er Strafporto zahlen muß.
Endlich ist der Schnitt vorbei, die Moidei kehrt heim, springt dem Meister Benjamin an die Brust und packt ihr Geld aus. Es ist nicht zu viel und nicht zu wenig. Ist verdächtig! Warum sie's gar so genau macht! Wenn die Weiber so zärtlich sind und so akkurat, da haben sie was zu verdecken. – Zudem wird gemunkelt, der Wind weht so mancherlei Anspielungen hin und her vom Mesner in Urlaufen und seinem Stübel, er hatte nur eins; wohl auch einen Heuboden, aber auf den gingen die Leute nicht ein. Das ward dem guten Meister Benjamin endlich zu arg. Er kannte zwar den Mesner nicht, so wie er auch von diesem kaum gekannt sein konnte, aber eine gerade Verständigung ist zwischen Männern am besten. Der Meister schrieb dem Mesner einen Brief von wegen der kleinen Moidei, und was an der Leute Reden sei. Und er, der Mesner, würde schon noch erfahren, mit wem er's zu tun habe! Und unterstrich die Worte, weil man sie im Brief nicht schreiben kann.
Der Mesner in Urlaufen war beim Empfang des Briefes stark verblüfft. Was der mit seinem Dirndl für Geschichten macht, da! dachte er. Soll's nicht schneiden ausschicken, wenn er nachher Angst hat, sie könnt unters Stroh kommen. Das ist der »Gelt's Gott« dafür, daß ich sie aus Christenpflicht auf meinem Heuboden schlafen laß, daß das unerfahrene Ding nicht Schaden leidet. Soll ein andersmal der Alte selber mitgehen und sein Parasol halten übers Mädel, daß sie ja keine Sommersprossen heimbringt. – Und weil er ein gutes Gewissen hatte, wie es jedem Küster geziemt, so nahm er alsogleich ein Blatt Papier und schrieb an den Schneidermeister Benjamin:
»Ich unterzeichneder bestedige Mit mein heiligen eid und bey der Meßner-Ehre fon Urlaufen, daß die Schniderin Maria-Moidei mein Hauß als jungfrau verlassen hat.
Johann Sappel, Meßner zu Urlaufen.«

Einen solchen Brief muß man sich doch hinter den Spiegel stecken. Meinst du's nicht auch, Meister Benjamin?

Speckbacher

(zum Bild »Speckbacher sieht seinen Sohn als Landesschützen«)

Ein Abend auf Kufstein

Es war im Juli des Jahres 1809. Der Bauernhäuptling Josef Speckbacher belagerte mit seinen Tirolern die Veste Kufstein, in welcher unter dem Major Aicher eine bairische Garnison lag.

Seit dem ersten Lenzen dieses Jahres rangen die Tiroler mit den Baiern und dem korsischen Weltbezwinger um ihr Heimatland, um ihre Religion und altehrwürdigen Sitten. Mit einem Heldenmute, der in den glorreichsten Blättern der Weltgeschichte verzeichnet bleiben wird, befreiten sie dreimal das Land, und wenn sie endlich wichen, so wichen sie nicht der Übermacht, sondern der Hinterlist. Während sie auf ihren Bergen fürs Vaterland und für den Kaiser stritten bis auf den letzten Tropfen Blut, während das ganze Volk in beispielloser Einigkeit am Kampfe teilnahm, daß selbst Weiber mit den Futtersensen fochten und Kinder die verschossenen Kugeln aus dem Erdboden stachen, um sie ihren Schützen zu bringen – wurde Tirol von diplomatischer Seite dem Feind ausgeliefert. Die Tiroler kämpften trotz Waffenstillstand und Friedensschluß noch fort, denn sie wußten es nicht, daß sie überantwortet waren, oder konnten es nicht glauben. Mitten im Siegen – ein Tiroler Korps marschierte schon gegen München hin – begegnete ihnen auf einem alten Schimmel einer ihrer Bauern ohne Hut und in Hemdärmeln, der schwang ein weißes Tuch und rief: »Schießt's nimmer, Leut, schießt's nimmer! Waffenstillstand ist's, richtig wahr! Ich bin ja der Bäck von Kochel!« Und übergab ihnen die Münchner Zeitung, da stand's drin: Tirol wird von Österreich geräumt, den Baiern auf Gnad und Ungnad übergeben!

Aber sie glaubten es nicht, und der Speckbacher sagte: »'s isch alles Lug und Trug! Unser Kaiser gibt uns nit her!«

Die Kufsteiner Bürger wollten es mit den Baiern im Schlosse halten, aber Speckbacher ließ ihnen sagen, wenn sie nicht zu den Tirolern stünden, so brenne er das Nest nieder. Hätten die Herren draußen ausgemacht was immer, er ergebe sich nicht und er wolle den Baiern noch Schwaz zurückzahlen. – Die Erinnerung an das unglückliche Schwaz, in welchem die »Brüder Baiern wilder als der Türk« gehaust hatten – die Männer erschlagen, die Weiber geschändet, die Kinder zertreten, die Stadt niedergebrannt – solche Erinnerung entflammte in dem Tiroler immer wieder den glühendsten Haß gegen die »Boarn«.

Diese hatten sich nun oben in der Festung ganz gut eingeheimt und ließen ob der Belagerung einstweilen keinen Kummer spüren. Speckbacher herunten wurde schon ungeduldig. Er sann auf Mittel, die Veste in Brand zu stecken. Vor allem mußten die Löschwerkzeuge zerstört werden, damit das Feuer keine Gegenwehr finde und die stolze Kufsteiner Burg lustig zu Staub und Asche wandle.

»Wer will's wagen, auf die Bastionen der

Veste hinaufzusteigen und ins Spritzenhaus zu bringen?«
Keiner. Es wäre Tollheit. Der Tiroler ist tapfer, aber die Baiern sind schlau. Doch die Tiroler hatten einen Anführer, der war tapfer und schlau zugleich und hieß Josef Speckbacher. Dieser unternahm es denn, in der finsteren Wetternacht des 30. Juni, nachdem er sich Schlüssel verschafft hatte, zum Spritzenhause emporzuklettern. Hastig machte er sich an die Abschraubung der Spritzenköpfe, an das Zerschneiden der Schläuche; eine der Spritzen war schon ruiniert, da erscholl von der Schildwache herab ein »Wer da?« Speckbacher stand ruhig wie ein Eisenblock und beschloß, seine Arbeit zu unterbrechen. Um aber sein Vorhaben dennoch auszuführen, sich vorderhand jedoch möglichst sicherzustellen – er mußte durch einen kleinen Hofraum in Schußweite unter der Schildwache vorbei – bückte er sich und nahm die Gestalt eines Hundes an. So kroch er knurrend im Dunkeln der Wetternacht von einem Versteck zum andern, zerschnitt die Schläuche, kletterte dann niederwärts zu einem aufgeschichteten, an sechshundert Klafter mächtigen Holzstoß und zündete ihn an. Rasch fiel das Feuer über das durch Sonnenhitze getrocknete Holz her und loderte im Sturme des Gewitters gegen die Veste empor und über die zunächststehenden Häuser der Stadt hin. Speckbacher war bald in Sicherheit. Ein Teil der Stadt Kufstein brannte nieder; die Festung war eingehüllt in die Wirbel des Rauches oder widerleuchtete im Glutscheine – des weiteren aber geschah ihr nichts.
Major Aicher ließ sich's nicht verdrießen, von der Festung die Tiroler im Tale recht oft mit Pulver und Blei zu begrüßen, weswegen ihn die Bauern den »Pulverstoffel« nannten. Einmal, als die Belagerer just bei ihren lieben Knödeln saßen und sich dieselben schmecken ließen, kam eine sechzigpfündige Bombe dahergefahren, die gerade in der Knödelschüssel zerplatzte und das Menschenhäuflein jämmerlich zurichtete. – Seit diesem Male schmeckten auch von den Überlebenden keinem die Knödel mehr, und sie schworen, dem bairischen Kommandanten auch einmal eine Mahlzeit zu versalzen.
Eine andere Gruppe von Bauern war im Wirtshaus zur »Klause« bei einer Kegelpartie. Etliche Tollköpfe riefen zur Festung hinüber: die Herren Baiern wären eingeladen zum Kugelscheiben, wohingegen andere sich so kehrten, daß der Festungskommandant die »hintere Front« zu sehen bekam. Dieser verstand aber unrecht, sah die Bauern für Kegel an und ließ einen Sechzigpfünder herüberkrachen, der mehr als »alle Neune« schlug.
Über den Inn führte bei Kufstein eine hölzerne Brücke, über welche den Belagerten häufig Lebensmittel zugeschanzt wurden. Diese Brücke war daher dem Speckbacher sehr verhaßt; da er sich aber mit den Bauern nicht in den Schußkreis der Festung wagen durfte, so fiel ihm etwas anderes ein, diese Brücke zu zerstören. Er ließ oberhalb Kufstein mehrere Schiffchen zusammenraffen, füllte dieselben mit Reisig und Pech, zündete sie an und ließ sie brennend gegen die Brücke schwimmen. Andere Fahrzeuge, welche die Baiern zum Behufe eines Schiffbrückenbaues am Innufer mit Tauen festgebunden hatten, schnitt Speckbacher los, daß sie den Strom hinab gegen das Flachland schwammen.
Und das alles, nachdem draußen bei Znaim schon der Waffenstillstand geschlossen war, wodurch den Franzosen Österreich, Steiermark, Kärnten, Krain, Triest, Ungarn bis an

die Raab, ein Teil von Mähren und Tirol zufiel. Längst war die Übergabe dieser Länder auf Kufstein durch 101 Kanonenschüsse angezeigt worden, in den Kirchen wurde Te Deum gesungen, und das Geläute aller Glocken kündete das Ereignis. – Ein Tiroler Bauer schoß seinen Stutzen nach einer solchen Kirchturmglocke ab: »Du Schandglocken! Zum Kaiserfest hast geläutet, zu unseren Siegen hast geläutet; zu unserer Schmach läutest auch. Der Teufel hol dich!« Noch heute zeigt man in jener Glocke die Kugel.

Die Erbitterung auf der Veste Kufstein gegen die immer noch aufständigen Bauern hatte ihre ganze Höhe erreicht. Über den Bauernhäuptling Speckbacher war längst das Urteil gesprochen, auf seinen Kopf stand ein hoher Preis gesetzt. Beiläufig gesagt, war den Baiern damals Josef Speckbacher das, was später den Österreichern – Hadschi Loja geworden.

Und gerade zu dieser Zeit unternahm der tollkühne Bauernkommandant ein Wagestück, welches an Verwegenheit wohl zu den allerersten seiner Unternehmungen, Abenteuer und Streiche gezählt werden muß.

Speckbacher wollte persönlich in die Veste gehen und mit dem Kommandanten Aicher sprechen – des Waffenstillstandes wegen, er wollte doch wissen, was Wahres an der Sache sei.

»Seppel, das mußt nit tun!« widerrieten ihm seine Kampfgenossen, die in einer großen Heuscheune beisammen waren, »sonst machen sie dir's, wie den fünf Bauern an der Zillerbrucken und hängen dich auf die Eschen.«

»Ja, ja, dich allein hängen sie fünfmal auf und rädern und köpfen dich nachher. Wer hat was davon? Na, na, Seppel, so trotz muß nit sein.«

»Als der Speckbacher geh ich nit eini, so gescheit bin ich schon«, antwortete er, »und allein auch nit, der Moser und der Bärenlochner müssen mit. Jetzt will ich doch sehen, ob nichts zu erfahren ist. Möcht auch wissen, wie sie eingerichtet sind, da oben mit den Lebensmitteln, und ob sie nit schon krepieren.«

»Das kann ein anderer auch richten.«

»Aber wie! Erstens heißt's ausspähen, zweitens muß man den Alten redantreiben, daß er Farb aussagt; aufs Dritt' muß man jedes Wort genau abfangen und darf sich nit schrecken und nit irren lassen. Na, da muß ich selber gehen.«

»Daß du dem Alten den Namen nit auf die Nasen bindest, versteht eins gleichwohl. Aber meinst, die Boarn haben keinen Steckbrief von dir? Über und über bis auf die Zehenspitzen bist beschrieben; dich kennt jeder stockblinde Boar schon im Greifen.«

Der Bauernhäuptling legte seine Waffen ab, den Kernstutzen, den großen Säbel mit der schwarzledernen Kuppel, an welcher die Messingplatte mit dem Doppeladler hing. Er warf den Bauernmantel, den gefederten Lodenhut, die derben Halbstiefel von sich.

»Geh her, Kaspel«, sagte er, »schneid mir den Schnauzbart ab, den Backenbart aber auch. – So, der Waldteufel wär wegbalbiert. – du, Altranser Kirchenpropst, gibst mir dein Gewand; auch den Stecken her. – Ob ich nu nit ausschau, wie ein Roßtreiber?«

Wie er sich verstellen konnte! Es schien, als wäre kein einziger Knochen Speckbacher mehr an dem Mann.

»Na, so behüt Gott, Seppel, sei gescheit!«

Und in der Dämmerung schritt er mit verstelltem Gange davon.

Die anderen blieben in der Scheune zurück und redeten von ihrem tapferen Kommandanten.

»Der narrt sie noch in der Kufsteinburg«,

Speckbacher sieht seinen Sohn als Landesschützen

sagte einer, »gerade wie er sie letzt Wochen an der Volderserbrucken genarrt hat.«

»Wie ist das eigentlich zugegangen?« fragte ein anderer.

»Wie wird's denn zugegangen sein? Die Boarn-Teufel haben die Innbrucken besetzt gehabt, und wir hätten auf die link' Seiten hinüber fortweg Post tun sollen, wie's bei uns steht und wie sich drenten die Unsern zu richten haben. Ihnen 's ja wissen lassen, daß die österreichischen Reiter sind gesehen worden auf dem Brenner und daß sie nur guten Muts sein und aushalten sollen. Aber jeder, der auf der Brucken hin- und hergangen, ist untersucht worden; die Mannsbilder haben sich gar bis auf die Pfaid ausziehen müssen. – Na, da hat der Speckbacher zuerst seine Hausdirn, die Burga, auf die Brucken gehen lassen. Ist gleich ausgesucht worden – haben nichts gefunden. Gleich nach der Burga kommt der Zoppel, dem Speckbacher sein Knecht, mit seinem Haushund, dem großen Pudel – leicht kennst ihn eh. Schau, und der Hund hat unter der Halsen, hübsch in der Woll versteckt, das Briefel tragen für die Bauern drenten – das Aufmahnungsbriefel. Den Knecht gehen sie gleich an: ob er nichts Verdächtig's bei sich hätt? – Sucht's mich halt aus! sagt der. Dieweilen sie's tun, pfeift drüben schon die Burga nach dem Hund; der lauft lustig seiner Hausgenossin nach, und der Bericht ist auf der andern Seiten gleich umgangen.«

»Ja, das Überlisten, das kann er, der Speckbacher-Seppel. Sogar die Spione spioniert er aus, und wie fein! So ist's auch beim Hirschbühelpaß gewesen. Da haben uns die Boarn drankriegt, weil uns so ein Lump – ein Salzburger Bauer ist's gewesen – verraten hat. Gehabt haben wir den Kerl bald, aber gestehen hat er nichts wollen. Der Seppel ist nit ganz überzeugt von seiner Schuld, aber er sagt: gar kein Zweifel, du bist schuldig. Mann, morgen laß ich dich hängen. Weil ich's aber nicht gern hab, wenn du vom Mund auf in die Höll fahrst, so schick ich dir heut einen Beichtvater. Könnt's euch denken, was der Gefangene für ein Gesicht gemacht hat. Der Speckbacher – was tut er? Er läßt einen Schützen in die Kutten stecken und schickt ihn als Beichtvater. Dem hat der arme Sünder alles gestanden. Der Hofer hat ihn dann zum Tod verurteilt; der arme Teufel ist aber später noch begnadet worden. – Ja, der Seppel, das Überlisten, das kann er.«

»Wenn's aufs Raufen ankommt, das kann er noch besser.«

»Ist er noch so, wie vorzeit beim Ringeln? Da hat sich gar keiner mit ihm einlassen wollen, bis er sich die recht' Hand auf den Buckel binden hat lassen.«

»Und von wegen dem Speckbacher-Wildschützen hat ja keiner mehr Jäger werden wollen! Haben sie sich von ihm nicht foppen lassen, so hat er sie geprügelt.«

»Und auf fünfzig Schritt Weiten schießt dir der einen Taler aus der Hand, daß du gar nit weißt, wie dir ist.«

»Geh, geh, das ist alles noch nichts gegen sein Anfahren und Raufen mit den Boarn und Blauhoseten. Wer dabei ist gewesen auf dem Brenner, auf dem Iselberg, bei der Hallerstadt – der vergißt's nimmer.«

»Die Haller Herren haben schon auch Respekt vor ihm kriegt, wie er ihnen auf dem Schubkarren den großen Raubbären hat daherbracht, der oben im Iglerwald das Vieh hat zerrissen.«

»Dasmal hat er's halt mit keinem Bären zu tun«, meinte ein alter Bauer, »dasmal geht er

mitten in die Wolfshöhlen. Sie haben sakermentischen Hunger auf den Seppel. Ich sag', wir beten ein' Rosenkranz für ihn.«
»Ein Rosenkranz ist gut«, rief einer von den Jüngeren, »aber noch besser ist's, wenn wir unsere Stutzen frisch laden. Wenn wir was Verdächtiges wahrnehmen auf dem Kufsteiner-G'schloß, so fahren wir drein, und geht's aus wie's will. Im Stich lassen wir ihn nicht.«
Die drei Männer stiegen in der Abenddämmerung gegen die Veste hinan – drei unbewaffnete Bauersleute, denen die Vorposten freien Weg gaben. Der größte darunter – es war Speckbacher – hob einen Stein auf und pochte damit an das Tor.
»Wer da?« rief die Schildwache.
»Tiroler aus der Umgegend, wollen mit dem Kommandanten reden.«
Wie sie hießen? wurde angefragt.
»Johann Moser und Andreas Bärenlochner.«
»Und der dritte, der Große?«
»Josef Harter«, antwortete Speckbacher.
Sie sollten warten.
Nach einer Weile, als es schon finster geworden war, erschien Major Aicher selbst. Er ließ ein Pförtchen öffnen, welches so niedrig war, daß sich Speckbacher tief bücken mußte; aber innerhalb desselben richtete sich der Häuptling um so strammer wieder auf, daß der bairische Kommandant nicht meinen sollte, ein Tiroler neige sich vor ihm.
Major Aicher schickte eine Streifwache hinaus, um sich zu versichern, daß niemand mehr im Hinterhalt sei; die drei Ankömmlinge ließ er zu sich rufen. Vorher aber mußten sie sich die Augen verbinden lassen, und so stolperten sie, von einigen Soldaten begleitet, die Stufen des Forts hinauf. In einem dunklen Vorsaal angelangt, wurden ihnen die Blenden abgenommen. Zwischen den Soldaten stand der Klausen-Martel, ein Wirtssohn aus dem Städtchen, der in der Festung Zutritt hatte und für diese Botendienste verrichtete. Der Martel, als er die drei Männer sah, erschrak etwas, denn er erkannte den Speckbacher. Dieser hinwiederum erschrak ebenfalls ein wenig, als er bemerkte, daß er erkannt war, ließ aber nichts merken. Der Martel gab sofort durch ein Zeichen zu verstehen, daß er nichts verraten werde, und wußte, als Speckbacher durch eine zweite Tür eintreten mußte, so nahe an diesen heranzukommen, daß er ihm ins Ohr flüstern konnte: »Nur aushalten, im Schloß ist schier alles verfressen.«
Endlich standen sie vor dem Kommandanten. Dieser blickte sie mit forschenden Augen eine Weile an, dann fragte er finster und mit barscher Stimme, was sie wollten.
»Herr Major«, sagte Speckbacher, »mit dem Maul fechten haben wir nit gelernt und so sag ich's gleich ohne Umschwänk' (Umschweife), daß wir mit den Österreichern unzufrieden sein. Jetzt haben wir uns so lang gewehrt, und sie lassen uns im Stich. Wir möchten uns von unseren Anführern lossagen, weil sie uns von einer Gefahr in die andere hetzen – und ist doch alles umsonst. Ist's denn wohl richtig wahr, daß ein Waffenstillstand abgeschlossen ist worden?«
»Das ist euch oft genug schon kundgemacht worden«, fuhr der alte Major los, »ich bin nicht mehr willens, mit Rebellen in eine Unterhandlung zu treten.«
»Ist auch unnütz«, sagte Speckbacher gelassen, »Wenn wir einmal gewiß und bei Eurem Ehrenwort wissen, daß wir nimmer österreichisch sein, so wollen wir mit unseren Schützen zu den Baiern treten.«

»Ich traue keinem Tiroler«, unterbrach ihn der bairische Kommandant, »ich gebe mein Ehrenwort nur einem Ehrenmann. Der Waffenstillstand ist abgeschlossen, aber nicht für die Empörer von Tirol, die sind vogelfrei. Zweimal sind sie begnadigt worden, und zweimal haben sie die Gnade mißbraucht – wahnwitzig und schändlich mißbraucht. Mit dem dummen Volk wird man wohl ein drittes Mal Nachsicht haben müssen, obwohl es wert wäre, daß es ausgerottet würde; aber die Anführer und Verführer, so bald sie eingebracht werden – wehe ihnen! Für diesen Hofer, für diesen Speckbacher ist kein Galgen zu hoch!«
Die drei Männer standen fest wie drei Tannenbäume vor dem Polternden. Und als dieser schwieg, um sich auszuschnaufen, sagte Speckbacher: »Danken schön für die gütige Auskunft. Jetzt täten wir's wissen und wär insoweit mit den Tirolern schon was anzufangen, wenn man sich halt auch auf die Potentaten verlassen kunnt. Wenn's so hergeht, daß oben keine Treu mehr ist, vertun wir unser Gut und Blut umsonst. Und was die Anführer angeht, so sind wir ganz überzeugt, daß man sie henken wird, sobald man sie hat. Aber hart zu kriegen werden sie sein.«
»Kennt ihr den Speckbacher?« fragte der Major.
»Ob wir den nicht kennen!« antwortete der Genannte, »ist nicht weit von Kufstein. Gerade der ist es ja, der uns immer in die Patsche jagt.«
»Wißt ihr, daß dieser freche, ruchlose Galgenvogel Tirol zugrunde gerichtet hat? Und daß er euch selbst noch zugrunde richten wird, wenn ihr ihn nicht ausliefert?«
Die drei neigten ironisch beistimmend ihre Köpfe.
»Einstweilen bleibt ihr als Geiseln für ihn da. Wenn der Anführer mit den Füßen auf den Bastionen hängt, könnt ihr heimgehen.«
Das waren keine erfreulichen Aussichten. Aber ohne die geringste Befangenheit zu verraten, meinte Speckbacher, er sehe das alles recht gut ein. Der Landesverderber müsse fallen, das werde jeder patriotisch gesinnte Tiroler wünschen und verlangen. Aber dem Manne sei schwer beizukommen, er habe seine Schlupfwinkel in den Wäldern und auf den Almen und vermöge es, mit den wilden Tieren zu leben, und breche doch wieder plötzlich hervor mit einem Rudel von Waldteufeln. Man sei vor ihm niemals sicher, und so lange der nicht festsitzt oder hänge, sei keine Ruh im Land. Sie – die drei Abgesandten – blieben gerne auf der Burg, da hätten sie endlich einmal Frieden. Wenn sie aber etwas meinen dürften, so möchten sie meinen, daß es vielleicht nicht ganz praktisch wäre, gerade jene Männer in Gewahrsam zu halten, welchen die Schleichwege Speckbachers am besten bekannt seien und die daher am ehesten in der Lage sein könnten, seiner habhaft zu werden.
»Ja, wollt ihr ihn kriegen, wollt ihr mir ihn bringen?« schnarrte der Major.
»Wenn uns eine gute Belohnung gesichert wird – warum nicht?«
Aicher hatte den Speckbacher nie gesehen und konnte auch nicht im entferntesten vermuten, daß ein so berüchtigter Oberanführer in eigener Person spionieren gehen würde, er wurde daher wirklich irregeführt. Nun wollte er zeigen, daß er gesonnen sei, gegen die Tiroler versöhnend zu handeln; auch war ihm darum zu tun, die drei Männer wirklich für den Angriff auf Speckbacher zu gewinnen; er knüpfte mit ihnen ein freundlicheres Gespräch an. Er stellte ihnen die politische Sach-

lage der Wahrheit gemäß dar, deutete ihnen an, wie das neue Regiment in Tirol vorgehen werde, und was die Zustände auf der Festung anbelangt, ließ der alte Mann manches unbedachte Wort fallen, welche Speckbacher für seine Pläne auffing.
Indes hatte der Major gleich anfangs in das Städtchen nach einigen Bürgern geschickt, um über die drei Männer, die ihm doch etwas verdächtig vorkommen wollten, Zeugenschaft zu haben. Da diese Gerufenen bis jetzt noch nicht erschienen waren, so ließ er Speckbacher und seine Gefährten in eine Nebenstube treten.
»Wir sitzen im Pech!« flüsterte Moser.
»Sind schon öfter drin gesessen«, entgegnete Speckbacher.
Die Bürger aus dem Städtchen kamen. Der Kommandant fragte, ob sie die gefährlichsten Rebellen persönlich kennen. Sie bejahten es, und er führte sie in die Stube, hielt dem Moser ein Licht unter die Nase und fragte die Kufsteiner mit strengem Tone: »Kennt ihr diesen Menschen?«
»Vom Sehen aus. Ein Tiroler Bauer. Näher ist er uns nicht bekannt.«
Das Licht vor dem Bärenlochner: »Und diesen?«
»Das muß ja der Bärenlochner-Anderl von Absam sein. Soweit ein rechtschaffener Mensch!«
Der Major beleuchtete das Gesicht Speckbachers: »Und diesen?«
»Den da?« sagte einer der Bürger mit etwas unsicherer Stimme. Speckbacher starrte ihn mit seinem glutvollen Auge an, der Blick war flehend und durchbohrend zugleich.
»Kennt ihr ihn?« fragte der Kommandant noch einmal.
»Nein«, antwortete der Kufsteiner.
»Gut. Ihr könnt wieder gehen.«
Die drei Bauern aber behielt er noch zurück und betrachtete sie als Unterhändler, denen er die Waffenstillstandsbedingungen vorlegte und erklärte. Dabei ließ er Wein auftragen und sagte, daß es ihn freue, endlich einmal Tirolern begegnet zu sein, mit denen sich ein vernünftig Wort reden lasse. Er meine es ja gut mit den Leuten und denke, mit ihnen – wären nur die Rädelsführer einmal hin – auch auszukommen. Er trinke auf das Wohl des schönen Landes Tirol.
Der Wein war in Südtirol gewachsen und die beiden Begleiter Speckbachers ließen sich ihn schmecken. Sie wurden heiter und redselig – und dem Speckbacher wurde angst und bang.
»Na, Seppel!« rief der Moser und hielt dem Angesprochenen das Glas hin, »daß wir heut' noch so lustig sein sollten, was? Trink einmal! Auf dein Weiberl! Dein braver Anderl – er soll auch leben!«
»Ist das ein Sohn von euch, der Anderl?« fragte der Major.
»Und was für einer!« schrie der Moser. »Der kann euch das Boarnerschießen! Wird ein Raufteufel wie sein Vater, gelt –«
»Gift!« schrie Speckbacher plötzlich und sprang empor, daß der Ledersessel hinter ihm stürzte, »in diesem Wein ist Gift!«
Rasch erhoben sich auch die beiden andern und wurden bleich.
»Aber Männer!« rief der Major, »seid ihr verrückt?«
Speckbacher hielt die Hände an seinen Unterleib.
»Mundet euch der Wein nicht, so laßt ihn stehen«, fuhr der bairische Kommandant fort, »ich trinke ihn selber!« Und stürzte Speckbachers Glas in seine Gurgel.
Der Bauernhäuptling stellte sich gar über-

rascht; nun trat er zum Major, legte seine Hand treuherzig auf dessen Arm und sprach: »Verzeiht mir. Seitdem mich dazumal in Sprugge meine eigenen Landsleut haben vergeben wollen, bin ich so viel aufgeregt. Eine Verkältung muß es sein – ein augenblickliches Leibschneiden. Ist wohl das Best', wir bedanken uns für heut und bitten noch einmal um Verzeihung.«

»Na, na, geht nur, in Gottes Namen«, sagte der Major, »ich hoffe, ihr holt euch demnächst die Belohnung für den Speckbacher.«

»Wieviel, wenn man fragen darf?«

»Hundert Taler.«

»Herr Major, der ist sein Geld wert! – Sagen gute Nacht.«

Der Festungskommandant begleitete die bäuerlichen Unterhändler noch bis hinab zur kleinen Pforte, verabschiedete sich nicht ohne Freundlichkeit und stieg dann zufrieden mit seinem diplomatischen Vorgehen hinan zu seinem Gemache.

Die drei Bauern eilten hastig von dannen. Keiner sprach ein Wort. Erst als sie hinter dem Wäldchen gegen das Kaisergebirge hinschritten, atmete Speckbacher auf und sagte: »Mir ist angst und bange worden!«

»Aber was ist denn das mit dem Gift gewesen?« fragte Moser.

»Ein höllisches Gift war in dem Wein. Das hätt' uns bald umgebracht alle drei. Daß ihr's wißt: mit euch geh ich nimmer spionieren! Da geht das besoffene Aas her und fängt vor dem Alten mit meiner ganzen Lebensgeschicht' an. Erwürgen hätt ich dich mögen, Moser. Wie ich euch nit mit meinem jähen Aufspringen derschreck, so baumeln wir noch heut.«

»So steht's mit dem Gift!« sagte der Bärenlochner.

»Mehr Glück als Verstand!« brummte der erzürnte Speckbacher noch. Bald darauf kamen sie zu den Genossen, welche mit Kummer auf die Zurückkehrenden gewartet hatten.

Aber die Gefahren dieser Nacht waren umsonst bestanden. Speckbacher erhielt von österreichischer Seite einen derben Verweis, des tollen Wagstücks wegen. Gleichzeitig marschierten die österreichischen Truppen aus der Gegend. Neue Scharen von Baiern und Franzosen zogen heran, um das »friedensbrüchige Tirol« zu zermalmen. Die Tiroler Bauern versammelten sich vor Kufstein und hielten Rat, was nun zu machen sei. Da krachte von der Festung plötzlich ein Hagel von Kugeln nieder und füllte den Platz mit Leichen. Nur wenige entkamen, um im Lande zu berichten, daß der Waffenstillstand für Tirol nicht zu gelten scheine.

Als Speckbacher sah, daß nun alles verloren sei, schwang er sich in einem Anfall von Verzweiflung auf sein Rößlein, sprengte in die Schußlinie vor die Festung und rief höhnend und rasend hinauf: »Da bin ich! Trefft's mich! Bringt's mich um!«

Ein paar Freunde zerrten ihn vom Platze weg. Man riet ihm, daß er nun Tirol schleunigst verlasse, sich nach Österreich und Wien rette und sich für eine Zeit spare, da es fürs Vaterland mit besserem Erfolge wieder was zu tun gebe. Er verabschiedete sich von Weib und Kind.

»Wirst uns doch nicht ganz verlassen, mein Seppel!« schluchzte seine Gattin, und die Kinder umklammerten seine Knie.

»Ich muß!« rief er, »ich muß; ich komm schon wieder!«

Mit mehreren österreichischen Offizieren auf einem Leiterwagen fuhr er dahin. Da begegnete ihm auf der Flucht im Pustertal Andreas

Hofer, der eben von Lienz kam, wo er die Trauerbotschaft vom Waffenstillstand vernommen hatte. Als er auf dem Leiterwagen unter den Uniformen eine Bauernjoppe sah, erkannte er seinen Kampfgenossen.
»Seppel!« rief er, »auch du willst mich im Stiche lassen! Sie führen dich der Schande zu!«
Wie Speckbacher dieses Wort hört, läßt er zwar seinen Hut im Stich, erfaßt aber den Stutzen und springt vom Wagen auf die Straße zu Hofer. Beide bleiben in ihrem Tirol, sammeln um sich neue Scharen und erwarten den Feind.

Auf dem Iselberg

Seid's beinand, Tiroler? Nachher gehn wir's an. Die Meß habt's g'hört, euern Schnaps habt's trunken. Also in Gottes Nam'!«
Das war die Schlachtrede des Passeier Sandwirtes auf dem Iselberg an jenem dreizehnten August. Die Matten waren feucht und kühl im Morgentau. Die Gipfel der Stubaier Gletscher glühten schon in der Sonne. Im Tale lag ausgegossen der Nebel, aus welchem die Türme von Innsbruck ragten. Die Stadt selbst war ganz verdeckt, und auch das Kriegsheer war verhüllt, welches das Tal des Inn besetzte und beherrschte.
»Da unten wirtschaftet der Feind!« rief Haspinger, der geistliche Bauernkommandant, »er betört die Jugend und verführt die Frauen, er entweiht die ehrwürdige Burg und schändet die Kirchen, die ihre Türme wie hilferufend aus dem Nebel emporrecken nach den Söhnen und Rettern des Vaterlandes. – Anderl, ich halt mich mit meinen Leuten links von Natters her; der Speckbacher fährt gegen Ambras hinunter, du krachst gradaus. Der Hergott sei uns gnädig! halt's zsamm. Amen!«
Und nun begann jene gewaltige Schlacht, der heißeste und glorreichste Kampf der Tiroler um ihr Heimatland. Er dauerte zwei Tage lang ununterbrochen. Schrecklich widerhallte das Knattern der Gewehre, das Krachen der Kanonen in den Wäldern und Felsen. Die Kommandanten waren überall dort, wo es am heißesten herging. »Vorwärts!« rief Speckbacher, »für uns ist keine Kugel 'gossen!« Die tapferen Baiern, die im Kriegshandwerk Meister gewordenen Truppen des korsischen Weltbesiegers, wurden zurückgeworfen vor dem wilden, todestrotzigen Ansturme der Älpler. In der Nacht beleuchteten brennende Höfe das Schlachtfeld. In den Wehren der Sill stauten sich die Leichen der Baiern und Franzosen.
Bauernweiber schleppten unerschrocken fortwährend Waffen und Stärkung herbei, manche mengten sich sogar in den Kampf. Kinder gossen Bleikugeln, oder stachen mit ihren Taschenmessern die verschossenen aus Erde und Baumstämmen. Anderl, der zehnjährige Sohn Speckbachers, war der vordersten einer und brachte ganze Hüte voll von aufgelesenen Kugeln herbei, bis ihn sein Vater plötzlich anfuhr: »Rotzbub, was hast du da zu tun! Jetzt aber gleich gehst mir heim!« Er sollte ja mit der Mutter das Haus hüten, den Hof zu Rinn. Aber es war ihm lieber, frisch beim Gefecht als daheim auf dem Judenstein mit der Mutter beten. Auf den Kapellenstufen knien den ganzen Tag und die Hände faltend, es litt ihn nicht dabei.
»Rinn ist schon von Boarn besetzt«, berichtete ein Bauer, »die Deinigen haben sich gegen den Kofel hinaufgeflüchtet.«
»So lauf ihnen nach, Anderl«, befahl Speck-

bacher seinem Sohne, »und sag' ihnen, daß es uns gut geht.«
In demselben Augenblicke pfiff eine Kugel am Haupte Speckbachers vorüber und schlug in den Baumstamm. Der Bauernkommandant lenkte sein ungeduldig Rößlein wieder nach vorwärts, der kleine Anderl trieb sich noch eine Weile zwischen Kämpfenden herum, bis ihn noch einmal das zornglühende Auge seines Vaters traf, dann machte er sich davon.
Kerle gab's unter den Landesverteidigern, die eigentlich waren wie der Satan. So der rote Hans von Hall, ein Mann von sechsundsechzig Jahren, ein Riese an Gestalt; der faßte zwei bis an die Zähne bewaffnete Soldaten, die auf ihn eindrangen, rechts und links bei der Brust und stieß sie mit den Köpfen so arg aneinander, daß beide mit zerschmetterter Hirnschale vor ihm niederbrachen.
Ein schönes junges Mädchen brachte ein Weinfaß gerollt, den Streitenden zur Erquikkung. Da schlug eine feindliche Kugel ins Faß, daß der Wein allsogleich in einem weiten Brunnen herausschoß. Sie hielt den Finger vors Loch und wich nicht von ihrem anvertrauten Gut, bis sie selbst eine Kugel traf.
Und als dann die Franzosen und Baiern sahen, daß bei einem solch heldenhaften Zusammenhalten der Leute die Kraft des Wettersturmes auf dem Iselberge nicht zu brechen war, daß hinter allen Bäumen und Felsen, aus allen Büschen unversiegbar Kugeln hervorschossen, daß jeder Stein und jeder Strauch in diesem Lande ein Feind war, da gaben sie den Kampf auf, räumten Innsbruck, verließen das Tal.
Und am Morgen des 15. August – am Tage der Himmelfahrt Mariens – war Tirol wieder frei. Hofer stand, umgeben von seinen bäuerlichen Streitern, auf dem Iselberg und schaute hinab auf die Stadt. Dann ließ er auch die anderen Kommandanten rufen: »Sie sollen daher kommen – alle nahend zueinand!« und als sie beisammen waren, zog der Passeier Sandwirt seinen großen Rosenkranz aus dem Sack und sagte: »Jetzt, Leutel, tun wir ein paar Vaterunser beten, zur Danksagung, daß uns der Obere geholfen hat.«
Und er kniete nieder – ihm zur Rechten der Priester Haspinger, ihm zur Linken der Speckbacher – drei schlichte, aber trotzige, bärtige Gestalten, die es mit jenem Gewaltigen aufgenommen hatten, der eine Welt unter seinem Fuß zermalmte.

Nun knieten sie da, schlugen über Gesicht und Brust ein Kreuz, falteten, im Armwinkel noch die Stutzen haltend, die Hände und beteten. Die ganze Schar auf dem Iselberg und so weit sie gegen das Tal hin ausgestreut stand, folgte solchem Beispiel. Und die Morgensonne beleuchtete glorreich die herrliche Heldengruppe auf dem damals einzigen freien Stücklein deutscher Erde!
Manchem Auge, das vorhin am Stutzenlauf hinaus scharf auf den Feind gezielt, entfloß jetzt eine Träne. Mehrere protestantische Baiern und Sachsen, die sich als Gefangene mitten unter den Bauern befanden, wurden von dieser Szene so sehr ergriffen, daß sie ebenfalls auf die Knie sanken, laut mitbeteten und dem Himmel dankten, daß sie *solchen* Siegern in die Hände gefallen waren.
Jetzt strömte mit Hall und Schall das Volk aus der Stadt herauf. Studenten waren dabei, die riefen: »Da seid's ja, ihr prächtigen Leut, ihr Männer und Helden! Gott willkomm'!«
Winkte ihnen der Hofer: »Still seids! Nit schreien und musizieren jetzt! Beten tut's. I nit, und ös a nit – *Der* droben hat's tan!«
»Jetzt müßt's mit in die Stadt, Manner, und

müßt's unser König-Kaiser sein. Die Österreicher haben eh vergessen auf uns!« So rief die Menge.
Da antwortete Hofer: »Geht's nur voraus, wir kommen schon nach. A bissel Ordnung machen werden wir, 's weitere wird unser Kaiser z'Wien schon machen!«
Eine Karosse mit vier flinken Schimmeln bespannt – man hatte sie vorhin einem feindlichen Obersten abgenommen – ließ man heranfahren, dahinauf mußten sich die drei Bauernkommandanten jetzt setzen, und unter dem Jauchzen des Volkes, unter Schwegelpfeifen und Geigenschall der Landleute; unter dem Klange aller Glocken von Wilten, Ambras und Innsbruck zogen sie in des Landes Hauptstadt ein. Gleich der Burg zu strebte der Zug, allein beim Adlerwirt in der Neustadt ließ Hofer halten: »In die Kaiserburg gehören wir halt doch nit hinein. Adlerwirt, du mußt uns aufnehmen!«
Aber das Volk wollte den Retter sehen, den Sandwirt! Fast stürmte es das Haus. Da trat Hofer ans Fenster und hielt folgende Anrede:
»Nu, so grüß enk Gott, meine lieben Sprugger! Ihr habt's mich zum Oberkommandanten haben wollen, so bin ich halt da. Andere sein a noh da, die keine Sprugger sein. Haben a tapfer mittan. Die das nit tun wollen, sollen heimgehen; meine braven Waffenbrüder werden mich nicht verlassen; ich will enk a nit verlassen, so wahr ich Andreas Hofer heiß! So, gesagt hab ich euch's, gesehen habt's mich. Jetzt behüt euch Gott!«

Der Bauernregent

Aber in einem Einkehrwirtshaus das Tirolerland regieren, das ginge doch nicht recht, und so zog Hofer endlich in die Burg.
Das erste dort war, daß er die kostbaren Teppiche einrollen ließ, die auf Treppen und Fußböden ausgebreitet lagen, »'s wär' schad' drum – für die groben Bauernschuh.« Freilich verdarben diese eisenbeschlagenen Schuhe an den glatten, feinen Fußböden mehr, als sie an den Teppichen verdorben hätten, und es war noch gut, wenn auf so schlüpfrigem Boden keiner der Herren Minister und Höflinge im Lodenwams ausrutschte und hinfiel.
Da saßen sie denn in den prachtvollen Räumen des altehrwürdigen maximilianischen Schlosses, in den herrlichen Sälen, welche Maria Theresia so prachtvoll ausstatten ließ – da walteten sie nun herum, die knorrigen Männer in Hemdsärmeln, mit den rauhen, schwieligen Händen. Sie studierten die Archive, ordneten die Register, vernichteten die Verordnungen der Baiern, berieten neue Gesetze, das heißt, die Wiedereinführung der alten, und rauchten aus ihren Pinzgauerpfeifen schlechten Tabak dabei.
Hofer schlug nicht viel nach den Gesetzbüchern, das war ihm alles zu langweilig und zu zweideutig; er sprach frisch von der Leber weg seine Meinung aus. Und die galt.
Doch kam der Kommandant von Tirol bald zur Überzeugung, daß ein redlich Wort nicht genug ist – und selbst wenn es ein Regentenwort wäre – daß *Geld* sein muß. Aber die öffentlichen Kassen waren leer, die Hilfsquellen erschöpft. Es war ja der Feind dagewesen.
Der Rat lief ein, man solle den Leuten die Fahrnisse abnehmen, den Viehstand wegtreiben, die Vorräte aus den Speichern heben.
»Das mag ich schon einmal gar nicht tun«, antwortete drauf Hofer, »wenn's schon sein muß, daß wer im Land raubt und plündert, so ists gescheiter, der Franzos tut's als der Tiroler.«

Aber er konnte doch nicht mit dem Hut in der Hand absammeln gehen von Haus zu Haus, und so beschied sich der Finanzminister von Tirol denn, so gut es gehen mochte.

Zu Hall ließ er Einkreuzer- und Zwanzigkreuzerstücke prägen. Das Silber und Kupfer nahmen sie im Schmelzwerke zu Brixlegg. Der bäuerliche Hofstaat riet dem Oberkommandanten, daß er sein Bild oder wenigstens seinen Namen auf die Münzen prägen lasse. Hofer entgegnete ihm: »Davor hüt mich mein Herrgott! ich bin dem Vaterland ein Diener wie ihr. Wir drucken aufs Geld, was drauf gehört: Gefürstete Grafschaft Tirol und den Kaiseradler.«

Viel schärfer als der Finanzminister war in dem Sandwirte der Kultus- und Justizminister. An Schulen konnte zu solcher Zeit freilich nicht gedacht werden; aber Zucht und Sitte nach alter Väter Brauch mußte aufrecht bleiben.

Diebe und Hochverräter – solche Mißwüchse gibt es selbst im herrlichsten Volk – ließ er sofort hängen oder erschießen. »Zum Prozeßverfahren und Einsperren haben wir keine Zeit.«

Scharf eiferte Hofer gegen das Tanzen und nächtliche Herumschwärmen, welches die lustigen Älpler auch in schwerer Zeit nicht lassen wollen. Hofer meinte, wer jetzt so tollen und ausgelassen sein könne und dem die Lustigkeit von Herzen ginge, dem läge nicht viel am Vaterland.

Er selbst lebte als Regent im Hofpalaste so einfach, wie er es als Sandwirt gewohnt war. Des Oberkommandanten einzigen Luxus machten die vier Schimmel aus, welche von den Baiern erobert worden waren und mit welchen er seine notwendigen Visitationsreisen führte.

Und wenn der Regent der gefürsteten Grafschaft Tirol so des Weges fuhr, geschah es wohl oft, daß irgendein Bäuerlein ihm winkte: »Anderl, halt a bissel auf! Hätt' eppas zu reden mit dir.« Und er erteilte auf offener Straße Audienz, schlichtete, was er schlichten konnte, und fuhr mit einem: »Behüt euch Gott, beinand!« wieder davon.

Einer der Bittsteller nannte ihn einmal: »Exzellenz«. Da wurde er fast zornig und sprach: »Laßt's solche Dummheiten jetzt, denkt's auf was Gscheiteres!«

In den Häusern, wo er sich unterwegs bei solchen Landfahrten einfand, kamen bald Leute zusammen, hielten Landtag oder leisteten dem Kommandanten Gesellschaft.

»Schön Dank«, sagte Hofer hierauf, »euere Anwesenheit hat mich g'freut; muß eh bald wieder zurück in die Stadt.«

Einmal, als sie ihn nach Neuigkeiten fragten, antwortete er: »So viel als wie nichts kann ich euch vermelden. Ich hab wohl drei Boten auf dem Weg, den Vatscher Hiesel, den Sixter Seppel, und den Memmel Hans. Die Lotter, ich erwart sie alle Stund; die Schwänz kunnten schon lang da sein.«

Viele Tiroler aber sagten um diese Zeit: »Es bleibt nit so! So bleibts nit. Es tut schon wieder Zeichen geben, wie es fert (vor einem Jahr) hat Zeichen 'geben, ehvor der Feind ist kommen. Oben auf dem Standerfelsen, wo kein Mensch und kein Tier hinauf kann, hört man alleweil Roßgewieher.«

»Und der alte Kaiserturm zu Kufstein tut nächtlicher Weil schon wieder in Flammen leuchten.«

»Im Gnadenwald sollen abgeblühte Lilien wieder aufblühen.«

»Und auf dem Längmoss haben sie gesehen, wie zwei Hände aus der Erden herausge-

schaut haben, eine mit dem Schwert, die andere mit einem Feuerbrand!«
»Und in der Höttingerkirchen sollen die Heiligenbilder weinen.«
»Und in einem Kreuz an der Martinswand tut der Herrgott mit den Augen zwinkern.«
»Ja, ja 's kommt wieder was.«
Es bereiteten sich tatsächlich Ereignisse vor, und die Volksahnung erfüllte sich.
Eines Tages kam der Kerkermeister zu Hofer und fragte, was denn mit den gefangenen Baiern und Sachsen zu tun wäre; der Kerle seien so viel, daß sie das Land arm zu fressen imstande wären; ob man ihnen nicht die Köpfe abschlagen sollte.
»Wenn sie dir zu viel fressen, so laß sie laufen«, beschied Hofer. Damit war der hohe Rat aber doch nicht ganz einverstanden. Den »Boarn« dürfe kein Tiroler trauen, und als Geisel müsse man sie ja auch zurückbehalten. Der Feind hätte wohl ebenfalls viele Tiroler mit sich geschleppt.
»So laßt sie wenigstens nicht Hunger leiden«, sagte Hofer. »Was können die armen Teufel dafür, daß sie gegen uns verhetzt worden sind.«
Die Gefangenen austauschen. Das war freilich ein kluger Gedanke. Aber wie war das anzufangen? Da ließ sich eines Tages der gefangene bairische Generalstabs-Oberleutnant Völderndorff vor Hofer führen, verlangte seine Freilassung und machte sich erbötig, in München die Auslieferung der Tiroler Gefangenen zu bewirken.
Hofer blickte ihn lange an und fragte: »Darf man euch trauen?«
»Auf Offiziersehrenwort. Und gelingt mir die Befreiung eurer Landsleute nicht, so kehre ich selbst und freiwillig wieder nach Innsbruck unter eure Botmäßigkeit zurück.«
»Herr, ihr seid ein Ehrenmann und stellt mir keinen Schurken. Es ist abgemacht.«
Völderndorff reiste, von Hofer mit Pässen versehen, ab. Hofer aber mußte sich von seinem Ministerium arg auszanken lassen, daß er den feindlichen Offizier so leichtgläubig wie ein Kind entlassen habe. Der davongeflogene Vogel würde sich über solche Staatsklugheit der Tiroler recht in die Faust lachen.
Und als Wochen vergingen, ohne daß die gefangenen Tiroler nach Hause kamen, und die Sticheleien des Hofpersonales immer ärger wurden, da bereute Hofer seine Gutmütigkeit selbst. Eines Tages jedoch war der Völderndorff wieder da.
»Ich habe«, sagte er zu Hofer, »die Freilassung der Tiroler nicht durchzusetzen vermocht, weil die Gefangenen von München schon nach Frankreich transportiert worden waren und weil die Friedensverhandlungen zwischen Napoleon und Österreich noch nicht abgeschlossen sind. Somit stelle ich mich wieder als eueren Gefangenen.«
So hat der brave Offizier auch gegen Bauern sein Ehrenwort heilig gehalten.
Hofer ließ ihn selbstverständlich nun nicht mehr ins Gefängnis stecken, sondern frei herumgehen, ja lud ihn sogar häufig zu Tische, wo sie sich in Heiterkeit und Gemütlichkeit miteinander unterhielten.
Und eines Tages, als die beiden Männer nach dem Speisen in der Hofkanzlei beisammen saßen, der bairische Offizier eine Pfeife schmauchte und Hofer die neueingelaufenen Bittgesuche durchblätterte, sagte Völderndorff: »Ihr seht es wohl, Kommandant, daß ich nicht euer Feind bin, ein Mann von Wort, auf den sich, glaube ich, bauen läßt. – Euer Regieren, mein lieber Hofer, ist etwas Außer-

ordentliches und sehr Merkwürdiges und flößt mir den größten Respekt vor Euch ein. Und doch will ich Euch noch einmal auf Ehrenwort etwas sagen.«

Der Sandwirt blickte ihn treuherzig an und fuhr fort in seinen Schriften zu blättern, wobei er sehr unbeholfen war, das glatte Papier wollte seiner rauhen Hand nicht parieren. Papiere, die ihm berücksichtigenswert erschienen, steckte er sogleich in seine Rocktasche.

»Wie es heute in der Welt hergeht, mein braver Freund«, fuhr Völderndorff fort, »ist Euer Gebaren das allerunsinnigste, was man sich denken kann. Eine Handvoll Bauern in einem armen, erschöpften Ländchen, das ganz und gar nimmer für sich bestehen kann, widersetzt sich der Weltordnung; widersetzt sich dem allmächtigen Franzosenkaiser, dem ganz Europa heute dient, mit dem in wenigen Tagen Österreich alliiert sein wird. Durch Eueren Widerstand habt ihr Tirol in eine unendliche Gefahr gebracht. Ihr könnt es nicht verantworten! Dasselbe Land, welches Ihr, mein lieber Sandwirt, heute liebt, mehr als Euer Herz, wird einst Euer Andenken verfluchen, denn Ihr habt es in ein Unglück gestürzt, an welchem Kind und Kindeskind noch schwer zu tragen haben werden.«

Hofers Hand krampfte sich zur Faust, in welcher ein Papier zerknittert wurde, aber sein Auge sah mit Angst in die Züge des Offiziers.

»Ihr seid nun fertig«, fuhr dieser fort, »ihr habt alles aufgeboten, was ihr aufzubieten habt. Was wir euch entgegengestellt haben, das nennen wir nun Vortruppen, wenige Divisionen. Fordert ihr Napoleon zu einem wirklichen Kriegszuge heraus, so seid ihr von seinen Millionen Soldaten erdrückt in einem Tage. Wenn ihr glaubt, daß Österreich mit euch sei, so seid ihr sehr betrogen. Das kann sich um euch nicht mehr kümmern; es hat seinen Herrn gefunden, denselben, dem auch Tirol von Kriegsrechts wegen nun angehört. – Wenn ihr heute vernünftig seid und euch in das Unvermeidliche und Unabänderliche fügt, so ist es vielleicht nocht nicht zu spät. Napoleon ist großmütig, und unser gnädigster König ist herzensgut, er wird euer Vater sein, und ihr gehört wieder dem Ganzen an; wie muß es euch wohltun, nach so langen fruchtlosen Eigenkämpfen – wie der vogelfreie Verbrecher in seiner Wildnis sich wehrt um das armselige Leben – wieder in Schutz und Schirm eines mächtigen Staates zu sein. Euretwillen, Hofer, eueres schönen Landes willen, bitte ich Euch, verschickt noch heute an eure Kommandanten die Abrufungsschreiben, laßt Abgeordnete nach München gehen, schließt euch selbst diesen an, um eure willige Rückkehr an das bairische Haus zu bezeugen.«

Andreas Hofer, das große, gläubige Kind, wollte schon einschlagen, da wurden drei Kuriere gemeldet, die eben vom Kaiser aus Wien kamen.

»Na, na«, rief Hofer, »unser lieber Herr vergißt auf uns nit. Geht's nur, jetzt hab' ich keine Zeit.« Damit war Völderndorff abgefertigt.

Die Sendboten aus Wien brachten Geld und vom Kaiser eine goldene Kette für Andreas Hofer. (Siehe das Bild: »Andreas Hofer in der Hofburg zu Innsbruck, die kaiserlichen Geschenke empfangend«) Gleichzeitig erschien Speckbacher und sagte: »Gelt, Anderl, aufgeben tun wir nit. Da kann der Franzos' machen, was er will, unsere Berge stoßt er nit um; Pulver und Blei ist da. Der Krieg ist richtig.«

Zur selben Zeit war ein alter Kohlenbrenner vor Speckbacher gekommen, der drehte seinen Hut gar schämig in der Hand umher, machte ein halb lächelndes, halb verzagtes Gesicht und gestand schließlich, daß er was abzugeben hätte.

»'s ist ihm« berichtete der Kohlenbrenner, »die Zeit lang worden auf der Alm, und so oft er schießen gehört hat herunten im Tal, ist ihm allemal ums Soldatenerschießen gewesen. So ist er zu mir kommen, und haben uns allzwei etliche Wochen herumgetrieben, und jetzt will er's haben, daß ich ihn herführ, und er möcht halt so viel gern mitschießen.«

»Red bedeut, daß ich weiß, was du willst«, sagte Speckbacher, da führte der alte Kohlenbrenner Speckbachers Sohn, den Anderl vor. (Siehe das Bild: »Speckbacher sieht seinen Sohn als Landesschützen«.) Der Knabe hatte ein nettes Büchslein auf dem Rücken und stellte sich recht soldatisch vor den Vater hin; auf seinem jungen Gesicht war aber doch die Angst zu lesen, der Vater könne ihn wieder davonjagen.

»Ja freilich«, rief Speckbacher, »mit diesem alten Radschloßprügel wirst du der Katz die Schellen anhängen! Na, bleib nur da, dein Büchsl, das werd ich zum Schmied schicken. Zu schießen wird's schon wieder was geben!«

An des Kaisers Namenstag wurde in der Hofkirche zu Innsbruck das Goldene-Kettenfest gefeiert. Der ehrwürdige Abt von Wiltau hing die Kette des Kaisers unter Musik und Glokkenklang dem Sandwirt um den Hals. Es war ein Fest für die ganze Stadt. Abends gab's sogar Schauspiel im Theater. Hofer saß in der Hofloge, aber er war gar ernst und fast traurig. – »Mir geht was vor«, sagte er, als man ihn um die Ursache seiner Stimmung gefragt hatte, »jetzt fangen wir wieder an, und man weiß halt doch nicht, was es für einen Ausgang nehmen wird. Mir geht was vor.«

Es war, als hätte das Gold, welches auf seinen Schultern lag und über seiner Brust hing, den Mut des braven Bauernkommandanten gebrochen.

Bald rückten die Baiern und Franzosen von vielen Seiten neuerdings an, und es begann wieder eine Zeit heißer Gefechte und blutiger Schlachten.

Das ganze Volk von Tirol war ein Wille, und der hieß: nicht aufgeben! war eine Kraft, und diese hieß: Dreinschlagen! (Siehe das Bild: »Das letzte Aufgebot«.) Jeder einzelne war ein Held. Kein Blut und kein Feuer schreckte sie zurück. »In Gottes Nam' schießt's los!« war das Kommando. »Im Namen der heiligen Dreifaltigkeit laß oa!« war das Losungswort, und die Felsen brachen an den Berglehnen, und die Steine sausten nieder auf den Feind. Wo das Schießen nicht angriff, da arbeiteten sie mit dem Gewehrkolben. Speckbacher war mehrmals in Todesgefahr, er kämpfte wie ein Löwe. Einmal wurde er im Handgemenge zu Boden geworfen; mit Bajonetten stachen sie nach ihm, seine Waffen und seine Kleider rissen sie ihm vom blutenden Leibe. Aber mit Riesenkraft raffte er sich wieder auf, schlug wie ein Rasender mit den Fäusten um sich und entwand sich den Feinden. Von nachgeschickten Kugeln umsaust, kletterte er einen Berg hinan, entwand der krampfhaften Hand eines sterbenden Tirolers das Gewehr und begann wieder zu schießen. Jetzt dachte er an seinen Sohn Anderl, welcher in der Schlacht bisher nicht von seiner Seite gewichen war, und welcher nun fehlte. Der Knabe war in den Händen der Baiern. Speckbacher stieß einen herzzerreißenden Schrei aus, brüllte dann wie ein verwundeter Löwe und wollte sich wieder

unter die Feinde stürzen, um sein Kind zu retten. Aber seine Leute hielten ihn zurück und in demselben Augenblick brach der Bauernheld, von Schmerzen übermannt, zusammen.
Nach der Schlacht wurde der gefangene Anderl nach seinem Vater befragt. Der schlaue Knabe, um ihn zu schützen, antwortete weinend, sein Vater sei neben ihm gefallen und gab die Leiche eines im Gesicht bis zur Unkenntlichkeit zerhauenen Bauern als seinen Vater an. Dadurch wurde Speckbacher für den Augenblick von den Nachstellungen der siegenden Feinde geschützt. Anderl aber wurde mit anderen Gefangenen nach Baiern gebracht.
Die Franzosen verübten unglaubliche Grausamkeiten. Bei Lienz wurden junge Männer und wehrlose Greise erschossen, Geistliche gehangen und ans Kreuz geschlagen, den Pferden an den Schweif gebunden und durch die Stadt gejagt, daß das Hirn der Unglücklichen an die Mauern spritzte.
Am sechsten Oktober schrieb Hofer an Speckbacher: »Österreich hat uns aufgegeben, heißt es; ich kann's aber nicht glauben. Wehren wir uns weiter!«
Alles war vergebens. Am 23. Oktober, nachdem die 25.000 Streiter Tirols acht Monate dem Welteroberer getrotzt hatten, erschien die Proklamation des Prinzen Eugen Beauharnais, Erbkanzler des französischen Kaisertums, an das Volk Tirols. Sie war großmütig, aber sie war herrisch; sie brachte zwar den Frieden, aber sie brachte auch die Erniedrigung.
Die Bauernanführer, immer und unermüdlich noch weitere Kämpfe planend, flohen trotz Winterszeit ins Hochgebirge. (Siehe Andreas Hofers Tod, Seite 54!)

Der Geächtete

Alles war vorbei. Franzos und Baier waren Herren im Lande. Die Bauernanführer hatten sich teils geflüchtet, teils waren sie aber entschlossen, den Verzweiflungskampf bis in den Tod zu kämpfen.
Hofer hatte im November an seine Genossen geschrieben: »Es ist alles erlogen, daß uns der Kaiser aufgegeben hat. Die Unterschriften sind gefälscht. Der Erzherzog Johann kommt uns zu Hilf. Ich habe schon wieder angefangen und im Passeier Tal 1200 Franzosen gefangen. Tut desgleichen und führt den Krieg einmal wie allemal!«
Aber umsonst war's gewesen. In wilder Übermacht brachen zu allen Pässen die fremden Soldaten herein. Speckbacher wollte mit dem Messer in der Hand mitten unter die Feinde springen; da rief ihm ein altes Weiblein zu: »Wärst doch ein Narr, dich selber umzubringen! Für dasmal ist's aus; aber spar dich auf, das Tirol wird dich noch brauchen!«
Ein altes Weib und doch ein gutes Wort! Speckbacher sparte sich auf und floh.
Alsogleich waren die Steckbriefe da. Auf Gassen und Straßen war es angeschlagen: »Wer den Rebellen Josef Speckbacher, den Bauer von Rinn (und hier seine Personsbeschreibung und sogar sein Bild in Holzschnitt) lebendig oder tot der königl. Behörde einbringt, dem werden 500 Gulden in Silber bar ausbezahlt.« Auf den Kanzeln wurde es verkündet – von Tiroler Priestern verkündet: »Wer der rechtmäßigen Obrigkeit sich widersetzt, der ist ein Heide, und wenn er auch getauft wäre. Speckbacher, der Aufwiegler, der so viel Unglück und Elend gebracht hat über unser liebes Land Tirol und Schmach und Schand', daß wir es nur der Großmut seiner

Majestät des Königs zu verdanken haben, wenn wir nicht alle bis aufs Blut gezüchtigt werden: Speckbacher ist einzufangen und auszuliefern, auf daß ihn die Strafe treffe, die er verdient hat. Dieser Befehl ist kundgemacht allen treuen Christen und Untertanen im Namen Gottes und unseres gnädigsten Königs.«

Aber bei den Tirolern fand der Aufruf keinen Anklang. Viele äußerten ihren Unwillen über die Treulosigkeit der Kirche, nachdem Speckbacher für Vaterland und Religion so lange und heldenmütig gestritten hatte. Die bairischen Häscher aber verfolgten den Geächteten rastlos wie ein wildes Tier. Soldaten, Jäger und Forstleute belauerten die Wege, auf denen man ihn vermutete. Schon war der Dezember da und Berge und Schluchten voll tiefen Schnees.

»Das muß ein Feuerteufel sein«, sagten die Baiern, »der bei solcher Zeit davon kann. Sobald wir ihn nur haben: Riemen schneiden wir aus seiner Haut!«

Mit Speckbacher flohen noch dreizehn Genossen. Sie flohen auf die Alpen, auf die sturmumbrausten, schneeumstöberten, und von einer Sennhütte zur andern. Diese Hütten waren menschenleer und die mitgeschleppten Lebensmittel bald verzehrt. Speckbacher versuchte den Übergang über Tux, Zillergrund und über das Hörndljoch ins Pustertal, um sich von dort ins Österreichische zu schwärzen. Aber der Winter war so wüst, daß der Übergang über diese gewaltigen Felshöhen unmöglich wurde. Speckbachers Genossen fielen allmählich von ihm ab; ihr Leben war nicht bedroht, sie zogen gegen Sterzing hin und arbeiteten sich über den Gerlos durch den Schnee ins Pinzgau. Einer war unter ihnen – die Tiroler schämen sich seines Namens und haben ihn nicht genannt – der ging zu den Baiern und verkaufte sich um 200 Gulden, für die er sich verpflichtete, den Kommandanten Speckbacher in ihre Hände auszuliefern. Fürs erste verriet dieser Judas in der Lodenjoppe, daß Speckbacher im Tuxer Tal hause.

Alsogleich bgannen die Soldaten das Tuxer Tal zu durchsuchen, aber Speckbacher hatte durch seine Freunde bereits von dem Verrat erfahren und floh unter unsäglichen Anstrengungen übers Geilerjoch in die Hochwüsten. In Felsenhöhlen ruhte er aus. Alle Nahrungsmittel begannen ihm zu fehlen; wohl hatte er das Schußgewehr bei sich, wohl kreuzten große Rudeln von Gemsen seine Pfade, aber der Knall eines Schusses hätte ihn verraten können an die Baiern, die ihn – wie er von weitem sehen konnte – immer höher hinauf verfolgten.

Die Jännerkälte wurde grimmig. Speckbacher traute wohl auch den Bauern nicht mehr, aber um nicht zu verhungern und zu erstarren, mußte er sich doch entschließen, zu Menschenwohnungen niederzusteigen. So sprach er eines Tages in einem vereinzelten Hause zu, gab sich für einen Einsiedler aus, dem im Gebirge die Klause abgebrannt sei und bat um etwas zu essen. Die Bäuerin buk ihm bereitwillig ein Eiergericht, aber noch ehe dasselbe fertig war, nahte dem Hause eine bairische Streifpatrouille und der Flüchtling hatte kaum noch Zeit, auf das Dach zu klettern und hinterwärts hinabzuspringen. Er entkam, fügte sich durch den Sprung aber eine Verletzung zu, die ihm im Verein mit andern in Kämpfen erhaltenen Wunden, welche wieder aufbrachen, später fürchterliche Schmerzen verursachte. Die Leiden dieses Mannes sind fast unglaublich und gar unbeschreiblich.

Nun trieb er sich auf den Höhen herum und manchmal gelang es ihm, in einem der näherliegenden Bauernhöfe Nahrung zu finden. Aber die Bauern verschlossen vor ihm ihre Türen. »Und das darfst uns nicht für übel nehmen«, erklärte ihm eines Tages einer, »schau an den Bogen da: Wer dir Unterkunft und Pflege gibt, dem verfällt Haus und Hof und er selbst dem Kotter. Da nimm, im Sack ist Brot und Mehl und Speck, nimm, nimm, aber komme mir um Gottes Willen nicht mehr ins Haus.«

So mußte er wieder hinauf in die finsteren Nebel, in die eisigen Winde und in die schauerlichen Schneestürme. In Sturmtagen durfte er doch wenigstens Feuer machen; bei klarem Wetter hätte ihn der Rauch verraten. Voll Argwohn spähte er stets um sich, er traute seinem eigenen Schatten nicht mehr. Schon war er halb geblendet durch das immerwährende Hinausblicken in die blinkenden Schnee- und Eisfelder. Eines Tages, als er wieder etwas niederwärts gestiegen war, sah er auf den Schneelehnen einige menschliche Gestalten. Anfangs hielt er sie für Verfolger und wollte fliehen, bald aber merkte er an ihrem mühsamen Emporklimmen, daß es Flüchtlinge seien und erkannte schließlich – sein Weib und seine Kinder.

»Oh, was ist denn das! Was ist denn das!« rief ihnen Speckbacher halb in Freud und halb in Schreck entgegen. Sein Weib fiel ihm schluchzend an die Brust: »Mein Josef, sie wollen uns zu Grund richten all' miteinander. Du weißt, daß wir uns in der Tulferer Sennhütte haben aufgehalten. Da ist gestern auf Abend ein Bot heraufgekommen: wir sollten eilends davon und ins Hochgebirg. Die Baiern wären im Anzug und wollten mich und die Kinder als Geiseln für dich haben. – Jetzt sind wir da und so viel abgemattet und kein Krümel Brot im Sack.«

Speckbacher hatte bisher sein fürchterliches Schicksal wie ein Mann und Held ertragen. Jetzt – wendete er sich ab und begann laut zu weinen. »Meine Marie!« schluchzte er, »ich bin die ganze Schuld an deinem schrecklichen Leiden!«

»So mußt nicht reden, Josef!« sagte das Weib und wischte mit ihrer Hand die heißen Tränen von seinem Antlitz, »du bist ja brav, und unser lieber Herrgott weiß, es geschieht für unser Landel.«

»Gut muß es noch einmal werden!« rief Speckbacher, von solchem Trost seines geliebten Weibes neu erquickt. »Auf dem Voldererberg hab ich noch einen Freund, der muß euch aufnehmen. Und jetzt, Kinder, kommts her, ihr seids ja schon ganz blau und starr, kommts her!« Er schloß die Halberfrorenen an seine Brust und erwärmte sie mit seinen Liebkosungen. »Habt's vom Anderl keine Post?«

»Das liebe Bübel«, versetzte sein Weib, »sie haben es nach München geschleppt. Weiß Gott, wie es ihm geht!«

»Besser als uns, Marie, das kannst mir glauben.«

Der Freund auf dem Voldererberge nahm Speckbachers Familie liebreich auf. Speckbacher selbst wagte nicht, bei ihm zu bleiben; er eilte wieder davon, und in dem hochgelegenen Dorfe Dulfes verkroch er sich in den Glockenturm, wo er ein paar Tage zubrachte.

Bald waren auch hier die Häscher wieder, und der Geächtete mußte abermals in die höheren Gebirge hinauf. Der brave Freund auf dem Voldererberg schickte ihm dann und wann Lebensmittel nach. Auch Speckbachers Knecht, der getreue Zoppel, der in Rinn das

Hauswesen besorgte, wußte seinem Herrn manchmal Nahrung und anderes beizubringen.
Eines Tages brachen die Häscher auf den Hof in Rinn ein, setzten dem Zoppel das Bajonett an die Brust, und er solle augenblicklich sagen, wo sich Speckbacher aufhalte.
»Ihr schreckt mich schon lang nicht«, antwortete der Knecht mit aller Ruhe; »erstens weiß ich nicht, wo mein Bauer jetzt ist. Und wenn ich's auch wüßte, glaubt ihr denn wirklich, daß ich es euch auf die Nasen binden wollte? Gewiß nit. Stecht's mich nieder!«
»Stechen wir dich nieder«, antwortete der Patrouillenführer, »so hast du nichts davon und haben wir nichts davon. Das wollen wir uns gescheiter einrichten, und du bist doch auch nicht so dumm, daß du dein Glück mit Füßen treten und für einen Lumpen aufopfern wolltest. Sage, wo er sich aufhält, und du hast so viel Geld auf der Hand, daß du dir den schönsten Bauernhof im Inntal kaufen kannst.«
»Ich habe mein Wort geredet«, sprach der Zoppel und sagte kein weiteres mehr. Sie mußten unverrichteter Dinge abziehen.
In das gastliche Bauernhaus auf dem Voldererberg kam eines Tages eine Patrouille, und als sie Speckbachers Kinder sah, fragte man die Bäuerin, wem die vielen Kinder hier gehörten?
»Wem denn, als wie mir!« antwortete die hochbetagte Bäuerin.
»Auch das kleinste, welches vorhin in der Küche draußen von einem andern Weib gesäugt worden?«
»Ist von meiner ältesten Tochter das Kind.«
Sie fragten nicht mehr weiter. Die Speckbacherin hatte insgeheim gezittert.
Am Lichtmeßtage, als die Speckbacherin eben von der Kirche in ihr bäuerliches Asyl zurückgekehrt war, stand auf einmal der Josef vor ihr.
»Hab's nimmer länger ausgehalten da oben«, sagte er, »und heut ist ja dein Namenstag, da will ich bei dir sein.«
Es war eine Freude, und die Weiber des Hofes huben an, an einem festlichen Mittagsmahle zu schmoren. Da stürzte plötzlich der Hausvater zur Tür herein: »Die Boarn kommen!« Speckbacher will fliehen, aber das Haus ist schon rings umzingelt. Das Entkommen scheint unmöglich. Was tut der Geächtete? Er nimmt einen an der Wand lehnenden Holzschlitten auf die Schultern und schreitet, unter solcher Last gebückt, langsam zur Tür hinaus und den Häschern entgegen. Da sie ihm den Weg verstellten, so brummte er: »Geht's auf d'Seiten!« und scheinbar für sich: »Bei der Heidenzeit da hat einer nicht einmal am Feiertag Ruh. Holz heimfahren, Holz heimfahren, heißt's! Leutschinderei!«
Die Soldaten glaubten, es wäre ein mißmutiger Knecht vom Hause, und ließen ihn gehen.
Auf einer fast unzugänglichen Höhe des hinteren Tulfeser Gamsgebirges war eine Höhle, die dem Speckbacher schon in seinem Wildschützenleben als Zufluchtsort gedient hatte. Das war das letzte Asyl, welches er wußte. Für den äußersten Notfall hatte er schon früher dorthin einigen Vorrat an Mehl, Schmalz, gesalzenem Fleisch und Brennholz gebracht; so auch eine Anzahl von Schießgewehren mit Zugehör.
Zu dieser Höhle stieg unser armer Geächteter mit vieler Mühe hinan, und zwar in Nacht und Schneegestöber, damit jegliche Spur hinter ihm verweht und vertilgt sei. Um für alle Fälle seine Verfolger zu täuschen, band er sich seine Schuhe verkehrt, mit den Absätzen

nach vorn, unter die Füße. Den einzigen Zugang zur Höhle verschanzte er mit allen Mitteln und war entschlossen, wenn sie kämen, sich gegen jede Überzahl zu verteidigen. Seine Gewehre hatte er stets geladen in Bereitschaft. Nur das eine fürchtete er: im Schlafe überrascht zu werden. Zu solcher Vorsicht legte er unweit des Einganges auf den einzigen schmalen Fußsteig eine geladene Büchse, die er mit Reisig verdeckte. An dem gespannten Schloß dieses Gewehres befestigte er einen Bindfaden, den er ganz niedrig über den Fußsteig spannte. Jedes leise Berühren dieses Fadens von einem Herannahenden mußte das Gewehr entladen und durch den Knall den Schlummernden wecken.

In dieser Öde verlebte der Flüchtling, ferne von den Menschen, den Rest des in diesem Jahr (1810) sehr langen Winters. Gemsen und Steinadler waren seine Lebensgefährten und körperliche Schmerzen seine Gäste. Denn allmählich begann eine und die andere der zahlreichen Wunden sich wieder zu entzünden; Fieberfrost stellte sich ein. Er überwand, so gut es ging. Mit der heranrükkenden Frühlingszeit kamen gewaltige Elementarereignisse: entsetzliche Stürme, Schneelawinen, Eisbrüche. Das Krachen und Donnern war grauenvoll, und selbst die Gemsen kamen entsetzt zum Eingange der Höhle heran. Und eines Nachmittags, als der Alpeneinsiedler an den Hängen hingestiegen war, um Reisig zu sammeln, erfaßte ihn eine solche niederfahrende Lawine. Kaum konnte er noch denken: Jetzt hat's ein End, Gott, steh mir bei! – als er auch schon bewußtlos zur Tiefe fuhr.

Aber sein Unglück war so groß, daß immer noch so viel Glück dabei war, als er bedurfte, um nicht ganz zugrunde zu gehen. Über einem jähen Abhang, an einer Legfähre, blieb er hängen. Zum Bewußtsein zurückgekehrt, versuchte er wieder aufzustehen, wurde aber gewahr, daß er sich das Hüftbein derart verrenkt hatte, daß ihm das Aufwärtsschreiten unmöglich war. So weit getrieben, faßte er nun in der Verzweiflung den Entschluß, lieber bei den Menschen zu sterben, als im Hochgebirge elend, wie ein wildes Tier, umzukommen.

All seine Kräfte bot er auf und schleppte sich hinab nach Voldererberg zu seinem Freunde. Auf dem qualvollen Marterwege dahin kam ihm der Gedanke, seinen Freund aufzufordern, daß er ihn gegen die ausgesprochenen 500 Gulden den Baiern überliefere; das Geld solle teilweise Speckbachers Familie, teilweise dem gastlichen Freunde in Voldererberg zufallen.

Der aber bedeutete ihm kurz und scharf, für einen Josef Speckbacher wären solche Gedanken eine Schmach, und kein braver Tiroler würde sich hergeben, den Schergen zu machen.

Speckbachers Familie war indes, nachdem ihr versichert worden, daß ihr die Baiern kein Leid mehr zufügen würden, bereits wieder auf ihren Hof nach Rinn zurückgekehrt. Nachdem sich Speckbacher einige Tage in Voldererberg ausgeruht und daselbst durch die Vermittlung seines Freundes sogar ärztliche Hilfe von einem alten Kampfgenossen erfahren hatte, erwachte in ihm eine unwiderstehliche Sehnsucht nach seiner zwei Stunden entfernten Heimat Rinn und nach seiner Familie. Der Voldererberger und der Arzt begleiteten ihn in einer unwirtlichen Nacht; er mußte sich auf beide stützen, um zur Not weiterkommen zu können.

Auf diesem nächtlichen Wege begegneten

ihnen sogar zwei Häscher, von welchen sie angehalten und befragt wurden, ob sie nicht Waffen bei sich hätten. »Waffen nicht, aber einen Sterbenden, wenn ihr wollt!« antwortete der Voldererberger. Da trollte sich die Patrouille davon.
Noch vor Tagesanbruch erreichten sie Speckbachers Haus. Es schien ihnen nicht ratsam, die Leute zu wecken, sie trugen den Kranken in das Stallgebäude, welches ungefähr vierzig Schritte vom Hause entfernt stand; dort legten sie ihn aufs Stroh und kehrten auf ihren Berg zurück.
Der alte, treue Haushund war der erste, welcher seinen armen Herrn in der Morgenfrühe besuchte und in freudigster Aufregung bellte und winselte, bis der Stallknecht Zoppel herbeikam, um zu sehen, was es denn hier gäbe. Der Knecht weinte wie ein Kind, als er Speckbacher so sehr abgemagert und erschöpft hier liegen sah. »Aber Gott Lob!« rief er, »weil du nur da bist. – Nur darfst nit ins Haus, Bauer. Schier jeden Tag schleicht so ein boarischer Spion um den Hof herum und lugt, ob sich der Speckbacher nicht eingefunden hätt. Freilich durchstöbern sie gern auch den Stall und weiß ich nicht recht, was wir machen sollen.«
Aber in dem halbtoten Geächteten war der schlaue Geist noch nicht erloschen. »Zoppel«, sagte er, »da im Stall, gleich von der Tür herein, neben der ersten Kuh am Fußboden grab ein Loch, sechs Fuß lang, drei Schuh tief; da leg ich mich hinein.«
»Oh! nicht begraben«, unterbrach ihn der Knecht traurig.
»Laß mich ausreden. In das Loch leg ich mich hinein, du legst Bretter darüber, deckst sie mit Streu zu, laßt aber am Kopf ein so großes Loch, daß ich Luft krieg und was essen kann. Du besorgst ja den Stall und die Küh, so wirst auch mich besorgen, und kein Mensch braucht etwas davon zu wissen – mein Weib dieweilen auch nicht.«
So geschah es. Und in dieser beispiellosen Lage – nein, das Beispiel ist das Grab – brachte der Geächtete fünf Wochen und fünf Tage zu. Im Hause lagen fast ununterbrochen die bairischen Einquartierungen, die stets das Gehöfte umspähten. Marie betete täglich mit den Kindern für den Vater, den sie hoch oben im wilden Gebirge glaubte. Speckbacher hörte eines seiner Kinder vor dem Stalle sogar einmal rufen: »Mutter, wo ist denn der Vater so lang?« – Sie hatten keine Ahnung, wie nahe er war. Und der treue Knecht hegte und pflegte ihn mit Milch, Brot und Eiern und Wäsche, so gut er konnte, und ließ niemand in den Stall als die Häscher, die freilich nicht abgewiesen werden konnten. Sie stachen mit den Bajonetten in den Futterbarren und Streuhaufen herum; einmal trat einer so nahe ans Luftloch des lebendig Begrabenen, daß ihn dieser fast mit den Zähnen bei der Ferse hätte fassen können. Aber entdeckt wurde Speckbacher nicht.
Speckbacher litt in dieser Zeit unsägliche Schmerzen, sowohl an seinem halbsiechen, eingeengten Körper als auch an seiner Seele. Er war daheim und hatte keine Heimat mehr; er war seinen lieben Angehörigen nahe und durfte sie nicht sehen. Endlich aber ließ er seinem Weibe mitteilen, daß er da sei. Sie war vor Freude und Schmerz völlig außer sich, ihn so wiederzusehen.
Draußen hub der Frühling an; dem Vergrabenen wurde die Lage von Stunde zu Stunde unerträglicher, aber in der Gewißheit, daß sein Auferstehen sein Verderben wäre, hielt er noch aus.
»Mußt drinnen bleiben, Bauer«, sagte ihm der

Knecht eines Tages, »den Sandwirt haben sie schon ertappt, der ist hin. In Welschland drinnen derschossen.«
»Und unser Kaiser?« rief Speckbacher aus seinem Grabe hervor, »legt er sich denn gar nicht ins Mittel für uns beim Napoleon?«
»Der wird jetzt sein Schwiegersohn«, antwortete der Zoppel.
Da hörte man im Boden drin die Zähne knirschen. Und nach einer Weile sagte Speckbacher: »Zoppel, erzähl' vom Hofer, wenn du was weißt.«
»Der hat sich nit einmal die Augen verbinden lassen beim Derschießen«, sagte der Knecht.
Da stieß Speckbacher einen Laut aus, der war wie ein Juchschrei – der war wie ein Siegesruf.
Allmählich stellte es sich heraus, daß die Ruhe und die Stallwärme günstig auf die Gesundheit des Geächteten gewirkt hatte. Und mit der Wiederkehr seiner Kraft kehrte auch sein Mut und seine alte Zuversicht zurück. Er fürchtete sich vor nichts, und so stieg er am zweiten Mai aus dem Grab. Daß er wieder fort müsse, war gewiß, der Abschied von seinen Lieben war bitter hart, aber die Flucht über das Gebirge war glücklich, und gegen Ende Mai war Speckbacher in Wien.
Die hohen Herren hatten viel Getue mit dem bäuerlichen Helden und hefteten ihm die goldene Medaille auf die Brust. Dann schenkte man ihm ein Landgut. Aber wo? In einer Sumpfgegend unten im Banat. Da wollte es dem Alpensohne nicht gefallen und ohne sein Weib schon gar nicht. Doch sein Weib schrieb ihm, es gehe ihr schlecht genug, es sei ihr so hart, daß Tirol nicht mehr österreichisch wäre, sie sehne sich unsäglich nach ihrem lieben Manne und die Kinder nach dem Vater, aber ins Ungarland hinabgehen? Nein, lieber daheim betteln!
So verzichtete auch Speckbauer auf das Gut im Banat und erwarb sich in einem Dorfe bei Wien ein Häuschen. Aber auch hier wollte es seinem Weib nicht gefallen. Als die Speckbacherin von einem Besuche daselbst nach Tirol zurückkehren wollte, und zwar so rasch als möglich, weil sie erfahren hatte, daß daheim ihre Kinder erkrankt seien, wurde sie in Salzburg von den Baiern festgenommen, nach München geschleppt und dort dreizehn Wochen in einem finsteren Gefängnisse, dem Taschenturm, verschlossen. Hier kam die arme, unschuldige Frau fast von Sinnen, weil sie an ihre kranken Kinder dachte, die sie ohne Mutterpflege sterben und verderben sah. Ferner wußte sie in derselben Stadt, in deren Mauern sie schmachtete, ihren gefangenen Sohn Anderl, ohne ihn sehen zu können. Man bedeutete ihr, daß man sie so lange gefangenhalten werde, bis sie die Einbringung ihres Mannes vermittle. Da lachte sie wie wahnsinnig auf und rief: »So werde sie ihr Lebtag keine Freiheit mehr sehen!«
Endlich sah man die Fruchtlosigkeit ihrer Gefangenschaft ein und ließ sie frei. Sie fand daheim ihre Kinder frisch und gesund. Als Speckbacher erfuhr, wie sie seinetwegen so lange im Gefängnisse geschmachtet hatte, entbrannte sein Zorn gegen die Baiern von neuem. Als er später wieder losging gegen die Fremdherrschaft, kehrte Speckbacher rasch nach Tirol zurück, um für die Unabhängigkeit seines Vaterlandes zu kämpfen. Tausend Gulden setzten die Baiern auf sein lebendiges oder totes Haupt. Heute Flüchtling, morgen wieder Häuptling, so verbrachte er die Tage in Not und Gefahren, unerschütterlich an den Stern Tirols glaubend, der Fahne Österreichs vertrauend.
Und sein Glauben wurde nicht zuschanden.

Im Juni 1814 kam durch den Pariser Vertrag Tirol und Vorarlberg wieder an das österreichische Kaiserhaus zurück.
Die Tage der Prüfung waren vorüber. Speckbacher hatte die Majorswürde erhalten und eine jährliche Gnadengabe von 1000 Gulden. Mit reichen Auszeichnungen und hohen Ehren kehrte er nach Rinn zu seiner Familie zurück und übernahm wieder seinen Hof. Und eines lichten Gottesmorgens kam ein schöner, frischer Jüngling in grauem Studentenröcklein des Weges und trat ins Haus des Speckbacher. Alle taten einen Freudenschrei, als sie ihn sahen – es war Anderl, der Sohn und Bruder.
An diesem jungen Gefangenen hatte König Max von Bayern eine herrliche Königstat vollbracht. Er ließ den Sohn seines erbittertsten Feindes nicht in den Kerker werfen, sondern nahm ihn in das königliche Gymnasium auf, wo Andreas Speckbacher zu einem edlen, tüchtigen Manne herangebildet wurde. Andreas widmete sich der Bergmannswissenschaft, studierte später in Schemnitz und verlebte die erste Zeit seiner praktischen Tätigkeit im Gußwerk zu Mariazell in der Steiermark. Dann kam er nach Tirol und wurde dort einer der ausgezeichneten Montanistiker seiner Zeit.
An dem Vater Speckbacher begannen sich – als er wieder in der Ruhe der Häuslichkeit lebte – bald die Folgen seiner Anstrengungen, Verwundungen und Entbehrungen zu äußern. Als fröhlicher Mann zog er mit den Seinen in die Stadt Hall hinab. Dort sammelte sich oft ein Kreis von Zuhörern um ihn, und er erzählte leuchtenden Auges von den Taten der Tiroler in den Tagen der Gewalt.
Im Jahre 1820 erlag er als 52jähriger Mann einer Nervenkrankheit. Auf seinem einfachen Grabstein im Friedhofe zu Hall lesen die Nachkommen folgende Worte:

»Im Kriege wild, doch menschlich auch.
Im Frieden still und den Gesetzen treu.
War er als Krieger, Unterthan und Mensch
Der Ehre und der Liebe werth.«

Ein Spaziergang in den Alpen

(zu den Bildern »Besuch auf der Alm«
und »Aufbruch zur Jagd«)

Ich lade euch zu einem Spaziergang in den steirischen Alpen. Ausgangspunkt Mürzzuschlag. Von der Eisenbahnfahrt bis Neuberg ist nichts zu melden. Man fährt in der Herrenklasse, bewundert das forellenreiche Alpenwasser, das malerische Felsengebirge und den höflichen Kondukteur – das ist alles. Im Postwagen von Neuberg bis Mürzsteg büßt man bereits die frühen im Waggon geflöteten Elegien über »das idyllische Reisen in Ländern, wo die Eisenbahn Romantik und Naturschönheit noch nicht zerstört hat.« Man fragt, warum neben handebener Talsohle die Poststraße fortwährend bergauf- und talabgeht und findet keine Antwort dafür als die: Weil sich die Leute ihre Wege so beschwerlich machen, als sie nur können. Wir Kinder der Eisenbahnzeit vermögen derlei Krumm- und Winkelzüge nicht mehr zu verstehen.
Hinter Neuberg qualmt in dem riesigen Eisenwerke noch einmal die Kultur auf mit ihren pochenden Maschinen und ihrer rußigen, brustbeklemmenden Luftschicht – dann gehen wir fast plötzlich in den schier noch jungfräulichen Bereich der Alpen ein.

An der Straße stehen die steildächerigen Holzleuthäuser mit ihren armseligen Ziegenhütten; am Waldrand grasen die Hirsche, und wer ein gutes Auge hat, hoch in den Felsen oben bewegen sich kleine dunkle Pünktlein hin und her, über welche unser Kutscher fast außer Rand und Band kommt. »Gamsen, meine Herrschaften, Gamsen! Ihrer sieben sind's, ihrer neun!«

»Die möchten wohl schwer herunterzukriegen sein von der hohen Wand«, meint ein Wageninsasse.

»Der Kaiser kriegt sie herunter – da hat's nix.«

Da hat's nix, das heißt soviel als: dem steht nichts entgegen, oder: ohne Zweifel; und in der Tat, an Altersschwäche werden nicht viele Gemsen sterben in diesen Revieren.

Wer von Mürzsteg an der Dobrain entlang das Tal gegen Niederalpel wandert, der findet die Wunder der hohen Veitsch, des höchstn Berges zwischen der Salza und der Mürz. Aus blauender Himmelshöhe niederdräuende Felshänge – senkrechte Wände, überhängende Zinnen, bizarre Säulen und Zacken spielen, vermögen aber nicht, unser Auge für sich zu gewinnen, dieses steht ganz im Banne der stundenweit sich hinziehenden, sechstausend Fuß hohen Wuchten. Sie werden gegliedert durch grauenhaft zerrissene Schründe, seit der Welt Urständ von keinem Sonnenstrahl getroffen; aus den Klüften des Berges ziehen Straßen von Schutt und Gries ihr breites Band schräg nieder zwischen den starren Felsmassen, wovon eine einzige groß genug wär, um daraus die ganze sächsische Schweiz zu meißeln; nieder zwischen den blaugrünen Zirmpelzen zu den weiten Wäldern, in deren Böschungen und Mulden der gewaltige Berg – müde der finsteren Herrlichkeit – sanft sich ausflacht in das Tal. Dieses Tal der Dobrein liegt höher als die Berghöhen bei Graz stehen, deretwegen der Sonntagstourist Kniehosen und Bergstöcke nimmt.

In den Almhütten der Veitich und den Neunberger-Bergen gibt es saubere Geschöpfe Gottes und finden sich recht häufig städtische Besucher ein, um Gott in seinen Geschöpfen zu verehren. Diese Besuche auf der Alm schauen in Steiermark nicht anders aus als etwa in Tirol, und wer es wissen will, wie gemütlich es dabei hergeht, und doch nicht auf den hohen Berg steigen mag, der gucke einmal Defreggers Bild an: Der Besuch auf der Alm. Er wird viel sehen, und mehr noch kann er sich denken. Man braucht weiter nichts zu sagen.

Wer von Mürzsteg der Mürz entlang gegen das Tote Weib wandert, der macht sich fürs erste Vorwürfe. Er macht sich Vorwürfe, daß er jemals in ferner gelegene Alpenländer ging, um Naturschönheiten zu suchen, bevor er diesen herrlichen Wildpark betrat. Oder ist's gerade mir angetan, daß ich allemal jauchzen muß vor Freude, sooft ich diesen stundenlangen Kiesweg dahinschlendere über Matten, durch Wälder, die in der Ebene liegen, in deren Grund die klare Mürz fließt, über deren Wipfel die sonnigen Schilder der Felsen niederleuchten! Ich habe viel schon an der Natur gesehen und jauchze nicht mehr so leicht; aber es ist auch gar zu entzückend, wenn einem auf dem glatten Weg herab so ohne alle Ziererei die Schönheit der Hochalpen ins Auge und ins Herz fällt. Am Scheiterboden weitet sich das Tal, damit sie in luftiger Runde die Bergformen, Gräben und Schluchten mit ihren halb versteckten Wasserfällen, die malerischen Baumgruppen und Alpenhäuser noch einmal vorstellen können, dann schieben sich die ehernen Vorhänge der

Besuch auf der Alm

Aibelwand und der Wände des hohen Protes ineinander, nichts als eine senkrecht niederfallende Engschlucht lassend, welche sich die Mürz in jahrtausendelangen Kämpfen erobert hat. Als ich das letztemal diese Gegend zum Toten Weib besuchte, habe ich die Eisenklammernstege, die eine dreißig Minuten lange Strecke an der Felswand über der brausenden Mürz gebaut gewesen, nicht mehr gefunden.

Lange hatte die Lokomotive ihre Kundschafter ausgesandt, sie kamen ihr stets mit dem Bescheid zurück, das wäre kein Weg für die Lokomotive, und diese Berge und Wässer ließen ihm sagen, sie solle sich nicht in alles dreinmischen, es gäbe immerhin noch Leute im Gebirge, die gut bei Fuß wären.

So hat man wenigstens für die Sachen, die am Toten Weib aus und ein zu befördern sind, in die Felsen einen schmalen Fahrweg ausgehauen, und so kann man sich jetzt – wenn man die höhere Bequemlichkeit dem höheren Naturgenuß vorzieht – die unten an den massigen Felsblöcken gischtende Mürz, das Edelweiß, das am jenseitigen Hange blüht, und den stolzen Wasserfall mit seinen schwindelnden Treppen und seinem Kreuzbild vom Wagen aus ansehen.

Als im August 1883 die Kaiserin Elisabeth hier über den Steg ritt, brach das Pferd durch und wollte in die Tiefe stürzen. Leute, die in der Nähe arbeiteten, verhüteten ein großes Unglück. Aus Dankbarkeit hat die Erzherzogin Maria Valerie an jener Stelle das Bild des heiligen Georg anbringen lassen, der den Drachen tötet. Der Drache stellt also die Gefahr dar und St. Georg die Holzhauer, die rettend eingegriffen hatten. Unter dem Bilde steht ein Vers von der jungen Erzherzogin, der kindlich fromm folgenderweise lautet:

»Zur Erinnerung an den 26. August 1883.

Heiliger Georg, Reitersmann,
Der vor Gefahr uns schützen kann,
Der meine Mutter oft beschützt,
Wo keines Menschen Hilfe nützt.

Ich bitte Dich mit Zuversicht,
Verweigere mir die Bitte nicht,
Beschütze stets das theure Leben,
Das mir das Licht der Welt gegeben.

Marie Valerie

Die Frein ist ein von waldigen Bergen umschlossenes Wiesental, in welchem zerstreut die kleinen, aber schmucken Häuser der Holzknechtgemeinde stehen. Kirche, Pfarrhof und Schulhaus sind unter einem Dache und bilden zusammen das einzige größere Gebäude der ganzen Gegend. Die Gemeinde ist etwa vor siebzig Jahren gegründet worden, als man anfing, die dortigen Hochwälder für das Gußwerk zu schlagen.

Bisher war dieses stille Dorf besonders gegen Mürzsteg hin abgeschnitten gewesen und in seiner Welteinsamkeit dagelegen, bis etwa einmal ein Tourist oder ein Wallfahrer über seine Matten schritt. Alles, was man aus den vorderen Gegenden bedurfte, mußte auf den engen Stegen der Schlucht mühsam geschleppt werden. Wohl einen großen Festtag bedeutete es, als der neue Weg eröffnet ward, eine Erlösung aus der Einöde, eine Vermählung mit der Welt. Rührend war's, wie die Holzer und Hirten und Häusler aus allen Hochtälern hervorkamen, in ihrem schmucken Gewand, mit frohen Gesichtern – als wäre es Ostertag, Fahnen hatten sie auf die Giebel ihrer Häuser gesteckt, Böller hatten sie losgebrannt in ungezählten Salven. Te deum laudamus hatten sie gesungen, und ein junger Ingenieur hatte ein munteres Alpenmägdlein geküßt – so heiter und sinnig ist das Vereinigungsfest der Kultur mit der Natur begangen worden.

Wer einmal aus Fernen in die Frein kommt, der kehrt dort nicht um, den zieht's unwiderstehlich weiter gen Nordwesten hin zum merkwürdigsten Tempel, der in unseren Alpen aufgerichtet steht. Mein Gastwirt hat mir ein Steirerwäglein unter den Leib getan und zwei flinke Rößlein daran gespannt – so fuhren ich und zwei herzliebe Leutchen, die neben mir saßen, zur taufrischen Morgenfrühe im Alpentale dahin. Rechts oben die grünen Höhen der Wildalpe und des Student, links die schattigen Wände des Brotes, des Erlenstein und endlich des Tonion, zu Füßen den rauschenden, dampfenden Freinbach, dort und da in tiefer Hochwalddämmerung, dort und da über blumige Wiesen und Kornäckerlein, die allemal der erste Herbstschnee erst reift, dort und da vorüber an einer malerischen Hütte oder über eine Brücke – so glitten wir dahin. Mählig stieg's an gegen das Henreit zu Schwaighütten und mählig sank's jenseits hinab zum im Alpenfrieden daliegenden Jägerhause auf der Schöneben. Auf dem Henreit waren die Hirsche von den dünnbewaldeten Lehnen des Student gemütlich niedergestiegen und hatten faßt unmittelbar vor unserem Wagen über den Weg gesetzt, daß sich die Pferde fast eher vor den Tieren erschreckten, als diese sich vor uns.

In der Schwaighütte auf dem Henreit waren Jäger, die mit der jungen Schwaigerin schäkerten. Das treuherzige Lachen dieses Naturkindes hättet ihr sehen und hören sollen! Nur unser Defregger gibt in seinem Bilde: »Aufbruch zur Jagd« ein ähnliches wieder.

Im grünen Kessel der Schöneben gesellte sich der brausende Fallensteinbach zu uns; der kommt von den sanften Matten der Buchalpe herab und hätte mich an die dortigen Sennhütten erinnern können, wo ich einst – das ist schon lange her – auf Wallfahrtswegen mit der Almerin einen Rosenkranz betete, wobei die Betschnur riß und wir in allen Winkeln der Hütte herumkriechen mußten, um die Holzperlen wieder zu sammeln. Ein paar Dingelchen müssen heute noch in irgendeiner Fuge stecken.

Durch das waldfrische Engtal abwärts, stets im Schatten des Tonion, kamen wir eine Stunde unterhalb der Schöneben zu einer breiten, blendend weißen Straße, und über unserem Haupte summten die Fäden des Telegraphen. Wir waren im Tal des Aschbaches und an der Kapfenberg-Mariazellerstraße. Auf derselben begegneten uns Leute, die Rosenkränze und glitzernde Amulette über der Brust hängen hatten. Rotwangige Dirnen trugen auf dem Kopf grüne Krönlein aus Wachskerzen geflochten; alte abgehärmte Frauen hatten solche Krönlein am Stock hängen, an welchem sie mühsam daherwankten. Noch liegt an unserem Wege wie ein Fetzen staubiger Prosa das Gußwerk, dann wendet sich die Straße der uns hier bereits entgegenrieselnden Salza entlang durch die Talenge, in deren Hintergrund auf steilem Berglein die Sigmundskapelle steht. Sie ist uralt und soll in derselben vor Zeiten das Gnadenbild aufbewahrt worden sein und die ersten Wunder gewirkt haben.

Welches Gnadenbild! Dort am roten Kreuz blicke durch das Laubwerk der Eschen und Ahorne. Siehst du die schwarze gotische Turmspitze? Ihr Knopf, ihre Zacken funkeln wie Flämmlein. Die im Winde leise fä-

Aufbruch zur Jagd

chelnden Blätter verdecken dir jeden Augenblick das Bild und enthüllen es wieder, und leise flüstern dem Ohre des Gläubigen ringsum die Wipfel der Bäume: Salve regina!

Mariazell! Es liegt im grünen Alpentale zwischen schönen Waldbergen, über welchen aus fernem Hintergrunde die Wände des Detscher, der Schwabenkette und anderer Steinriesen hervorblauen. Kein Eisenhammer pocht, keine Maschine knarrt; das Turmgeläute von Zell tönt zart wie Saitenklang über die Matten und klaren Wässer hin. Der Ort und über ihn hoch ragend die dreitürmige Kirche liegt auf einer Anhöhe, zu der wir in Schlangenwindungen der Straße hinaufsteigen. Zweimal taucht die Kirche vor uns auf und zweimal sinkt sie wieder in die Erde, daß man nichts mehr sieht als den goldenen Turmknauf – das dritte Mal bleibt sie vor uns stehen in ihrer vollen Pracht, und wir gehen zwischen den Häuserreihen gerade ihrem Portale zu.

In Zell ist schon mancher profane Tourist unwillkürlich zum Wallfahrer geworden. Es ist schwer, kühl vernünftig zu bleiben bei dem Gedanken, wie viel Leib und Jammer seit siebenhundert Jahren an diesen Mauern zusammengetragen worden ist. Auf einem See von Tränen könnte es stehen, das heilige Mariazell. Seuchen, Krieg und Sterben, Feuer und Wasser, Unglücksfälle aller Art schicken ihre Weinenden, Bittenden her und alle Not und Gefahr, deren Schrecken und Angstschrei längst vergangen, hier wacht alles wieder auf in der Erinnerung. – Wenn man nun, bereits aufgeregt durch schaurig schöne Naturbilder, die unseren weiten Weg bedräuten, die zahllosen Votivtafeln betrachtet, die in der Wallfahrtskirche hängen und mit ihren naiven Darstellungen von Not und Jammer unser Herz furchen, dann sind wir in der Stimmung, mit den Weinenden zu weinen, mit den Gläubigen zu beten. Nirgends auf der Welt habe ich so innig beten gesehen als vor dem lichterbestrahlten Gnadenaltar in Zell. Manches Weltkind kniet dort in dämmernder Abendstunde und faltet schluchzend die Hände …

Auf dem Gnadenaltar hinter dem schweren silbernen Gitter, umgeben von eitel Silber und Gold, unter dem Zelt und in weißer Hülle prangt das uralte Muttergottesbild. So sehr ich in dieser Kirche aus vielfachen Gründen der Weihestimmung unterworfen bin, vor dem Bilde fühle ich nichts. Es ist weit, so weit ab von jenem Bild meines Marienideals, das mir Raffael gegeben hat. Dieses hehre Gnadenbild trage ich nach Zell und wieder in mir von hinnen, dieses Bild sehe ich mit dem inneren Auge und in seinem Angesicht schlägt der Marienkult zu Zell mein Herz in den Bann des Gemütes! Der Bann steigert sich noch, wenn man den berükkenden Gesang einziehender Wallfahrer vernimmt, ihre Bittgänge mit Lichtern in der Hand, ihre Gebärden der Buße, wie sie kniend um den Altar wanken, wie sie aufrechtstehend über ein Achseljoch ihre Hände ringen, wie sie der Länge nach mit ausgestreckten Armen auf den kalten Quadern des Bodens liegen.

Aber der Bann bricht sich, wenn man den Götzendienst betrachtet, der nicht mehr dem Gemüt entspringend, hier getrieben wird. Um die sogenannte Frauensäule, die im mittleren Schiff der Kirche steht, unterhalb der herrlichen Kuppel, zieht sich ein Opferherd, auf welchen wächserne Figuren wie Hände, Füße, Herzen, Augen und so weiter zusammengetragen werden, um mit solchem Opfer

die Heilung eines kranken Gliedes zu bezwecken. Auf diesem Herd brennen immer zahlreiche Lichter, besonders in den Abendstunden ein Wald von Kerzen, deren Qualm an der Säule emporsteigt und das Frauenbildnis längst mit einer Rußschicht überzogen hat. Ob es jener Vorbeter und Vorfänger, der mit seinem brutalen, aufgedunsenen Gesicht während der Andacht allerlei Grimassen schneidet, der sein rotunterlaufenes Auge starr auf das Bildnis heftet, seinen Gesang zu einem kannibalischen Geschrei entartet und eitel Verzückung heuchelt – ob er es ahnt, daß man ihn auslacht? Neben den wirklich frommen Gemütsäußerungen ist der Pharisäer doppelt lächerlich. Niedersingt er sie! »Das fallende G'sang«, stimmt er an, und als er und der ihm nachsingende Chor zur Stelle kommt: »Jungfrauen, fallet zur Erden all' vor Mariazell im Gnadental!« da knien die unverheirateten Weiber nieder, legen sich auf den Boden hin mit zur Erde gekehrtem Gesicht und nach vorwärts gestreckten Armen. Mancher mag diese Stellung auf die Länge unbequem sein, aber sobald sie auch nur Miene macht, sich ein wenig vom Steinpflaster aufzulockern, drückt sie der Vorsänger oder auch ein anderer der Umstehenden mit energischer Hand wieder zurück auf den Boden. Erst wenn im Liede die Stelle kommt: »Jetzt, Jungfrauen, erhebet euch und grüßt Maria im Himmelreich!« dürfen sich alle wieder emporrichten.
Derlei Sachen kann man in dieser Wallfahrtskirche in Hülle und Fülle sehen; besonders die flawischen Wallfahrer treiben es bunt und grell, und die Priester sehen zu oder tun mit. Wird damit in dem Andächtigen wirklich eine Spannung der Seele gelöst, dann sei's.
Ich bedarf nach derlei allemal eines Versenkens in die Natur, und so stieg ich diesmal auf das Bürgeralpel bei Zell, das so wenig Mühe kostet und so viel bietet. Es ist ein herrlicher Kreis von Bergen und Tälern, der sich da oben ausbreitet. Der Koloß des Detscher, die Massen des Hochschwab, die Hänge der Veitsch, die Zacken der Neubergeralpen, die Pyramide des Göller, der Erlafsee und die glitzernden Bäche sind Punkte, von denen sich das Auge nicht trennen will. Freilich noch wirksamer ist das Gesamtbild mit seinen Hunderten von Bergspitzen, die sich wie eine ungeheure Krone flechten um das Zeller Tal. Eine Hochstimmung – aber eine andere als unten in der Kirche – kam hier oben über mich. Mein schönes, mein geliebtes Heimatland!

Zweiter Spaziergang in den Alpen

(zu den Bildern »Kleine Wilddiebe« und »Zur Gesundheit!«)

Das Tal von Kapfenberg bis Aflenz kennenzulernen, kann niemandem schaden. Es ist ein steirisches Gebirgstal, wie es »im Buch steht«. Auf dem Boden des Kurortes Steinerhof wandelnd, sieht man noch die schönen Berge des Renfeld, des Floning und andere Almen im freien Sonnenschein. Wir wandern den Törlbach entlang aufwärts bis zum Felsenblock, auf welchem die grünen Almen des Floning aufgebaut sind. Hier engt sich das Tal; an beiden Seiten steile, üppig bewaldete Berghänge, an den Lehnen manch kleines Äckerlein oder eine Matte mit Heuduft. Im tiefen Grunde die weiße breite Straße mit massigem Geländer hin und hin und mit den drei Tele-

Die kleinen Wilddiebe

graphendrähten darüber. Daneben rauscht und tost zwischen wuchtigen Felsblöcken das Wasser, oder es wallt rasch und weich über die Steine hin, die in den Jahrtausenden von der grünlichen Alpenflut glatt geschliffen worden sind. Wo neben Straße und Fluß noch ein grünes Wieslein Platz hat im Tal, da liegt es zwischen Silberweiden, Schlehdornsträuchern und Eschen. Dort auf dem Hang oder hier in der schattigen Nebenschlucht blinken zwischen Linden, Ahornen oder wilden Kirschbäumen die taubengrauen Dachbretter eines Hauses hervor, ein wehmütiges Denkzeichen an die Zeiten, da diese Berge noch der Tummelplatz fleißiger Bauern gewesen sind. Heute versinkt alles in die Schatten der aufwuchernden Wildnis, und nur der stattliche Eisenhammer im Talgrund sucht mit den Klingen seiner Werkzeuge das Jodeln und Jauchzen zu ersetzen, das ehedem die Gegend belebt hatte.
So schlängelt sich das Tal zwischen den waldigen Bergen hin, und oft muß der Weg den rollenden, grollenden Bach auf festen Brücken überspringen. Dann wieder eine räucherige Holzhauerhütte, deren Fugen der Wandzimmerung mit Kalk verklebt sind; davor, schier unter dem Schatten des aufsteigenden finsteren Fichtenwaldes, ein Gärtlein mit kümmerlichen Kohlpflanzen und freundlichen Nelkenstöcken.
In einer dieser Holzhauerhütten war ich vor Jahren Zeuge eines Strafgerichts. Wilde Nachbarsjungen waren in den Ziegenstall gedrungen und hatten ein Zicklein entführt. Einer hatte sogar ein Schießgewehr bei sich, um dem Kohlenbrenner die Hühner abzuschießen. Ob nicht Defregger ein ähnliches Gesicht gehabt hatte, als er seine kleinen Wilddiebe malte? – Ich kam hier gerade zurecht, wie die Jungen den Lohn erhielten; aber einer davon sagte während der Prügel zu seinem Vater: »Schlag zu, schlag zu! Bist selber ein Wilddieb!«
Ein paarmal leuchtete aus dem Hintergrunde dieses Tales über dem Waldkamm das weiße Gewände des Fölzstein auf, und endlich treten wir in den engeren Bereich der Hochschwabenkette. Das Törl bei Aflenz mit seiner uralten Felsenruine ist der Eingang. Hier gehen an beiden Seiten von den Hängen Felsenrippen nieder, die das ganze Tal einengen nicht bloß zu einem Tor, sondern sogar zu einem Törl, durch das zwischen dem stattlichen Eisenwerk und anderen Gebäuden, die sich gerade hier festgestellt haben, Straße und Fluß nur mit Mühe durchkommen. Knapp hinter der Enge zweigt sich das Tal; links geht's nach St. Gilgen und ins Herz des Schwaben hinein. Da drinnen steht auch jenes Wirtshaus, wo einmal ein übermütiger junger Mensch gebührend bestraft worden ist, wie der Verlauf dieser Darstellung zeigen wird. Rechts führt die Straße über Aflenz und Seewiesen ins heilige Mariazell. Es lichtet sich die Gegend, und der befreite Blick fliegt munter ins weite, sonnige Bergrund von Aflenz. Da tut sich links ein Tal auf. An den Lehnen Wald und Matten, aber im Grunde, zwischen einzelnen Fichtengruppen, blasse Sandhalden, durch welche bescheiden ein kalkiges Bächlein rieselt. Im fernen Hintergrund des Tales blauen finster und dräuend die wüsten Vorgewände des Hochschwab. Vielleicht liegt auch auf den weißen Wänden oder Schneefeldern der Mulden so greller Sonnenschein, daß es dein Auge blendet, oder die gewaltigen Steinbilder sind mit Schneegestöber verschleiert, während im freundlichen Aflenztal der milde

Sommertag träumt. Dieses Hochtal heißt die Fölz. Es hat wunderbare Herrlichkeiten, und hier ist es, wo ich einst einen lebenssatten Weltling rufen hörte: »Jesus, Maria! Und ein Mensch, der solches nicht geschaut, will gelebt haben!« Im Juli flammen in diesen schattigen Schluchten die Alpenrosen, die kein Tau des gischtenden Wildwassers zu löschen vermag. Und wenn du weit hineingewandert bist in die Falten des Hochgebirges, und wenn du dich auf einen Stein setzt, und wenn zwischen den Baumkronen die lichten Wände niederschimmern, und wenn das Brausen der Fölz dein Ohr betäubt, und wenn du trotz alledem noch so viel Besinnung hast, um hier deinen Imbiß einzunehmen, so schauen dir dabei die Gemsen zu.
Du warnst sie: »Hütet euch vor dem Jäger!« – »Hüte auch du dich!« hallt es zurück, »du willst empor in die Steinwüste, sie ist für den Unbesonnenen voller Gefahren.«
Hier durcheilt man auf bequemen Postwagen eine der schönsten, abwechslungsreichsten Gegenden der steirischen Alpen. Bei den Klängen des Posthornes sind Wald, Wiesen, Dörfer, Ruinen, Wässer, Mühlen, Matten und Felsenberge noch wonniger zu schauen als bei dem Pusten der Lokomotive. Und die Wirtshäuser! Und die goldhaarigen Schenkinnen! Das Posthorn lockt alles hervor. Der Dampfwagen schleift dicht von einem Kellnerfrack zum andern, und du weißt nicht, was unsere steirische Wirtinnen für holde Rosensträußlein in ihrem Mieder tragen.
Ein Wanderknab kümmert sich nicht um Postwagen und schaut lieber anderen Dingen nach als den Rössern auf staubiger Straße. Saß also damals, als ich an einem himmelblauen Sommernachmittag in goldener Jugendseligkeit dem Tal entlang wanderte, unter dem Schatten einer Esche ein liebliches Kind. Auf dem Schoß hatte es in blaues Tuch geschlagen einen flachen viereckigen Gegenstand, auf den es die Hände legte. So saß es da und schaute mir entgegen. Ich wußte nicht, wollte es auf mich warten oder mich vorüberziehen lassen, nahm aber das erste an. Ein rosiges Vollgesichtlein hatte es und zwei schwarze, kugelrunde Augen drin und ein feines Näschen, das sich so ein wenig aufstülpte, als wollte es sagen: »Bitte, wenn du bei den Lippen was zu tun hast, ich stehe dir nicht im Weg!« Und welch ein Lippenpaar! Zwei rote, sanft aneinanderliegende Kißlein, so harmlos preisgegeben den Blicken des herannahenden Knaben. Ein schwarzseidenes Tuch hatte die junge Maid um das Haupt gebunden und darunter schlängelten sich an den Stirnseiten so ein paar Goldlockenringlein herab, daß es schon des Teufels war.
So etwas hatte ich in meinem Leben noch nicht gesehen. Ich setzte mich zum Mädel hin, der Stein war breit genug für zwei, nahm sie bei der Hand und sagte: »Das ist schön von dir, Mariandl, daß du auf mich wartest!«
Wer wochenlang Zeit hat, der mag die Bekanntschaft mit einem herzigen Mädel unter »Sie« anheben; auf der Wanderschaft ist mir diese Umsiederei immer zu langweilig gewesen.
»Warten tu ich ja nicht«, lachte sie, »ich will nur ein bissel rasten, weil ich gar in Kapfenberg gewesen bin, und Mariandl heiß' ich auch nicht.«
»So?« rief ich, »hab doch gehört, daß in der Aflenzer Gegend alle sauberen Dirndln Mariandl heißen. Was tragst du denn da?«
»Da drinnen, da?« fragte sie und hob den tafelartigen Gegenstand ein wenig empor. »Das sag ich nicht.«

Zur Gesundheit!

»Sicherlich ein schönes Muttergottesbild!«
»Nein, kein Heiligenbild ist es nicht«, schmunzelte das Dirndlein.
»Oder der Liebste!«
»Keinen Liebsten hab ich nicht.«
»Oder hast dich gar selber malen lassen!«
»Ja wohl gewiß!« lachte sie auf, »malen lassen werde ich mich! Wer mich sehen will, der soll zu mir selber kommen.«
»Das hab ich getan. Malen kann man dich doch nicht. Der Maler täte früher mit der ganzen Staffelei niederbrennen vor lauter Lieb.«
»Da müßt man halt löschen«, meinte sie.
»Und ich möcht so gern sehen, was du da drinnen für ein schönes Bild hast.«
»Ja, das glaub ich!«
»Dirndl, zeig es mir!«
»Das zeig ich nicht her«, sagte sie schalkhaft und legte die Hände fester über die verhüllte Tafel. Als ich sie des Rahmens wegen ein wenig befühlen wollte, schob sie meine Finger weg, sagte, sie könne ihre Lebenszeit hier nicht versitzen, und machte sich auf den Weg. Ich ging mit ihr, und wir plauderten gemütlich dahin.
»Wie alt bist denn schon?« war meine Frage.
»Kann Er gut raten?«
Ich streckte meine zehn Finger aus: »Doppelt soviel!«
»Höher, Peter!«
»Höchstens noch einen dazu!«
»Stimmt.«
Bei einem Stadtfräulein dürfte man beim Erraten der Lebensjahre der Wahrheit nicht so nahe kommen.
Nun begegnete uns eine Kreuzschar, die aus Mariazell kam. Hinterdrein torkelte einer nach, der vielleicht bei der Rast in Aflenz sein Leben etwas zu sehr durchgeistigt hatte; er traf die Straße nicht immer haarscharf und trollerte ein paarmal an die Telegraphenstangen.
»Aber der ist fromm«!« sagte meine Begleiterin, »der telegraphiert sogar seinen Rausch nach Mariazell!«
Ich fragte sie nun, unsere Unterhaltung wieder anknüpfend, ob auch sie schon einmal in Mariazell gewesen sei.
Sie verneinte es.
»Aber«, bemerkte ich nach dem bekannten Bauernspruch, »jedes Dirndl muß ja neunmal nach Mariazell wallfahren gehen, bis es einen Mann kriegt!«
»Ja«, entgegnete sie, »und ein Mann muß neunmal nach Mariazell wallfahren gehen, bis er das Weibsbild wieder losbringt. Unser alter Knecht sagt's. So einen Spott brauch ich nicht. Ich mag keinen Mann.«
»Da hast ganz recht. Die Burschen sind auch viel feiner. Geh Dirndl, gib her dein Bild, ich will dir's tragen.«
»Dazu bin ich schon selber stark genug«, war ihre Antwort, und dabei nahm sie die verhüllte Tafel noch fester unter den Arm.
»Woher hast sie denn?« wieder meine Frage.
»Vom Kapfenberger Glaser.«
»Was ist denn drauf?«
»Das braucht Er nicht zu wissen.«
»Wo gehst denn hin damit?«
»Heim.«
»Ich geh mit dir.«
»Der Weg ist breit genug dazu.«
»Wo wirst denn das Bild aufhängen?«
»Halt über der Stübeltür.«
»Zu deiner Schlafkammer?«
»Kann schon sein.«
In dem Augenblick stand's bei mir fest: Du gehst mit ihr! Sie mag hingehen, wo immer. Gottes ist die Welt überall, du gehst mit ihr.

Vor dem ihr Wirtshaus in Törl werde ich sie – so viel mir noch erinnerlich ist, und was auch schicksam war – gefragt haben, ob sie nicht einkehren wolle? Nein, sie könne auch daheim trinken. Wartete aber doch nicht so lang. Auf dem Wege gegen St. Gilgen, unter einem verknorpelten Ahorn, ist ein Brunnen. Zu dem beugte sie sich nieder, nutzte die hohle Hand zu einem Schöpfer und trank.

»Kalt ist's!« sagte sie und schlenkerte von der Hand das Nasse.

»Jetzt geschwind ein Busserl d'rauf, daß es warm wird!« war mein Rat.

»Warum denn nicht!« sagte sie und trocknete die Lippen, »ein Busserl in Ehr'n geb ich Bauern und Herrn.«

»Und laß mir auch das Bild ansehen. Ich bitt dich, Dirndl! lieb Dirndl! deck's auf!«

»Aha!« rief sie, und es war so weit, daß sie mir die Tafel entwinden mußte. »Da zeig ich's nicht her, weil Er so gamerig (darnach lüstern) ist, just nicht!«

Etliche Minuten später trat sie in ein Haus, über dessen Türe Fichtenreisig und Hobelspäne winkten. Wein und Bier! Also ein Wirtshaus. Und da ist sie daheim. Um so besser, da kehrt man ein und bleibt über Nacht, wenn's zu spät zum Weiterwandern wird. Also hinein!

»Gott sei Dank!« sagte sie und legte in der Stube ab, dann zu mir gewendet: »Was schaffen wir?«

Ich aß und trank. Es waren ein paar lustige Burschen und Dirnen da, sie tranken Apfelmost und Branntwein und tranken einander und auch mir und meiner »Mariandl« auf gute Gesundheit zu. Stadtleute, die immer oben hinaus wollen, trinken sich ein »Hoch« zu, Landleute »gute Gesundheit«. Um so viel sind diese klüger. Und wenn ihr jene muntere Gesellschaft sehen wollt, so seht auch Defreggers Bild »Zur Gesundheit« an. Endlich, als die Burschen und Dirnlein recht viel Gesundheit in sich hatten, gingen sie davon. Ich blieb zurück und machte mir mit der »Mariandl« zu schaffen. Als sie neben mir auf der Bank saß, legte ich meinen Arm sehr gesittig auf ihre Achsel, und es war wieder die Sprache von dem verdeckten Bilde.

Weil es mittlerweile dämmerig geworden war, so meinte sie: »Jetzt warten wir schon damit, bis das Kerzenlicht kommt, daß wir eine gute Beleuchtung haben.«

Auch gut. Wir können bis Mitternacht hinein trinken, mir macht's nichts, und hier gibts weder einen Nachtwächter noch sonst einen Büttel. Wir können eins singen miteinander und lustig werden, mir macht's nichts. Wir können trautsam aneinanderrücken; »zwischen den kalten Steinbergen müssen die Leute um so wärmer und weichherziger zusammenhalten – nicht wahr, Dirndel?«

Endlich, als sie mit ihrem Vater und dem kleinen Gesinde Milchsuppe und Salat mit Speck gegessen und einiges von Kapfenberg ausgesagt hatte, ging sie an die Tafel, die auf einer Bank an der Wand lehnte, band die Tuchecken auseinander und schlug sie zurück. Daß ich, den Kerzenleuchter in der Hand, nahe hinter dem Dirndel stand, sehr nahe, ist leicht erhärtet; daß ich mit sehnsüchtiger Augenlust auf das Bild blickte, welches so geheimnisvoll getragen und bewacht worden war und welches jetzt enthüllt wurde, ist wahrlich leicht zu glauben. Die Hülle fiel und ich sah.

– Wie heißt es in jenem Gedicht? »Auf ewig war seines Lebens Heiterkeit dahin . . .«

Die Polizeiordnung. An der Wand lehnte frisch enthüllt die Polizeiordnung.

»Und jetzt schlafengehen!« sagte der Wirt. »Mariandl, führ den Herrn auf die Bodenkammer!«
Aus der Küche kam ein altes, schiefäugiges Weibsbild gewackelt, das nahm die Kerze und knurrte mich an, mit zu kommen. *Das* war die Mariandl.
Am nächsten Morgen, als ich wohlausgerastet in die Gaststube trat, war die Sonne da und der Kaffee und das freundliche Dirndel von gestern. Und die Polizeiordnung hing über der Tür zum Nebenstübel.
Ich verlangte nach dem Wirt, um zu rechnen. Das Dirndel nahm die Kreide und sagte, ich hätte *gestern* die Rechnung ohne den Wirt gemacht, ich möge es heute nur auch tun. Sie betrage just zwei Gulden, und froh sollte ich sein, daß sie mir keine größere machen könne. Zwei Gulden! Darauf war nun mein Handwerksburschenbeutel freilich nicht gefaßt. Aber sie hat recht, dachte ich, 's kunnt schlimmer sein! –
Zur Gesundheit! Am nächsten Morgen schrieb ich in mein Tagebuch: Wenn das Dirndel hübsch ist, so lockt es die Burschen selbst mit einer Polizeiordnung ins Haus.

Der Brautwerber

In der »Waldheimat« erzähle ich von dem reichen Bauer auf dem Sonnberg und seinem Sohne Jochtl. Der Jochtl war ein kleiner, festuntersetzter Bursche und es ging ihm ums Heiraten. Er wollte aber obenhinaus, er wollte keine Bäuerliche, sondern die Tochter eines Hammerherrn. So gingen sie, der Jochtl und sein Vater, ins Eisenschlössel, um zu freien. Dort gab's etliche heiratsmäßige Töchter, welche – da der alte Hammerherr schon gestorben war – von einer fürsorglichen und schneidigen Mutter gehütet wurden wie Küchlein von der alten Henne.
Die Älteste im Eisenschlößl!
Darnach waren sie jetzt auf dem Wege. Der Alte ging voraus, der Junge hinterdrein.

Studie

Letzterer trug etwas in der Hand, über das ein rotes Sacktuch gedeckt war.
Einmal blieb der Alte stehen, blickte seinen Sohn von oben bis unten an und sagte:
»Ist ja gar nicht wahr, daß du um einen Kopf kürzer wärst als andere Burschen, ich weiß nicht, was die Leute für Augen haben.«
»Ich hab kein Angst«, antwortete der Jochtl und stellte sich ein wenig auf die Zehen.
Fein aufgestellt war er heute, der Jochtl, daß es eine Freude war. Er war in seinem achtundzwanzigsten Jahr und recht vollbackig und nicht kaltblütig, ein wenig schlau und ein bißchen hartköpfig dabei. Er hatte noch nicht viel nach Weibsleuten ausgelugt.

Als sie nun dem Schlößl in die Nähe kamen, setzten sie sich auf den Rasen, und der Alte gab dem Jungen Verhaltensmaßregeln.
»Daß du dich hübsch und manierlich stellst und dein Nasenschnuppern stehen läßt. Späterhin kannst wieder schnuppern, wie der Will, wenn du die verfluchte Angewohnheit schon einmal nicht lassen magst. Nur heut nimm dich zusamm. Schön den Hut abnehmen und daß du mir nicht vergißt, wenn wir vortreten: Der alten Hammerfrau küssest die Hand! So Frauenweiber halten was drauf und wird dein Schaden nicht sein. Reden werde schon ich. Bin ich fertig und haben wir die Antwort – und ich verhoff' eine erfreuliche Antwort – nachher trittst du vor und bringst schicksamerweise deine Sach an. Was du zu reden hast, das kann ich dir jetzt nicht sagen, muß dir das rechte Wort selber einfallen; auch so zu der Braut. Nur zuviel nicht reden. Wird vielleicht ein eichtl flennen, die Junge; mach dir nichts draus, ist so der Brauch, legst ihr nur so ein wenig die Hand auf die Achsel. – Was Bursch?! – Ich glaub' gar! – Das wär doch eine rechte Schand für so einen Jungen dahier! Geh!« Der Jochtl preßte sein Gesicht in den Ellbogen hinein und weinte. Nach langem Zärteln und Fragen brachte es der Alte heraus, was dem Jungen fehle.
»Schamen tu ich mich«, schluchzte der Jochtl.
»Geh, närrisch! Schamen wird sich schon das Mädel. Gescheiter um einen fingerlang zu keck als zu lahmlackig – allemal gescheiter. Du bist ein Sonnberger, darfst dich schon was getrauen. So, jetzt gehen wir's in Gottes Namen an.«
Als sie ins Eisenschlößl traten, fragten sie zuerst in der Küche nach der Herrschaft. Ein schlankes, blondhaariges Küchenmädchen wies ihnen bescheiden Treppe und Tür. Der Jochtl fragte sie, wie sie heiße, und wollte ihr einen Silberzwanziger in die Hand drücken. Sie antwortete: »Heißen tu ich Katharina, und für das bedanke ich mich.« Wies das Geldstück ab und eilte flink davon. Der Jochtl schaute ihr nach.
Die Frauen im Eisenschlößl waren gerade versammelt in der großen Stube bei der Arbeit: Nähen, Stopfen, Sticken, Glätten und was so Verrichtungen sind, womit die einen den Mann erhalten, die anderen erwerben wollen. Nun klopfte es an der Tür. »Herein!«
Als die Tür langsam aufging, flüsterte hinter dem Rücken der Mutter die Älteste den beiden Schwestern zu.
Der Alte trat einige Schritte vor und sagte den feinsten der Bauerngrüße, die ihm einfielen. Die Frau dankte mit freundlicher Miene. Der Jochtl hielt sich ganz nahe hinter dem Vater und duckte sich, was dem Kleinen hinter dem Großen nicht schwer wurde.
Der Alte tat einen Blick auf die Mädchen, an dem die Absicht, überflüssige Zeugenschaft hinwegzuschieben, nicht zu verkennen war. Die Frau gab keinen Wink und die Gruppe saß, wie sie saß.
»Ehrenwerte Frau Hammermeisterin«, hub der vom Sonnenberg mit etwas befangener Stimme an. »Wir sind die Besitzer vom Sonnberg und täten bitten auf ein Wörtel.«
»Ja«, sagte sie, »was verschafft mir so werte Gäste?«
»Wie sich's bisweilen halt schickt«, antwortete der Alte, »mein Sohn, der Jochtl da, mein Einziger –« er wendete sich, um den Burschen vorzustellen, dieser jedoch barg sich immer noch hinter dem Rücken, und der nun von seiner roten Hülle befreite Blumenstrauß zitterte ihm in der Hand – »Der hat«, fuhr der Alte fort, »schon alleweil wollen hergehen –

Die Brautwerbung

in dieses hochwerte Haus, aber das erste Mal muß ich ihm den Weg in Ehren wohl zeigen. Er hat sonst auch Manieren für eine aus dem Schloß. Will er sich halt, wie ihn Gott erschaffen hat, entschließen, in den heiligen Ehestand zu treten und hat wohl sein Auge auf die Allerfürtrefflichste geworfen, die weit und breit im Sonnenschein gewachsen ist. Und so ist jetzt unser heiliges Fürnehmen, daß wir in Ernsten und Ehren um die Jungfrau anhalten, sintemalen schon Gott dem Adam im Paradiese –«

»Ich kenne den schönen Spruch«, unterbrach ihn die Hammerfrau, indem sie sich in ihrer ganzen Breite aufrichtete und so die hinter ihr flüsternden und kichernden Töchter deckte. »Ich kenne den Spruch, und es freut uns recht, daß Ihr uns die Ehre wollt erweisen. Es mag jede froh sein, die einmal auf dem Sonnberg sitzen kann und einen so braven Mann bekommt; könnte auch meinen Töchtern nichts Besseres wünschen, als eine so gute und sichere Hut, möchten sie den Pflichten und Obliegenheiten einer Großbauersfrau nur auch gewachsen sein.«

Der Alte vom Sonnberg machte eine sehr höfliche Bewegung mit der Hand: keine Frage, sie wären ihnen schon gewachsen; der Jochtl erhob seinen Blumenstrauß.

»Jedoch«, fuhr die Hammerfrau fort, »ist es wohl einzusehen, daß in einem Hause wie das unsere am Wasser bei den Schmieden und Hammerwerken die Mädeln nicht recht für eine Bauernwirtschaft abgerichtet werden. Fürs eine haben sie zu wenig, fürs andere haben sie zuviel, wie es halt schon geht. Man läßt ihnen allerlei lernen und angewohnen, und bis sie erwachsen sind, sieht man, die Wesen taugen nur noch für die Stadt. Darum bedanken wir uns noch einmal für die Gunst und Ehr und wünschen von Herzen, daß der Herr Sohn eine Ehefrau findet, die rechtschaffen für ihn taugt.«

Dem Alten vom Sonnberge geschah in diesem Augenblicke übel, er hatte seine Gestalt, die bisher gebückt wie ein Fragezeichen vor der Hammerfrau gestanden war, aufgerichtet zu einem starren Ausrufungsstrich. Er wußte nicht, wie er sich sofort für die Schmach rächen sollte, die in dieser Stunde seinem Sonnberge widerfahren war. Da trat neben ihn der Jochtl vor und sagte ehrerbietigen Tones: »Die Frau wird uns nicht recht verstanden haben. Sie hat was von ihren Töchtern gesagt – das werden vielleicht die drei munteren Kinder dort sein. Ach na, das wäre nichts für den Sonnberger. Nach viel Fürnehmheit und Reichtum braucht der Sonnbauer nicht zu fragen, er muß eine haben, die für Haus und Küche taugt, und so halte ich in Ernsten und Ehren an um das brave Dienstdirndl, um die Katharina.«

Der Alte, dem bereits der Schweiß von der Stirne geronnen war, nickte lebhaft beistimmend mit dem Haupte. Er hatte jetzt keinen anderen Gedanken, als abstatten, die Schmach zurückgeben! Das Kichern hinter der Frau Hammermeisterin war nun völlig verstummt. Die Frau Hammermeisterin selbst war etwas gedämpft, aber stets freundlich entgegnete sie, bei so wichtigen Sachen solle man wohl immer ganz deutlich reden.

Sie frage nur, ob man mit dem Küchenmädchen schon im reinen sei?

In diesem Falle habe ja sie nichts dreinzureden: die Katharina sei armer Leute Kind, gegenwärtig hier nur im Dienst, und ihrer Aufführung wegen sei keine Klage. Sie, die Hammermeisterin, sei der guten Haut zu ihrem Glücke nicht im Wege.

Der Alte hatte anfangs gemeint, diese Katharina wäre für den Burschen nur so eine Finte gewesen, um sich aus der Klemme zu ziehen. Des wurde er bald eines anderen überzeugt. Da der Jochtl schon einmal auf Weibersuche aus war, so wollte er mit leerer Hand nicht mehr heimwärts; sein Auge war einmal dafür offen, die Katharina hatte ihm auf den ersten Blick gefallen, und als er sie nachher näher besah, gefiel sie ihm noch weit besser, sein Werben hielt er aufrecht.
Wir wünschen viel Glück und Segen!

Die Bettelsänger

Sitzen sie beisammen am Feierabend und sind guter Dinge, wie sie der Tag gibt.
Der Tag gibt lauter gewöhnliche Sachen – das Wetter und das Kornfeld und das Fuhrwerk und den Viehstall, und wenn's hoch geht, das Kartenspiel. Das Alltagsleben in seinem zähen und trägen Einerlei. Und plötzlich geht die Tür auf, und es treten die heiligen Künste ein. Bettelleute sind es, und bringen ein Himmelreich mit herein in die dämmerige Stube. Die liebe Bauernjugend kann die Wandlung gar nicht fassen. Fast erschrecken die Kleinsten, als – zim zim – die Saiten anheben zu klingen. Ein fremdes Dirndel – wie es blaß ist im Gesicht, und kann doch so schön spielen! Und ein Knabe steht daneben, der singt zum Spiel ein wundersames Lied.

»Es war ein Häusel im Oberland,
Maria, Mutter Gottes war wohl bekannt,
Es war ein armes Weib
Mit ihren drei Kinderlein,
Groß' Hungersnot mußten sie leiden –«

»Schon gut, schon gut«, sagt der Bauer, das Singen unterbrechend, »das Lied kennen wir schon. Singt was Lustiges.«
Was Lustiges! Mit welkem Gaumen und schwerem Herzen was Lustiges!
Hinter den beiden Musikantenkindern, in einen großen Mantel gehüllt und gesenkten Hauptes, steht ein Mann, der murmelt jetzt: »So viel Stern . . .«
Sogleich heben die Kinder feierlich getragen folgenden Sang an:

»So viel Stern am Himmel stehen,
So viel Schäflein, als da gehen
In dem grünen Feld;
So viel Vöglein, als da fliegen,
Als da hin- und wieder fliegen,
So viel Mal sei du gegrüßt!

Dich im Herzen will ich tragen.
Alle Morgen will ich fragen:
»O, mein Schatz, wann kommst du mir?«
Alle Abend will ich sprechen,
Wann mir meine Äuglein brechen:
»O, mein Schatz, gedenk' an mich.«

Ja, ich will dich nicht vergessen,
Wenn ich sollte unterdessen
Auf dem Todbett schlafen ein.
Auf dem Kirchhof will ich liegen
Wie das Kindlein in der Wiegen
Das die Lieb' tut wiegen ein.«

Des Bauers Kinder sind überselig im Anhören dieses Liedes, und doch verstehen sie das Wunder nicht, das in diesem unbeschreiblich innigen Liede ruht; sie können es noch nicht verstehen. Der Bauer aber – der es verstehen könnte – wird ungeduldig.
»Was Lustiges! Was Lustiges!« ruft er. Der Mann hinter den Sängernkindern murmelt: »Es wollt' ein Madel . . .«

Die Bettelsänger

Die Kinder heben an:

»Es wollt ein Madel fruh aufsteh'n,
Wollt gehen in den Wald.«

»Das ist recht, das ist brav!« rufen die Zuhörer und trällern mit:

»Wollt gehen in den Wald hinein,
Wollt Brombeer brocken geh'n.«

Und wenn dieses süße Lied gesungen, dann erst bekommen die wandernden Sänger etwas zu essen.

So sind die Leute. Merkt es euch, ihr Sänger und Dichter all', vom Brombeermädel und dem Jägerssohn, wenn ihr was wißt. Wie der Hansel die Gretel nimmt, wenn ihr davon wißt. Tausendmal haben es die Leute schon gehört, aber das macht nichts. Was trachtet ihr nach Neuem und feiner Kunst und geistreicher Weise. Wenn ihr Brot wollt essen, so müsset ihr von Liebe singen; die Liebe ist immer beliebt.

Der Sonntagsbauer

(zum Bild »Der Salontiroler«)

Die Woche über sind wir etwas Besonderes. Sei es nun, daß schöne Frauen zu uns kommen und sich von uns schmücken lassen mit Seiden, Ketten, Ringen und edlen Steinen, oder sich gar andere Süßigkeiten des Lebens von uns reichen lassen, als etwa Zucker, Korinthen oder feines Gewürze; sei es, daß uns hungrige Hofräte aufsuchen oder durstige Generäle, die wir atzen mit Speise und Trank; sei es, daß wir gar eine Stelle einnehmen, vermöge welcher wir Barone und Grafen bei der Nasenspitze anfassen dürfen – kurz, die Woche über sind wir etwas Besonderes. Der Salon ist unser Bereich, auf glattem Parkett gleiten unsere glänzenden Stiefeletten, und Gelocke wie etwaiger Bart sind stets in so musterhafter Ordnung, daß wir jeden Augenblick in den Auslagekasten des Friseurs gestellt werden könnten. Unsere Bewegungen sind durchaus nobel, unsere Ausdrucksweise ist fein gebildet, unsere ganze Erscheinung hochelegant. Alles Unfeine, Plumpe und Tölpelhafte belächeln wir mit Recht und am wenigsten wollen wir zu tun haben mit »dummen Bauern«. Kommt aber der Sonntag, so werden wir selber – ein Bauer. Denn das ist Mode, vornehme Art: Ein Werktagsherr – ein Sonntagsbauer. Am Werktag geht der Bauer hinter dem Pflug oder hantiert mit der Mistgabel – das ist nichts für uns; aber am Sonntag hat der Bauer sein schönes Gewand an, sitzt im Wirtshaus oder wandelt scherzend über Wiesen und Matten, und für den Sonntag läßt er Gott sorgen. Da mögen wir es schon mit ihm halten. Das Gewand will zwar nicht immer passen, aber zum Glück gibt es Bauernanzüge für Stadtherren, wattierte Kniehosen, Strümpfe, in denen die Waden schon drinstecken, was sehr bequem ist. Der steife Lodenrock mit den Hirschhornknöpfen hat seine Füllungen derart, daß das städtische Gerüstlein, welches etwa hineinkommt, ganz respektabel gedeckt ist. Noch läßt sich der Sonntagsbauer die Sonne recht fest ins Gesicht scheinen, weil diese die Stadtfarbe auszieht. Beim Gehen macht er verdammt große Schritte, hält die Knie gebogen, setzt seinen Bergstock wütig auf den Boden, nebelt aus einem Tabakspfeifentiegel, den er mit Schwamm und Stein in Brand steckt, und ruft von Zeit zu Zeit: »A belei!« oder »Soackera!« und ist nun überzeugt, daß

ihn kein Mensch von einem wirklichen Bauern unterscheiden kann. Nur der brettsteife Stehkragen und die schneeweißen Manschetten mit den massiven Goldknöpfen retten ihn noch für die gebildete Welt.
Wo er auf dem Wege einem wirklichen Bauern begegnet, hebt er einen Diskurs an über die Landwirtschaft. Da zeigt sich nun die Überlegenheit des Sonntagsbauern gegen den Werktagsbauer. Diesem stehen die Haare zu Berg, so viel und so gescheit spricht jener vom Feldbau, von der Waldwirtschaft und Viehzucht.
»Ja, ja, mein lieber Bauer«, sagt der Sonntagsbummler und klopft jenem auf die Achsel, »das macht das Studium. Einer von uns muß doch mehr verstehen als der andere. Wie heißt Ihr denn?«
»Jawohl«, antwortete der Bauer, »einer von uns zweien ist ein Esel. Ich bin der Höfelberger.«
Wo der Sonntagsbauer auf dem Wege einem Weibsbild begegnet, da hebt er mit ihr ein Getue an, genau wie es in den Dorfgeschichten zu lesen steht. Die Dorfgeschichtenschreiber jedoch sind Schäker und lassen gern aufsitzen. Der Stadtherr wird gefoppt. An seinem Lodenrock steifen sich nachgerade die Haare auf vor Ärger, wie er gefoppt wird, aber der drinnen steckt, merkt es gar nicht.
Sitzt ein junger, im ganzen fürs Auge gar nicht übler Stadtherr in der Sennhütte. Schon im vorhinein denken die Almer, als sie sein rotes Buch, seinen Operngucker, seinen Kompaß und dergleichen sehen: Armer Teufel, der schleppt seine ganze Gescheitheit, die unsereiner im Kopf muß haben, in der Taschen mit sich. – Der Herr hat zwar Bauerngewand an, gibt sich aber so, daß die Almleute meinen sollten: Wer weiß, was das für ein Herr ist! Auch Grafen und Fürsten steigen im Lodenrock um, heutzutag. Alleweil wendet er sich so, daß seine goldene Uhrkette, seine Brillantringe den Leuten in die Augen springen. Mit unendlich feiner Manier hält er die Meerschaumspitze, in welcher eine duftende Zigarette steckt, zwischen den Fingern, mit zarter Grazie ißt er etwas von Brot und Käse, so er sich vorsetzen ließ, spricht nicht viel, aber mit würdevollem Nachdruck, läßt durchblicken von Pferden und Lakaien und beginnt – selbstverständlich in höchst nobler Weise – mit den Sennerinnen galant zu werden. Aber bei der vornehmen Darlegung seiner Weltweisheit passiert ihm das Malheur, daß er Unsinn schwatzt, und bei der Liebeswerbung, daß er anfangs fein gefrotzelt und hernach martialisch ausgelacht wird.
Darüber ist unser Stadtherr nun etwas konsterniert.
Eine der Sennerinnen will ohnehin höflich sein und hält ihre Hand vor das Gesicht, aber endlich ist der Lachdrang mächtiger als das Anstandsgefühl, und sie platzt heraus und gibt der Katz die Schuld, die soviel ein spaßiges Vieh sei. Die Katz ist gar nicht da, und muß eilends etwas Possierliches von ihr zusammengelogen werden. Dem Salonbauer wird unheimlich. In ernsthaft freundlicher Art benehmen sich die Almleute gegen ihn, weil er aber nun doch ein gar zu verdutztes Gesicht macht, so ergötzen sie sich immer mehr. Ein alter Hirt ist dabei, der legt seinen Kopf so über die Achsel eines andern und sagt nicht ein Wort, aber man merkt's, er ist noch der Boshafteste unter allen. Zum Glück für ihn kann unser Städter nicht Gedanken und nicht Mienen lesen.
Du, mein Leser, bist besser dran, schau auf das Bild »Der Salontiroler«, und du weißt

Der Salontiroler

alles. Nicht ein einziges Wort brauche ich dir mehr zu sagen.
Daß der feine Stadtherr allmählich aufsteht und kleinlaut davongeht, kannst du dir denken. In seinen städtischen Kreis zurückgekehrt, weiß er von pikanten Liebesabenteuern zu erzählen, wie das »göttlich« gewesen sei in der Sennhütte, wie der dort eine ganze Bauerngesellschaft, die sich um ihn versammelt, auf das köstlichste unterhalten habe. Gelacht sei worden, gelacht . . . ! Schon »gekugelt« hätten sich die guten Leute vor Lachen!
Warum so sehr gelacht worden ist, das sagt unser Sonntagsbauer aber nicht. Weiß es vielleicht kaum – ahnen mag er's wohl.

 ISBN 3-475-52431-7

Dieses Buch erscheint in der Reihe »Rosenheimer Raritäten« im Rosenheimer Verlagshaus Alfred Förg GmbH & Co. KG, Rosenheim, mit freundlicher Genehmigung des L. Staakmann Verlags, Linden.
Es wurde gesetzt bei Bruno Leingärtner in Nabburg, gedruckt und gebunden von der Druckerei Ludwig Auer in Donauwörth.
Der Schutzumschlag zeigt das Gemälde »Holzknechte in der Sennhütte« von Franz von Defregger.
Dem Kunstverlag Franz Hanfstaengl, München, sei an dieser Stelle für die Überlassung der Bildrechte zu diesem Band herzlich gedankt.